JN084019

教 育 法

中 川 律 著

二省堂

■はしがき■

　本書は、教育法の教科書である。教育法のいわゆる教科書——ある程度の体系性を備えた一個の学問分野として基礎的な知識や理論を解説せんとする書物——は、1990年代までは多く出版されていたが、近年に至ってはほとんど出版されていない。

　近年においても教育法関係の書籍や論文は多く出版・発表されており、決して学問分野として不活発なわけではない。それでは、なぜ、教科書の出版はほとんど行われていないのか。それは、教育法学の若さに関係しているのでないかと私は考えている。

　教育法学は、日本においては、1960年代から1970年代にかけて成立したものであり、法学の中でもかなり新しい分野である。そうした創成期において、教育法学は、爆発的な勢いで成長し、おそらく1990年代くらいまではその勢いのまま走り続けることができた。もっとも、その道のりはすべて順風満帆であったわけではない。本書でも解説しているように、早くも1980年代においては、教育法学のあり方に対して根本的な批判が提起されるようになり、さらに、2000年代以降には、教育基本法の改正に代表されるように教育法学の諸前提を掘り崩すかのような様々な改革が眼前で展開されていった。

　こうした逆風の中で、若い学問たる教育法学は、自らの足場が確かなものであるのかについて見つめ直す必要に迫られた。教育法学にとって、2000年代から今日に至るまでは、創成期に構築された体系や理論をいかに批判的に継承し、あるいは手直しするのかという課題を突きつけられた模索の時期であった。2000年代の前半に研究者を志した私にとっては、教育法学とは常にそうしたものであった。本書は、そうした教育法学の苦闘の成果を現時点においてまとめようと試みたという性格のものである。

　そこで本書においては、1970年代前後に確立された教育法学の体系や理論の批判的継承を目指し、全体を三つに分ける構成をとることにした。まず、Part 1においては、創成期以来の教育法学の体系や理論、さらには教育法学

の置かれた今日的状況を理解する上で不可欠な基礎知識について解説している。教育法学の基本的な狙いや方法的な特徴、戦後教育改革法制の意義などについて論じるとともに、教育法学のあり方に対する批判的な議論の展開や教育基本法の改正、それらの今日に至るまでの影響についても紙幅を割いている。Part Ⅱにおいては、教育法学の体系の理解に資するように、その基礎的な理論について解説している。教育を受ける権利、教育条件整備の理論、憲法上の教育の自由の法理、「不当な支配」の禁止の法理などを取り上げ、近年の主要な裁判例や学説、教育法制改革の展開についても論じるように努めた。Part Ⅲにおいては、Part Ⅱで解説した教育法学の基礎理論に基づいて、教育制度をめぐるより具体的な問題を考察することを試みている。できるだけ教育法学の現実的な意義を示し、考察を深めるのに適したトピックを取り上げるように努めた。

　本書においては、教育法学の対象とされてきたテーマのうち、いじめや体罰、学校事故、校則、障害児教育などの重要なテーマについて取り上げることができなかった。しかし、それでもなお教育法学の基本的な体系についてはある程度の見取り図を提供したつもりである。子どもの学習権という概念によって嚮導されて教育制度の仕組みが構築されていると言いうるためには、親、教師、国家がそれぞれどのような権利（あるいは権限）ないし義務を有するものと解するべきなのか。本書は、教育法学がこの問いを通じて体系化された法学の一種であることを改めて示そうと試みている。本書の試みが、教育法学の裾野を広げ、その知見が教育制度をめぐる議論を刺激することに少しでも寄与できればと思う。

　本書は、私の初めての単行著書である。こうして本書を出版できるのは、これまで多くの方々のお力添えをいただけたからである。もとより私自身、教育法学会をはじめとして、出身大学・大学院を問わない集団的な研究環境の中で育てていただいた。学会や研究会などにおいて刺激的な議論の中に入れてくださった多くの方々に感謝を申し述べたい。加えて、次にお名前を挙げる方々には特に感謝を申し上げねばならない。

　まずは、野上修市先生（明治大学名誉教授）、浦田一郎先生（一橋大学名誉教授）、阪口正二郎先生（早稲田大学教授）の三人である。野上先生は、私が

明治大学大学院法学研究科に在籍していた時の指導教員であり、また私にとっては教育法学という世界をはじめて教えてくださった方である。先生の迫力満点の語りは今でも強い印象を残している。おそらく極めて扱いづらかった私を色々な面において許してくださった。浦田一郎先生は、野上先生のご退職後に指導教員をお引き受けくださり、常に暖かく見守り、時に的確なご助言をくださった。大学院の退学後も、学会などでお会いする度に励ましてくださった。先生の佇まいは常に私の背筋を伸ばさせるものである。阪口先生は、全くのご好意でアメリカ憲法関連の文献講読を行う自主ゼミを主宰してくださり、今日まで長く参加をお許しいただいている。先生の自主ゼミはもはや私にとっては居場所であり、先生の議論は常に私にとってアイディアの源泉である。

また、西原博史先生（早稲田大学名誉教授）と世取山洋介先生（元新潟大学教授）にも感謝を申し上げねばならない。お二人は、本書においても何度も登場するように、近年の教育法学の理論的なリーダーであった。本書の執筆は、お二人の喪失の影響がいかに大きなものであるのかを改めて私に確認させるものであった。学会や研究会におけるお二人との議論は、常に私を悩ませ、前に進む力を与えてくれた。全くキャラクターを異にするお二人は、本書を最も読んでいただきたかった方という点において私の中で共通している。

本書の成り立ちとの関係においては、奥平康弘先生にも感謝をお伝えしたい。1980年代前半に先生が教育法学のあり方に対して行った苛烈な批判は、憲法と教育の関係を研究テーマとした私の頭の中を常に支配し続けた。そのうちに、そんな奥平先生が早稲田大学で主宰していたアメリカ憲法関連の文献講読を行う研究会に出入りするようになり、先生がご自身の教育法学への批判を振り返る学会報告（奥平康弘「教育における自由と自律」憲法問題24号99頁（三省堂、2013年））に対して、私がコメンテーターを務めるという機会にも恵まれた。本書は、もう先生に読んでいただくことはできない、先生の問題提起に対する現時点における私からの応答である。

本書は、三省堂六法・法律書編集室の黒田也靖さんが10年ほど前から断続的に粘り強く執筆を勧めてくださったことから生まれたものである。長い間お待たせしたにもかかわらず、原稿をお渡しした後は滞りなく出版まで導い

てくださった。本書の性格を瞬時に見抜き、「シンプルに『教育法』という書名で行きましょう」と言ってくださった。感謝を申し上げたい。

　福嶋敏明さん（神戸学院大学教授）、髙橋哲さん（埼玉大学准教授）、谷口聡さん（中央学院大学准教授）、安原陽平さん（獨協大学准教授）は、本書の初校を短期間にもかかわらず丁寧に読み、極めて有益なコメントを寄せてくださった。こうした環境に身を置くことができたからこそ、私は研究を継続できた。尊敬する先輩、同輩に感謝を申し上げる。

　本書の素敵な装画は、中学校の時の同級生であり、アニメーターの森川耕平さんに描き下ろしていただいたものである。森川さんの友情に感謝する。

　最後に、私に教育を与えてくれた父・中川良と母・中川瑞代、伯母・中川敦子、日々の生活のパートナーである中川美香に感謝を申し上げる。

2022年11月29日

中川　律

■目　次■

はしがき

┃ Part I　教育法学の基礎知識

Part Ⅲ　教育法学の視点から教育問題を考える

装丁＝三省堂デザイン室
装画＝森川耕平

■凡　例■

◇**法令名の略称**　　法令名については、本文中では原則的に正式名称を使用した。略称
　　　　　　　　　を使用する場合は、その旨記した。

◇**裁判例**　　　　　裁判例の引用については、以下のように表記した。
　　　　　　　　　最大判1976（昭51）・5・21刑集30巻5号615頁は、最高裁大法廷
　　　　　　　　　1976（昭和51）年5月21日判決最高裁判所刑事判例集30巻5号615
　　　　　　　　　頁所収を表す。

　1　裁判所（判決）の略称は以下のとおり。

　　　最大判　　　　　　　　　　最高裁大法廷判決
　　　最判　　　　　　　　　　　最高裁判決
　　　東京（大阪・福岡）高判　東京（大阪・福岡）高等裁判所判決
　　　東京（大阪）地判　　　　東京（大阪）地方裁判所判決

　2　判例集の略称は以下のとおり。

　　　民（刑）集　　　　　　　最高裁判所民事（刑事）判例集
　　　判時　　　　　　　　　　判例時報
　　　判タ　　　　　　　　　　判例タイムズ
　　　LEX/DB　　　　　　　　TKCローライブラリーLEX/DBインターネット

◇**引用文の表記**　　条文、文献の引用に際して、旧字体については、原則的に新字体に
　　　　　　　　　改めて表記した。一部旧字体の表記を残したところもある。

◇**年数の表記**　　　年数の表記については、原則的に西暦を用いた。ただし、学習上の
　　　　　　　　　便宜を考慮して、元号の年数を付記した箇所もある。

Part I

教育法学の基礎知識

第1章
教育法学の特徴

1. 教育法の存在次元の区別

(1) **本章の課題**　教育法学は、1960年代後半から1970年代にかけて法学の一分野として確立してきたかなり新しい学問分野である（第4章を参照）。兼子仁『教育法〔新版〕』（有斐閣、1978年）は、そうした確立期の成果に基づき、教育法学の基本的な概念について最も体系的に論じた書物であり、現在でも参照されることが多い。まずは、同書（主に第一章から第三章）を参考に、教育法学の特徴を掴むところから始めたい[1]。

(2) **存在次元の区別の必要性**　憲法や民法の教科書においては、憲法や民法という概念は、そうした名称の特定の成文法を指す概念として形式的意味で用いられる場合と、内容面から憲法や民法と称すべき法を広く指す概念として実質的意味で用いられる場合があると解説される。しかし、憲法や民法とは異なり、教育法については、現時点でそうした名称を持つ法律は存在せず、特定の成文法を指す概念として形式的意味で用いられることはない。教育法という概念は、行政法や労働法などと同じく、実質的意味においてのみ把握されうる。

　教育法学の特徴の一つは、実質的意味において教育法という概念が用いられている場合に、さらに、その存在次元の区別を意識する必要性が高い点にある。一口に教育法とは言われても、文脈に応じて存在次元の異なるものに言及されていることに留意せねばならない。

　教育法学は、法学の一分野ではあるが、学際性の高い分野であり、その確立には、法学の研究者だけでなく、教育学の研究者や現場の教員などの多様な人々が寄与してきた。これは比較的新しい学問分野として教育学や学校現

1）以下、本章においては、同書からの引用・参照については、本文中に（　）で頁数のみを示すこととする。

場の知見を法学的な考え方に取り込むことを可能にした点において教育法学の強みである。しかし、その反面、伝統的な学問分野のように、研究者共同体のある程度の共通了解を前提に議論を進めるという点では弱みともなりうる。そのため、議論がすれ違いに終わらないようにする工夫として、教育法の存在次元の区別に特に留意する必要がある（1 頁）。

　(3)　**法論理としての教育法**　　兼子『教育法〔新版〕』においては、教育法の存在次元は、「法論理としての教育法」「法現象としての教育法」「教育運動の中の教育法」の三つに区別される。

　法論理としての教育法は、「教育制度に特有な法論理の体系」（7 頁）と定義されるものである。教育法は、労働法や社会保障法などと同じく、特殊法の一種であるとされる。この特殊法という概念は、現代においては、教育や労働、社会保障などの特殊な社会領域ごとに、憲法や行政法、民法などの一般法的規律とは異なる独特の法論理の体系が構築されているという理解に基づくものである（9 - 14 頁）。

　こうした理解に基づけば、教育の領域についても、それに関係する法令は、例えば、教育行政のあり方を規律するものであっても、単に行政法の一般的な法理を応用して解釈されればよいのではなく、教育制度の一部を構成するものであるところから見出される特有の法論理が当てはまるものとして解釈されねばならない。教育制度を構成する法は、憲法や行政法、民法、労働法など他の領域の法とも多くの接点を有するものであるが、それらの他の領域の法論理をそのまま当てはめるのではなく、それとは異なる特有の法論理が働いているものとして理解される必要があるのである。

　このように、教育法学は、教育制度を成り立たせている法について、教育という「事柄の性質」（7 頁）ないし「事物の性質」（21 頁）に即してどのような特有の論理が見出されるべきなのかを探究することを、その主たる任務として確立されてきた。他の二つの存在次元の教育法は、こうした法論理としての教育法との対比において理解されるべきものである。

　(4)　**法現象としての教育法**　　法論理としての教育法の探求は、教育の領域における現行法のあるべき解釈を体系的に提示しようとするものであり、法解釈学的意味の教育法を探求する営為であると言われる。これに対して、

法現象としての教育法の探求は、教育に関する法が事実の問題として行政や裁判所などによってどのように解釈され、運用されているのかを見出そうとするものであり、法社会学的意味の教育法を探求する営為であると言われるものである（4‑6頁）。

　日本の現在の教育制度は、第二次世界大戦後の大きな教育制度の改革（戦後教育改革）によってその基本的な仕組みが整えられたものである（第3章を参照）。戦後教育改革は、戦前、戦中に教育が国家の道具とされたことを反省し、日本国憲法において初めて教育を受けることが国民の権利であるとされたことを起点に、従来の教育制度のあり方を根本的に見直すものであった。教育法学は、1950年代以降に当時の文部省を中心とする行政による教育制度の運用が戦後教育改革の理念から逸脱してしまっているのではないかという問題意識に基づき、法解釈学の手法を用いて教育制度の運用を本来あるべきところに引き戻そうとする営為として確立されてきた（第4章を参照）。

　法論理としての教育法の探求は、実際に現行の教育制度を構成する法のあり様が教育という事柄の性質に即して考えるとそうあるべきものに必ずしもなっていない場合があるという問題意識を出発点に据えるものなのである。法現象としての教育法を探求する営為は、こうした問題意識に応えるものとして、実際の教育制度の運用や判例法理を事実として記述し、それが現行法のあるべき解釈に照らしてどのような問題点を抱えるものであるのかを明らかにすることを主たる狙いとしてきたものである。法現象としての教育法は、法論理としての教育法と相補的な関係にあると言えよう。そして、後に述べるように、法現象としての教育法の探求の対象たる複雑な教育制度の運用の分析には、それを専門とする教育学的知見との協働が不可欠である。

(5)　教育運動の中の教育法

法論理としての教育法は、現行法の解釈として提示されるものである以上、その内容には場面に応じたある程度の明確性がなければならない。例えば、裁判の場面において教育に関する何らかの権利主張がなされたとしても、少なくとも、どの法令上の根拠に基づき誰の誰に対するどのような要求内容の権利なのかについてある程度明確な主張でなければ、裁判規範たるべき現行法の解釈としては通用しない。法論理としての教育法は、裁判の場面でのみ登場するわけではなく、教育制度の構築を

原理的に方向付けるものとして想定されることもあり、こうした場面では明確性の程度はより緩やかなものでありうる（第6章を参照）。それゆえ、場面ごとに必要な明確性の程度は異なりうるが、いずれにしろ、それは運動論や政策論とは区別されるべきものである。

　これに対して、教育政策や学校教育のあり様を批判的に吟味し、それらをより良い方向に導いていくために、親や教師あるいは一般の市民によって運動が組織され、その中においても、子どもの学習権や親の教育権あるいは国民の教育権という教育法的概念を手がかりにした主張がなされてきた。これが教育運動の中の教育法と言われるものである（2-4頁）。

　教育法学は、教育運動と異体同心に発展してきた側面もあり、教育運動の中の教育法をもその内に積極的に取り込もうとしてきた。そうしたところから、1980年代には、特に憲法学を専攻する論者から、教育法学においては法的な主張と運動的な主張との区別が曖昧であるとの強い批判も提起され、その影響は教育法学につきまとうイメージとなって今日まで及んでいる（第4章及び第7章を参照）。

　確かに運動の中に現れる教育法的概念は、理念的なものにとどまり、法論理としての教育法と比べればその内容の明確性を欠くことが多い。それゆえ、両者は、きちんと区別されて論じられるべきである。さもなければ議論にいらぬ混乱がもたらされてしまう。また、教育法学内部において両者の区別が曖昧に語られることがあったことも否定できない。

　しかし、教育運動の中の教育法には、未だ理念的なものにとどまるとはいえ、日本社会において今後きちんと注目されるべき問題の端緒が潜んでいる。それゆえ、そのような主張を単に運動的なものとしてしまうのではなく、教育法学の中に包摂していくことにも意義が認められるべきである。教育法学は、そのような運動の中の教育法を精緻化し、いかに法論理としての教育法に接合していくのかということも、その課題とするものである。

2. 教育法学の方法

　(1)　**教育条理解釈**　　教育法学の方法的特徴の一つは、教育条理解釈という解釈手法を重視する点にある（21-22頁）[2]。ここで言う条理解釈というの

は、法令の条文解釈に際しては、文言ばかりでなく、条文やそれが含まれる法令全体の趣旨・目的、あるいは他の法令との関係、さらにはそこで取り扱われている事物の性質に即してあるべき解釈をなすという解釈手法のことである。つまり、教育条理解釈とは、教育に関連する法令について教育という事物の性質やそこから導かれる原理に即してあるべき解釈をなすことを言うものである。前述のとおり、教育法学の主たる任務とされてきた法論理としての教育法の探究は、法解釈を通じて教育制度に特有な法論理の体系を明らかにしようとするものである。教育条理解釈は、法論理としての教育法の特有さの源泉と言いうるものである。

　憲法26条において教育を受ける権利が定められたことの意義について、現在においては、特に子どもが学習を通じて個人として成長・発達するための教育的必要の充足を、子どもの憲法上の権利として保障したことに見出す理解がかなり広く受け入れられるようになっている（学習権説。第6章を参照）。そうすると、子どもの教育的必要を充足するのに相応しい教育が成り立つように、まずは、そこで言う教育とはどのような性質のものと理解されるべきなのか、さらにはその教育はどのような原理に支えられているものと考えられるべきなのかを問わねばならない（後述のとおり、これには教育学の知見に頼る必要がある）。その上で、そのような教育は法的に規律にされることにどこまで馴染むのか、教育を支える制度的条件や仕組みはどのようなものなのかということを考慮して、教育制度を構成する法令は制定され、解釈され、運用されていかねばならない。教育条理解釈は、このような思考の過程を経て、教育制度を支える法論理の特有さを明らかにしようとするのである。

　条理解釈というと何か独特に聞こえるという向きもある[3]。しかし、法学の他の領域においても、その領域に当てはまる一般的法原則（信義誠実、公序良俗、社会通念など）や、その条文の趣旨や目的あるいは憲法原理に則した解釈（憲法適合的解釈）が行われることは一般的である。そう考えると、

　2）また、参照、兼子仁『教育権の理論』（勁草書房、1976年）287頁以下。
　3）例えば、米沢広一は、教育条理という言葉を用いると、そこに論者の主観的な教育観が反映されてしまう危険があるとして、その言葉を用いないとする（米沢広一『教育行政法』（北樹出版、2011年）15頁）。

一般論としては突飛なことが言われているわけでない。ただ、教育法の領域においては、例えば、2006年に全面改正された教育基本法の評価など、現にある法令の政策的意図と、憲法や戦後教育改革を支えた諸原理との矛盾が生じていると認識される場面が多く、その限りで、条理解釈の出番が比較的に多くなる傾向があると言えよう。

(2) **制度論**　教育法学においては、法論理としての教育法の探究がその主たる任務とされてきたが、その探究の対象は、裁判で用いられるべき法理の探究という厳密な意味での法解釈論だけにとどまるものではない。教育条理に則して憲法やその他の教育法令を解釈することによって特定の原理を導き出し、その原理に基づき、あるべき教育制度を構想し、あるいは現にある教育制度を批判的に分析するなどのことも重視されてきた。このような制度論の重視も、教育法学の方法上の特徴の一つである。

もちろん、憲法26条の教育を受ける権利は、社会権としての性質を有するものであり、どのような教育制度を構築するのかについてはある程度の立法裁量や行政裁量が認められねばならない。特定の教育制度を採用しないことが直ちに違憲ないし違法とは言えないことは多い。とはいえ、教育を受ける権利の保障の程度やあり様は、国家によって実際にどのような教育制度が構築されるのかに大きく左右される。それゆえ、教育法学においては、憲法や基本的な教育法令の中に教育制度の構築をあるべきところに方向付ける原理を見出し、それに基づく教育制度とはどのようなものなのかを構想し、あるいはその原理に照らして現にある教育制度やこれから進められようとしている教育政策を批判的に分析するということが積極的に行われてきた。

このような教育法学における制度論の重視は、上記の運動論との区別が曖昧であるとの教育法学への批判の一因ともなってきたものであり、厳密な意味での憲法解釈論といわゆる憲法政策論との「けじめ」を問う議論も提起されてきた（第7章を参照）。確かに、裁判上の法理を探究する厳密な意味での法解釈論と制度論とは区別されるべきである。しかし、その区別をきちんと意識した上で行われるのであれば、教育法学における制度論自体の意義は否定されるべきではない。近年においては、例えば、社会保障法の領域などにおいても、憲法政策論的な議論の意義が強調されるようになっており、教育

法学におけるのと同様の問題意識が他の領域においても共有されつつある⁴⁾。

(3) **教育学的知見の必要性** 教育法学の方法上の特徴として最後に触れ
ておくべきなのが、教育学的知見に依拠することの必要性の高さである。上
述のとおり、教育法学は、教育制度に特有の法論理の体系（法論理としての
教育法）の探究を主たる任務とされてきたものであるが、その特有さは、教
育という事物の性質に則した法令の解釈（教育条理解釈）の必要性から生じ
るものであった。それゆえ、法論理としての教育法は、そもそも教育とはど
のような性質を有するものと理解されるべきなのかという教育学的知見に依
拠することを不可欠の要素とするものである。そこには、少なくとも教育哲
学や教育思想、さらには教育心理学ないし発達心理学の知見が含まれる。

また、法現象としての教育法は、教育制度を構成する法令の現に通用して
いる解釈や実際の運用のことを意味する概念であるが、これを明らかにしよ
うとする場合にも、現実の教育制度や政策を分析するものである以上、少な
くとも教育行政学や教育制度論、教育政策論の知見に依拠する必要性が高い。
さらに、憲法や基本的な教育法令に内在する原理に基づいてあるべき制度を
構想するという場合にも、それらの知見を手がかりにする必要がある。

先にも述べたように、教育法学は、もともと法学の研究者だけでなく、教
育学の研究者や現場の教員もその確立に寄与してきたものであり、法学と教
育学との共同研究の必要性が強く意識されてきた分野である。教育法学の基
本的な概念や考え方は、そのような共同研究の成果として見られるべきもの
である。教育法学を学ぶ上では、このような共同研究の必要性を常に意識し
ておくことが重要である。

3. 教育法の機能的三種別

(1) **機能面から見た三種別** 教育法学において、教育制度を構築する法
は、その機能に照らして、条件整備的教育法、自主性擁護的教育法、教育是

---

4) 例えば、尾形健「『ナショナルミニマム』の憲法的基礎をめぐって」社会保障法学
会編『ナショナルミニマムの再構築』（法律文化社、2012年）13頁、25-27頁を参照。
また、尾形健編『福祉権保障の現代的展開』（日本評論社、2018年）に所収の諸論考
も参照。

正的教育法の三種に分類される（18-20頁）。この三種の法は、それぞれの背後に固有の憲法上の法関係（権利義務関係）が機能していると想定されるべきものであり、その憲法上の原理的な法関係の性質に応じてそれぞれのあり方が方向付けられるべきものである。もっとも、三種の法は、機能的に相互に補完し合う側面を有することにも十分に注意すべきである。

(2)　**条件整備的教育法**　　条件整備的教育法は、国家によって積極的に教育の外的条件を整備させる機能を果たすものである。条件整備的教育法は、具体的には、例えば、学校の施設設備や教育費の公費負担、教職員の人事・勤務条件、学校制度などの整備を基礎付け、個々人が教育を享受する際に教育制度が備えるべき前提的な諸条件の最低基準や財政保障の仕組みを構成するものである。

憲法26条で保障される個人の教育を受ける権利は、その社会権としての性質から、国家に対して教育の外的条件を積極的に整備する義務を課すものである。このように、条件整備的教育法の背後には、個人の側の教育を受ける権利に対応する国家の側の作為義務という憲法上の法関係が機能していると想定される。そして、第6章において詳述するように、条件整備的教育法は、原理的に、その法関係の性質に応じた一定の方向付けを与えられている。

(3)　**自主性擁護的教育法**　　自主性擁護的教育法は、国家が過度に教育を統制しようとする場合に、そのような国家の行為を違憲ないし違法な教育への介入として禁止する機能を果たすものである。具体的には、例えば、国は学習指導要領を定めることを通じてどの範囲や程度において教育内容や方法の決定に関与できるのかなどの問題を取り扱うものであり、学校現場における教育の自主性を実質的に確保するための法的な仕組みを成すものである。

憲法上、国家が教育制度を積極的に整備することを求められるとしても、それは国家にとって都合の良いように教育内容や方法を決めてしまうことができることを含意するものではない。第10章から第14章で論ずるとおり、教育制度に関する国家の権限行使は、親や教師の教育の自由などの憲法上の権利を侵害せず、あるいは「不当な支配」の禁止条項（教育基本法16条1項）などの客観法上の制約に反しない範囲で認められるものである。

このように、自主性擁護的教育法の背後には、親や教師の教育の自由に対

応する国家の側の不作為義務という憲法上の法関係が機能していると想定される。そして、自主性擁護的教育法も、原理的に、その法関係の性質に応じた一定の方向付けを与えられている。

(4) **教育是正的教育法**　教育是正的教育法は、学校や教師による特定の教育実践や懲戒権の行使、その他の措置について、子どもや親の法的に保護される利益を侵害し、違法なものであると同定することを通じて、教師の教育実践などのあり様を是正する機能を果たすものである。具体的には、例えば、裁判を通じて、教師による体罰やいじめへの対応、校則違反を理由とした懲戒処分などの違法性を問うていくものである。

　このように、教育是正的教育法の背後には、子どもの思想・良心の自由や生命・身体の安全への権利あるいは親の教育の自由などの権利に対応する学校や教師の側の作為ないし不作為の義務という憲法上の法関係が機能していると想定される。そして、教育是正的教育法も、原理的に、その法関係の性質に応じた一定の方向付けを与えられている。

　第4章で見るように、教育法学は、その確立期において、自主性擁護的教育法のあり方、すなわち、いかに国家による教育内容への介入を限界付け、教師の教育の自由を確立するのかという問題に最も大きな関心を寄せてきた。これに対して、上記のような教育是正的教育法の背後にある法関係は、1980年代以降に、そのような従来の教育法学のあり方が批判されるようになり、「第二の教育法関係」として注目を集めるようになったものである。その特徴は、自主性擁護的教育法の視角からは見えにくい、学校や教師の教育実践やその他の学校運営上の権限の行使と、子どもや親の諸権利との対立の場面に着目する点にある。

第 2 章
大日本帝国憲法と国家主義的教育法制

1. 国家主義的な公教育の目的

　(1)　**本章の課題**　今日の教育法学において、その解釈や分析の対象とされる教育制度は、第二次世界大戦後の戦後教育改革を経て確立された制度を土台とするものである。教育法学の成り立ちを跡付けるためには、戦後教育改革法制がどのような特徴を有するのかについて確かめる必要がある。もっとも、戦後教育改革法制は、それ以前の戦前、戦中の教育制度のあり方を反省して、その大幅な改革の結果として確立されたものである。それゆえ、戦後教育改革法制の特徴を理解するには、まずは大日本帝国憲法下の教育制度の特徴を踏まえておく必要がある[1]。

　(2)　**国家主義的教育法制**　大日本帝国憲法下の教育制度の第一の特徴は、公教育[2]の目的が国家にとって有為な国民の育成に据えられていたことである。大日本帝国憲法下の公教育制度の基礎は、およそ1890（明治23）年の第二次小学校令の制定から、1900（明治33）年の第三次小学校令の制定にかけ

---

1 ）大日本帝国憲法の下における教育制度に関する記述については、主に、金子照基『明治前期教育行政史研究』（風間書房、1967年）；平原春好『日本教育行政研究序説：帝国憲法下における制度と法理』（東京大学出版会、1970年）；神田修『明治憲法下の教育行政の研究：戦前日本の教育行政と「地方自治」』（福村出版、1970年）；市川昭午・林健久『教育財政：戦後日本の教育改革 4 』（東京大学出版会、1972年）；神田修・寺崎昌男・平原春好編『史料 教育法』（学陽書房、1973年）；堀尾輝久・山住正己『教育理念：戦後日本の教育改革 2 』（東京大学出版会、1976年）；兼子仁『教育法〔新版〕』（有斐閣、1978年）；山本正身『日本教育史：教育の「今」を歴史から考える』（慶應義塾大学出版会、2014年）を参照した。

2 ）本書においては、公教育という概念を、社会の中で行われる教育のうち、国家が法制定などを通じて設計した教育制度の枠組みの中で運営に何らかの形で関与しながら実施される教育を指すものとして使用する。それに対して、私教育という概念は、公教育以外の主に親の責任において実施される教育を指すものとして使用される。したがって、家庭教育は、私教育に分類されるが、学校教育については公立と私立を問わず公教育に含まれるものとしている。

て確立された。そうした確立期から時代が降って1940年代に至る間に、公教育に期待される役割についても、近代化を急ぐ日本の発展（国家富強）のための人材の育成から、総力戦体制下の軍国主義的な精神の注入（皇国民の錬成）へと重点が移っていったが、いずれにしろ、徹頭徹尾、公教育は国家のためのものであった[3]。それゆえ、当時の義務教育の制度も、現在とは異なり、子どもの教育を受ける権利を保障するためではなく、国家にとって有為な国民の育成のための仕組みとして、保護者にその子どもを就学させる義務を課すものであった。このような意味で、当時の公教育制度は、国家主義的教育法制とでも呼ばれるべきものであった。

(3) **教育勅語**　大日本帝国憲法の下においては、教育勅語が教育の根本に据えられていたが、それは当時の国家主義的な教育の理念を表象するものであった。教育勅語は、大日本帝国憲法が施行されるおよそ一ヵ月前の1890（明治23）年10月30日に天皇が文部大臣に下賜した言葉であり、形式上は法令たる地位を有するものではなかった。しかし、勅令や命令の中において、その趣旨に則って教育が行われるべきことが定められ、実質的には法令と同様の効力を発揮し、当時の公教育の内容を強く拘束した[4]。その内容を略述すれば、天皇の祖先が、国を始め、深厚な道徳を広めて以来、これを臣民が支えてきたことこそがこの国の精髄であり、こうした道徳が教育の根本に据えられ、臣民はこれからも進んで天皇の国家を支えていかねばならないというものであった（第16章を参照）。

3）公教育に期待される役割の変化は法令の目的規定の変遷としても看取できるものである。1890（明治23）年の第二次小学校令においては、「小学校ハ児童身体ノ発達ニ留意シテ道徳教育及国民教育ノ基礎並其生活ニ必須ナル普通ノ知識技能ヲ授クルヲ以テ本旨トス」（1条）とされていたが、1941（昭和16）年の国民学校令においては、「国民学校ハ皇国ノ道ニ則リテ初等普通教育ヲ施シ国民ノ基礎的錬成ヲ為スヲ以テ目的トス」とされた。

4）参照、兼子・前掲注1）137頁。例えば、以下の諸規定を挙げることができる。小学校教則大綱（1891（明治24）年）2条「修身ハ教育ニ関スル　勅語ノ旨趣ニ基キ児童ノ良心ヲ啓培シテ其徳性ヲ涵養シ人道実践ノ方法ヲ授クルヲ以テ要旨トス」；小学校令施行規則（1900（明治33）年）2条「修身ハ教育ニ関スル勅語ノ旨趣ニ基キテ児童ノ徳性ヲ涵養シ道徳ノ実践ヲ指導スルヲ以テ要旨トス」；国民学校令施行規則（1941（昭和16）年）1条1号「教育ニ関スル勅語ノ旨趣ヲ奉体シテ教育ノ全般ニ亙リ皇国ノ道ヲ修練セシメ特ニ国体ニ対スル信念ヲ深カラシムベシ」。

⑷　**学問と教育の分離**　そして、国家主義的な理念は、教育内容の構成の基本的な方針を規定するものでもあった。その方針とされたのが、学問と教育の分離である。すなわち、当時は、「教育は学問的真実にもとづくものではなく、国民道徳の観点から選択され、そのための真実のわい曲もまた当然視された」[5]と言われるのである。大日本帝国憲法の下においては、教育勅語が示す国民道徳の涵養が教育の中心的な課題とされたがゆえに、国家主義的な観点から教育内容は選別され、国民が知るべきことではないと判断された事柄は、学校教育から排除されねばならなかった[6]。

2.　教育の勅令主義と中央集権的教育行政制度

⑴　**教育の勅令主義**　以下で概観する大日本帝国憲法下の教育制度の特徴は、前節で見た国家にとって有為な国民の育成という当時の公教育の目的の達成に適合的な仕組みとして構想されたものと理解できる。

　その仕組みの一つが、文部省を中心とした国の行政機関が教育を強く統制するという中央集権的な教育行政制度であった。教育の勅令主義は、その中心に位置付けられたものであった。それは、教育に関する基本的事項については、法律ではなく、勅令ないしその委任を受けた命令をもって定めるという原則のことである。

　当時は、1890年（明治23）年の第二次小学校令以来、教育に関する基本的事項については、予算に関連する場合[7]と他の法律の特別法を定める場合[8]を除いて、天皇が大日本帝国憲法 9 条の「公共ノ安寧ヲ保持シ及臣民ノ幸福ヲ増進スル為ニ必要ナル命令」（独立命令）として定め、あるいはその委任を受けた行政機関に定めさせるという原則が一貫して採用されていたのである。教育行政の諸制度それ自体が、帝国議会の容喙を受けないものとされ、中央

---

5 ）堀尾・山住・前掲注 1 ）440頁。
6 ）例えば、天皇機関説について、久野収「日本の超国家主義：昭和維新の思想」久野収・鶴見俊輔『現代日本の思想』（岩波新書、1956年）117頁、132頁を参照。同書の内容ついては、本書第16章でも取り上げている。
7 ）例えば、後述のとおり、国による教育費の補助・負担については法律をもって定められた。
8 ）例えば、市制町村制の特別法たる1890（明治23）年の地方学事通則がこれに当たる。

の教育行政機関によって定められる仕組みが採用されていた。

（2）　**国の事務としての教育事務**　　加えて、教育に関する国の行政機関として文部省が置かれ、1890（明治23）年の地方学事通則と第二次小学校令において、教育事務が国の行政事務であると明確にされた。それ以来、例えば、初等教育段階の学校教育について言えば、市町村長は、当該市町村に属する教育に関する事務を「国ノ教育事務」として管掌するとされた（1890年（明治23）年第二次小学校令70条；1900（明治33）年第三次小学校令60条；1941（昭和16）年国民学校令37条）。

それゆえ、公立の学校における校長や教員の活動は、国の官吏たる府県知事や郡長の監督に服するという体制が整備された（1900（明治33）年第三次小学校令65条（1926（大正15）年の郡長の廃止に伴い、監督権は府県知事に一本化）；1941（昭和16）年国民学校令40条）。府県知事は、教育に関する事務の管理においては、主務大臣たる文部大臣の指揮監督を受け（1886（明治19）年各省官制〔文部省〕1条、1886（明治19）年地方官官制2条）、郡長は、府県知事の指揮監督を受ける存在であった（1886（明治19）年地方官官制39条）。このように、当時の学校教育は、文部大臣を頂点とした中央集権的な上命下服の行政組織を通じた統制に服するものであった。

3.　中央集権的な教育内容の統制

（1）　**教育課程編成の仕組み**　　中央集権的な統制の仕組みが最も強く組み立てられていたのが、教育内容行政の制度であった[9]。初等教育段階の教育課程の編成の仕組みについて見てみると、1890（明治23）年の第二次小学校令において、文部大臣は、小学校教則の大綱を定め、それに基づき府県知事が定めた小学校教則を許可するものとされた（12条）。そして、小学校教則大綱においては、小学校長もしくは首席教員が小学校教則に則って教授細目を定めるものとされ（1891（明治24）年小学校教則大綱20条）、現場の教員は、教授細目に基づき、教案と教授週録を作成するものとの運用がされた。

9）大日本帝国憲法下の教育内容行政の制度については、平原・前掲注1）121頁以下、神田・寺崎・平原・前掲注1）120頁以下を参照。

　さらに、1900（明治33）年の第三次小学校令においては、中央集権化が強められ、小学校教則について、それを定める権限が文部大臣に移され、小学校令施行規則をもって定められることになり、これに則って学校長が教授細目を定めることとされた（1900（明治33）年小学校令施行規則22条）。この仕組みは、1941（昭和16）年の国民学校令にも引き継がれた（国民学校令7条、1941（昭和16）年国民学校令施行規則32条）。

　(2)　**教科書の国定化**　　さらに、教科書についても、文部省による統制が強められていった。学校で使用される教科書については、1886（明治19）年の第一次小学校令以来、文部大臣による検定制が導入されていた（第一次小学校令13条、第二次小学校令16条、第三次小学校令24条）。これが、1903（明治36）年の小学校令の一部改正により、修身、日本歴史、地理の教科用図書と国語読本という主要な教科書については文部省において「著作権ヲ有スルモノタルヘシ」と改められた（24条1項）。これによって教科書の国定制が導入され、その後、国定とされるべき教科の範囲が広げられていった。1941（昭和16）年の国民学校令においては、一部の例外を除いて教科書は全て国定とされることになった（6条）。

4．教育財政法制

　(1)　**市町村による経費負担**　　もっとも、このような教育内容への国の強い統制とは対照的に、国が学校の設立維持に必要な経費について負担するという動きは鈍いものであった[10]。1890（明治23）年の第二次小学校令においては、市町村は、教育が国の事務とされたにもかかわらず、学齢期の子どもを就学させるのに足りる尋常小学校を設立するものとされた上に（25条）、その設立維持の経費を負担することを原則とされた（43条）。また、保護者からも授業料が徴収されるものとされていた（44条）。市町村立の尋常小学校において授業料の徴収が原則的に廃止されたのは、1900（明治33）年の第三次小学校令においてであった（57条）。

---

10)　大日本帝国憲法下の教育財政の制度については、市川・林・前掲注1）69頁以下、神田・寺崎・平原・前掲注1）242頁以下を参照。

教員の年功加俸の補助のように国による小学校の経費の部分的な補助はあったが、それでも国が市町村と経費を分担する責任を引き受けるものではなく、市町村の教育費負担は極めて重いものとなっていった。

(2)　**国庫負担制度の確立**　そのような中で、1918（大正7）年の市町村義務教育費国庫負担法は、はじめて明確に国が積極的に教育費を分担するという理解に基づき制定されたものであった。同法においては、教員の俸給費を対象に、毎年度1,000万円を下らない額の支出が定められた（1条、2条）。さらに、1940（昭和15）年には、地方財政制度の大幅な改革に伴い（地方財政調整制度の導入）[11]、市町村立の小学校教員の俸給費が道府県の支弁に移された（1940（昭和15）年市町村立小学校教員俸給及旅費ノ負担ニ関スル件）。また、同年には市町村義務教育費国庫負担法も改正され、新たに義務教育費国庫負担法とされた上で、市町村立の小学校教員の俸給費の半額が国庫負担とされることになった。このような義務教育費の財政負担の仕組みは、戦後教育改革期に一度廃止されるが、後にこれと極めて似通った仕組みが戦後の教育財政制度においても採用されることになるものであった。

もっとも、どうして国が一定の財政負担を担うべきなのかに関する理解は、戦後教育改革の前後で大きく異なると考えるべきである。大日本帝国憲法の下においては、国家が、その利益のために国民に教育を受けることを義務付けるのであるから、一定の費用を負担するべきという理解が基本であった。しかし、戦後には、国家が、個人の教育を受ける権利に対応する教育条件整備義務を負うから、その費用も負担しなければならないという理解に転換したと考えねばならないのである（第9章を参照）[12]。

5.　複線型学校体系

(1)　**進学先の分化と固定化**　最後に挙げるべきなのが、複線型学校体系である[13]。大日本帝国憲法の下における学校体系は、1907（明治40）年の小学校令の改正により、義務教育の修業年限が4年から6年に延長された頃に

---

11) それまで義務教育に関する国庫補助・負担金は、部分的に地方財政調整制度としての役割を果たしてきたと言われる。参照、文部省『学制百年史』（帝国地方行政学会、1972年）626-627頁。市川・林・前掲注1）104頁以下。

は、義務教育段階の終了後の中等教育段階において、進学先を普通教育と実業教育という二系統に分化し、固定化する複線型の体系として完成された。

　すなわち、当時は、義務教育である尋常小学校を卒業後には、進学者のうちの多くの者は、実業補習学校などの実業教育機関や、後の進学先として実業教育機関や師範学校が想定された高等小学校に進学した。これに対して、同世代の中でも少数の者が、中学校に進み、さらにその中でも極少数の者のみが高等学校、帝国大学へと進学することができた。こうした複線型の学校体系が、1941（昭和16）年の国民学校令の時期まで引き継がれていった。

　⑵　**エリートと非エリートの選別**　　大日本帝国憲法下の複線型の学校体系は、義務教育の終了段階という早期の段階で、社会の中で指導的な立場のエリート層に属すべき者と、それ以外の非エリート層の者とを選別し、さらに、社会の各産業領域の需要に応じて、技術者やその他の労働者という人材を育成しようとするものであった。また、教育を受ける側から見れば、これは、義務教育終了後の進路によって、その後にある個人が所属することになる社会階層を強く規定する機能を果たすものであった。このような枠組みは、「国家が学校系統に基づいて国民全体を振り分け、その振り分けられた人材を国家の中の諸般の職業世界に配置する」[14]というものであり、国家にとって有為な国民の育成という当時の公教育の目的に適合的な手段であった。

12）1918年の市町村義務教育費国庫負担法の審議において、当時の文部大臣岡田良平は、提案理由として、義務教育を「国民タル者ガ受ケナケレバナラヌ所ノ最低限度ノ教育」であると述べ、それゆえに、父兄の貧富や市町村の貧富にかかわらず、この教育を実行する設備を整えなければならないから、その費用を「単ニ父兄ノ力若クハ町村ノ力ニノミ委ネ置クト云フコトハ其当ヲ得タモノデハゴザイマセズノデ」という。その上で、1872（明治5）年の学制以来、「国庫ニ於テ此費用ニ対シテ相当ノ支出ヲナスト云フコトノ主義」を決定していたが、本法案は、この主義を実行する趣旨のものであると述べていた（1918年3月1日第40回貴族院議事速記録第9号140-141頁）。

13）参照、兼子・前掲注1）250頁以下；山本・前掲注1）187-189頁。

14）山本・前掲注1）189頁。

第3章

日本国憲法と戦後教育改革法制

1. 教育を受ける権利と「人格の完成」

(1)　**本章の課題**　　大日本帝国憲法の下において、教育制度は、国家にとって有為な国民の育成のための手段として構築・運用され、国家が教育を強く統制する仕組みを備えるものであった。その結果、教育は、国家主義、果てには軍国主義の道具とされた。戦後教育改革法制はこうしたことへの強烈な反省に基づき構想され、現在の教育制度の基礎を成している。本章においては、戦前・戦中との比較において、その特徴について解説する。

(2)　**「人格の完成」**　　まずは、教育の目的である。日本国憲法26条1項において、「すべて国民は、法律の定めるところにより、その能力に応じて、ひとしく教育を受ける権利を有する」とされ、教育を受けることは、個人の権利として把握し直された。第6章で見るとおり、日本国憲法の下においては、国家は、個人が自身の権利行使として教育を受けうる条件を確保するために、学校制度の整備などを通じて積極的に教育制度を構築することを義務付けられることになった。これに伴って、教育の目的も、根本的に転換されることになった。

憲法26条を受けて、1947年には、旧教育基本法が制定され、その前文においては、「われらは、個人の尊厳を重んじ、真理と平和を希求する人間の育成を期するとともに、普遍的にしてしかも個性ゆたかな文化の創造をめざす教育を普及徹底しなければならない」と宣言された。そして、教育の目的については、「教育は、人格の完成をめざし、平和的な国家及び社会の形成者として、真理と正義を愛し、個人の価値をたつとび、勤労と責任を重んじ、自主的精神に充ちた心身ともに健康な国民の育成を期して行われなければならない」(1条) と規定された。つまり、戦後においては、教育の第一次的な目的は、もはや国家にとって有意な国民の育成ではなく、尊厳ある個々人の

「人格の完成」に置かれることになったのである。

　日本国憲法の下において、「すべて国民は、個人として尊重される」(13条前段) と定められ、教育を受けることがその個人にとって権利だとするならば、専ら国家主義的に教育の目的を把握することはもはや許されない。日本国憲法の理念に適合的であろうとすれば、教育は、あくまで権利主体たる個人の「人格の完成」を第一に目指すものとされねばならなかった[1]。

　(3)　**戦後の公民教育のあり方**　　もっとも、戦後には公民教育それ自体が否定されたというわけではなかった。むしろ、「平和的な国家及び社会の形成者」としての「国民の育成」も、国民主権を掲げ、民主主義的な統治制度を備える日本国憲法の下において、政治が十分に機能するためには重要であり、公民教育も大きな課題とされた。しかし、そのような民主主義社会を支える公民の育成も、あくまで個人の「人格の完成」と両立するように追求されねばならないものと捉え直されたのである。例えば、教育基本法の制定に深く関わった文部省関係者の解説書である教育法令研究会『教育基本法の解説』においても、「人格の完成」と「国家及び社会の形成者」の育成との関係について、次のように述べられていた。

　　　「かくて教育は、何よりもまず人格の完成をめざして行われなければならない。しかし、人格の完成は、単に個人のために個人を完成するというにとどまるものではなく、かかる人間が同時に国家及び社会を形成するよい人間となるように教育が行われなければならないことを示すのが後段の趣旨である。さればといつて、人格の完成が国家及び社会の形成者の育成ということにおおわれ、それにつきるというのではない。人格の完成ということは、国家及び社会の形成者の育成ということの根本にあり、それより広い領域を持つている。この広い立場で育成された人間が、はじめて国家及び社会のよい形成者となることができるのである。」[2]

　戦後に否定されたのは、学問と教育の分離（第2章を参照）などの手法によって、国民道徳の涵養のために、神話や忠孝の価値観を優先させ、個人の「人格の完成」を犠牲にすることであった。それゆえ、公民教育は、戦後教

---

　1) 参照、世取山洋介「第1条（教育の目的）」日本教育法学会編『コンメンタール教育基本法』（学陽書房、2021年）22頁、31-34頁。
　2) 教育法令研究会『教育基本法の解説』（国立書院、1947年）63頁。

育の象徴的な教科である社会科の理念に見られるように、学問的な背景を有する教育を通じて、あくまで個人の論理的かつ批判的な思考を育成することでしかなされえず、その限りで許容されるものと考えられたのである（教育基本法の定める政治教育の意義については、第19章を参照）[3]。

　(4)　**教育勅語の権威の否定**　こうした中において、教育勅語は、その権威が否定され、もはや教育の根本に据えられるべきものでないことが明確にされることになった。1948年6月19日に、衆議院は、「教育勅語等排除に関する決議」を採択し、参議院は、「教育勅語等の失効確認に関する決議」を採択した。

2.　教育権の独立と「不当な支配」の禁止

　(1)　**教育権の独立**　こうした教育目的の根本的な転換を受けて、大日本帝国憲法の下において、国家が強力に教育を統制し、利用できてしまう制度が整えられていたことについても反省を迫られた。戦後には、憲法26条を受けて国家が教育制度を積極的に整備することを義務付けられる一方で、以前とは逆に、教育に関する国家の権限は、決して無制約に行使されうるものではないと考えられるようになった。個人の「人格の完成」に奉仕するように国家の権限を統御する仕組みが周到に整えられることになったのである。その仕組みの基礎をなす理念とされたのが、教育権の独立であった。

　教育権の独立は、第90回帝国議会における大日本帝国憲法改正案審議の際に、当時の文部大臣田中耕太郎によってその必要性が繰り返し主張されていた。例えば、田中は、憲法に教育に関する一章を設けることを否定しながらも、「併シナガラ教育権ノ独立ト云フヤウナコト、詰リ教育ガ或ハ行政ナリ、詰リ官僚的ノ干渉ナリ或ハ政党政派ノ干渉ト云フモノカラ独立シナケレバナラナイト云フ精神ハ、是ハ法令ノ何処カニ現ハシタイト云フコトハ、当局ト致シマシテ念願シテ居ル所デアリマシテ、是ハ計画致シテ居リマスル教育根本法二、若シ法律的ノ『テクニック』トシテ許シマスナラバ、考慮シテ見タ

イト存ジテ居ル次第デゴザイマス」と答弁していた[4]。

(2)「不当な支配」の禁止　　教育権の独立の理念は、田中文部大臣によって「教育根本法」の中で具体化されることが示唆されていたように、1947年の旧教育基本法10条（現16条）において「不当な支配」の禁止条項として具体化されることになった。例えば、旧教育基本法の審議において、政府側は、「不当な支配」の禁止条項の意義を次のように説明していたのである。

　　「第十条の『不当な支配に服することなく』というのは、これは教育が国民の公正な意思に応じて行はれなければならぬことは当然でありますが、従来官僚とか一部の政党とか、その他不当な外部的干渉と申しますか、容喙と申しますかによつて教育の内容が随分ゆがめられたことのあることは、申し上げるまでもないことであります。そこでそういふような単なる官僚とかあるいは一部の政党とかいうふうなことのみでなく、一般に不当な支配に教育が服してはならないのでありましてここでは教育権の独立と申しますか、教権の独立ということについて、その精神を表わしたのであります。」[5]

　旧教育基本法10条においては、「教育行政」との表題の下に、1項では、「教育は、不当な支配に服することなく、国民全体に対し直接に責任を負つて行われるべきものである」とされ、2項では、「教育行政は、この自覚のもとに、教育の目的を遂行するに必要な諸条件の整備確立を目標として行われなければならない」と規定された。それでは、この意義は、教育権の独立の理念の具体化として、どのようなものであると理解されていたのであろうか。

　前掲の『教育基本法の解説』を見ると、まず、戦前・戦中の教育制度について、「教育の実情に即する教育の発達を困難ならしめるとともに、教育者の創意とくふうとを阻害し、ために教育は画一的形式的に流れざるをえ」ず、また、「教育行政が教育内容の面まで立ち入った干渉を可能にし」、極端な国家主義的イデオロギーによる教育の統制に至らせしめるものであったと述べられ、「不当な支配」の禁止条項が、戦前・戦中の教育制度のあり方への強い反省を踏まえるものであることが明らかにされていた[6]。

4）1946年7月3日第90回帝国議会衆議院帝国憲法改正委員会議録（速記）第4回55頁。

5）1947年3月14日第92回帝国議会衆議院教育基本法案委員会議録（速記）第1回12頁（答弁者・政府委員辻田力）。

6）教育法令研究会・前掲注2）126頁。

　そして、1項の「不当な支配」の禁止条項については、「教育はこれらの〔政党、官僚、財閥、組合等の—引用者〕現実的な勢力の侵入に対してしっかりした態度をとり、自主的に行われなければならない」ことから設けられた規定であると説明され、2項については、教育行政の任務と限界を定めたものであり、「教育行政の特殊性からして、それは教育内容に介入すべきものではなく、教育の外にあつて、教育を守り育てるための諸条件を整えることにその目標を置くべきだ」という趣旨を表現した規定であると解説されていた[7]。

　(3)　**教育と教育行政の区別**　　大日本帝国憲法下の教育制度においては、学校現場の校長や教師は、国家にとって有為な国民の育成のために、中央集権的な教育行政制度の仕組みを通じて、学校運営の面でも教育内容の面でも国家による強力な統制に服し、場合によっては子どもたちの教育的必要とは無関係に画一的な教育を余儀なくされた。

　こうしたことへの強烈な反省に基づき、戦後教育改革を主導した人々は、教育権の独立という理念を掲げ、その理念を「不当な支配」の禁止条項として具体化した。そして、そこでは、「教育」(1項)と「教育行政」(2項)が区別され、それぞれに異なる原理が当てはめられ、学校・教師の自主性を確立し、「教育」に「教育行政」が権力的に介入することを廃することが目指されたのである。

3.　戦後教育改革法制の基本原則

　(1)　**教育の法律主義**　　教育権の独立の理念に支えられて教育に関する公権力行使を統御しようとする試みは、戦後の教育行政制度の基本的な仕組みにも反映されることになった。

　大日本帝国憲法下の制度との対比で一つずつ見ていくと、戦後には、まず教育の勅令主義が廃され、法律主義が採用された。憲法26条において、国民は、「法律の定めるところにより」、教育を受ける権利を有するとされ、教育制度は法律をもって定められることになった。これに基づき、旧教育基本法

---

7)　教育法令研究会・前掲注 2)130-131頁。

（1947年制定）や学校教育法（1947年制定）、教育委員会法（1948年、現在は廃止）などの戦後教育法制の中心に位置付く法律が制定されていった。

(2) **教育の地方自治**　また、中央集権的な教育行政制度も改められ、戦後には教育の地方自治と呼ばれる原則が採用された。学校教育法5条において、学校の設置者は、その設置する学校の経費を原則的に負担する建前をとりつつ、学校の管理を全面的に担うものとされた（設置者管理・負担主義）。つまり、小学校や中学校、高等学校などの教育機関に係る事務は、その設置主体が地方公共団体である場合には、当該地方公共団体の事務と考えられるようになったのである。

大日本帝国憲法下のように、教育に関する事務をすべて国の事務と定め、教育内容の詳細や人事などの学校の運営全般について、国の機関たる地方長官の一般的な監督に服するものとされるような体制は全面的に改められた。学校の管理という面においては、その設置主体たる市町村や都道府県と、国とは、もはや下級機関と上級機関の関係ではなくなった。

(3) **一般行政からの教育行政の独立**　さらに、1948年に制定された教育委員会法においては、地方公共団体の教育に関する主たる事務を、一般行政を担う首長部局から独立した教育委員会に担わせるという制度が採用された。これは、一般行政からの教育行政の独立と呼ばれる原則である。

この意義に関して、上記の教育法令研究会名義の解説書『教育委員会：理論と運営』を見てみると、「教育の自主性を確保すべき要請は、教育行政機関の制度上、機能上の独立を保障し、したがつて、従来の一般行政機関から分離独立した機関の設置となつて来る」[8]と説明されていた。行政機関による教育への「不当な支配」の禁止をより十全たるものにするために、教育行政それ自体も時の政府の意向の影響を必然的に受ける一般行政部門から独立している必要があると考えられたのである。この点は、同法の1条において、「この法律は、教育が不当な支配に服することなく、国民全体に対し直接に責任を負つて行われるべきであるという自覚のもとに、公正な民意により、地方の実情に即した教育行政を行うために、教育委員会を設け、教育本来の

8）教育法令研究会『教育委員会：理論と運営』（時事通信社、1949年）36頁。

目的を達成することを目的とする」と定められていたことに、端的に表現されていた。

　1956年に、教育委員会法は廃止され、教育委員会の組織や権限等は、新たに制定された地方教育行政の組織及び運営に関する法律によって定められるものとなった。同法は、教育委員会の委員の公選制を廃し、それを首長による任命制とし、教育委員会の予算原案の送付権を廃するなど、大幅な制度の改変を行うものであった。さらに、同法の2014年改正においても、教育委員会と首長部局との関係が大幅に改められた（第18章を参照）。しかし、それでも、一般行政からの教育行政の独立という根幹的な原則は、現在でも維持されている。

4. 単線型学校体系

　加えて、国家にとって有為な国民の育成から個人の「人格の完成」への教育の目的の転換は、学校体系の改革にも結びついた。戦後には、大日本帝国憲法下の複線型学校体系が改められ、単線型と呼ばれる学校体系が採用されることになったのである。すなわち、1947年制定の学校教育法においては、義務教育は、小学校6年と中学校3年の初等教育と前期中等教育の9年間に延長され、それに続く後期中等教育と高等教育については、高等学校3年間と大学4年間に一本化された。そして、高等学校を卒業したすべての者に大学の入学資格を認めることとされたのである。

　このようないわゆる6・3・3・4制の単線型学校体系の採用は、戦前・戦中のように国家の都合を優先して義務教育の終了後という早期の段階において個人の進路を固定するという考えを排し、個人の「人格の完成」に必要な教育の機会を高等教育段階に至るまであらゆる個人に平等に保障することを意味するものであった[9]。

5. 戦後教育改革法制の意義

　以上のような特徴を有する戦後教育改革法制については、今日に至るまで

9）参照、兼子仁『教育法〔新版〕』（有斐閣、1978年）250頁。

様々な「改革」にさらされ、例えば、先に少しだけ触れた教育委員会制度など大きく変えられてきた制度もある。しかし、本章において解説した制度の骨格、すなわち、教育の目的たる「人格の完成」、「不当な支配」の禁止、教育の法律主義、教育の地方自治、一般行政からの教育行政の独立、6・3・3・4制の単線型学校体系は、現在においても維持されており、教育法学の議論の土台を成していることには留意せねばならない。

　以下の各章において見るように、教育法学においては、現実の教育改革の荒波の中で、教育制度の構築や運用をあくまで子どもの学習権の充足というところに繋ぎ止めようと、多くの議論が積み重ねられてきた。これらの戦後教育改革法制の骨格は、そうした教育法学の議論の出発点となるばかりか、現実の政策展開を批判的に吟味し、あるいはそれへの対抗軸を構想する際の参照枠組みともなっている。

　このように、現在においても戦後教育改革法制の基本的なあり方に繰り返し立ち返って議論を展開することが有益であるとされるのは、戦後教育改革法制が、当時において、教育を受けることが、国家に対する義務ではなく、個人の権利であると言うならば、それを実現する教育制度はいかにあるべきなのかということが真剣に問われた結果として構築されたものであると評価できる部分を多く持つからではないかと思われる。

第4章

教育法学の成立と展開

1.　逆コース以降の教育政策の動向

　（1）　**本章の課題**　教育法学は、戦後教育改革法制を土台に体系化されたが、その成立は戦後すぐではなかった。戦前から教育に関する法制度は、行政法の一領域として論じられていた。そのような教育行政法学の段階を脱し、教育法学が特殊法としての教育制度に特有の法論理の体系を探求するものとして成立するのは、1960年代になってからであった。

　本章では、まず1960年代に、いかなる歴史的文脈において、どのような問題意識の下に、教育学や法学の研究者によって教育法学の必要性が強く意識されるようになり、教育法学が成立するに至ったのかについて概観する[1]。その上で、1980年代以降に、それまでの教育法学のあり方に根本的な批判を提起する学説が見られるようになったことを取り上げ、そのことが今日に至るまで教育法学の展開にどのような影響を与えているのかについて考察する。

　（2）　**教育二法と地方教育行政法**　教育法学の成立の要因としてまず取り上げねばならないのが、1950年代以降の教育政策の動向である[2]。1950年代初頭から、アメリカの対日占領政策の転換に伴ういわゆる逆コースの状況下において、教育の分野でも戦後教育改革の理念に背を向けるかのような政策の動向が見られるようになった。

　ここでは主に実際に制度化された例を挙げると、まずは、1954年に、教育

---

　1 ）教育法学の成立過程については、特に、兼子仁『教育権の理論』（勁草書房、1976年）274頁以下を参照。また、本章よりも広く、戦後教育改革から現在に至るまでの教育法制や教育裁判の展開について教育法学の視点から概観するものとして、野村武司「教育行政」現代行政法講座編集委員会編『現代行政法講座Ⅲ　行政法の仕組みと権利救済』（日本評論社、2022年）147頁を参照されたい。

　2 ）1950年代以降の教育政策の動向については、五十嵐顕・伊ヶ崎暁生編『戦後教育の歴史』（青木書店、1970年）第三章〔三上昭彦・平原春好執筆部分〕；鈴木英一『教育行政：戦後日本の教育改革3』（東京大学出版会、1970年）第二章第八節；兼子仁『教育法〔新版〕』（有斐閣、1978年）第四章第二節を参照。

における「政治的中立性」を確保することを狙うものとされたいわゆる教育二法が成立した[3]。教育二法は、政権与党を中心に、日本教職員組合の活動があまりにも政治的であり、それに与する教師による「偏向教育」の危険があるという政治的なキャンペーンが張られ、その勢いの中で実現されたものであった。

　また、1956年には、戦後教育改革の柱の一つであった教育委員会についても、新たに、地方教育行政の組織及び運営に関する法律（以下、地方教育行政法とする）が制定され、これに伴い教育委員会法が廃止された。教育委員会が首長部局から独立して教育行政を担う仕組み（一般行政からの教育行政の独立）は維持されたものの、それまで公選とされていた教育委員について首長による任命制とされ、教育委員会が首長に予算原案を送付する権限も見直された。教育委員の公選制や予算原案の送付権は、教育委員会が、首長部局との関係で独立に権限を行使する上で極めて重要な仕組みであった。教育委員会は、その性格と権限の面において様変わりさせられることになったのである。

　(3)　**教科書検定の強化**　続いて、教科書については、戦後においては戦前・戦中の国定制から「監督庁」による検定制に転換され（学校教育法旧21条）、その監督庁は、「当分の間」、文部大臣（当時）とすると規定されていた（学校教育法旧106条）。これは、当時の財政事情から用紙割当制が取られている間の暫定的措置として、いずれは国による検定ではなく、都道府県単位において、都道府県教育委員会による検定の実施が構想されていたためであった（教育委員会法50条2号、86条）。しかし、1953年には、学校教育法21条等が改正され、文部大臣による検定の実施が恒久化された。教育の地方自治の理念は一歩後退を余儀なくされた。

　そして1950年代後半には、さらに国による教科書検定の強化の方策が整え

3）教育公務員特例法の一部を改正する法律と、義務教育諸学校における教育の政治的中立の確保に関する臨時措置法の二法である。前者は、地方公務員たる公立学校教師の政治的活動の制限を国家公務員並みにするものであり、後者は、教職員組合などの活動を利用して、教職員に対して特定政党を支持させる教育を実施するように教唆・扇動することを禁止するものである。

られていった。1955年8月には、日本民主党が『うれうべき教科書の問題』というパンフレットを発表し、特定の教科書が政治的に偏向しているとの攻撃にさらされるようになった。こうした状況の中で、同年12月には中央教育審議会「教科書制度の改善に関する答申」が出されると、これを受けて、翌1956年の国会には、いわゆる教育三法案の一つとして教科書法案が提出されることなった（他の二法案は、前述の地方教育行政法案と、臨時教育制度審議会設置法案〔廃案〕）。

　教科書法案は、各界から厳しい批判にさらされ、廃案となったが、その主たる狙いの一つとされた検定体制の強化は行政上の措置で実行されることになった。文部省設置法施行規則の改正によって、教科書調査官が新設され（5条の3）、20人がその任に就くことになり、教科用図書検定調査審議会令の改正を受けて（旧2条）、同審議会の教科書検定に携わる委員が従来の16名から80名に増員されたのである[4]。

　(4)　**学習指導要領の告示化**　　さらに、1958年には、学習指導要領が告示の形式で発表されることになった。1947年に作られた最初の学習指導要領には「（試案）」の文字が付され、あくまで教師が参考に供するものとされていたが、1955年の改訂以来、「（試案）」の文字が削られていた。そして、1958年の告示化を契機に、文部省は、学習指導要領には法的拘束力があると主張するようになった。同年には、政権与党内の保守的な要求に応えて、学校教育法施行規則が改正され、新たに、教科ではないものとして「道徳の時間」が特設され、学習指導要領道徳編も作成されるようになった。

　教科書検定との関係では、戦後最初の教科用図書検定基準においても、教科書と学習指導要領との内容上の一致が各教科の「必要条件」として挙げられていたが、当初の学習指導要領は、教科書検定においても参考程度のものとされていたという[5]。しかし、1958年の教科用図書検定基準の改訂以降に

4）さらに、教科書法案のもう一つの柱であった教科書の採択や発行制度の改革については、1963年に義務教育諸学校の教科用図書の無償措置に関する法律が制定され、広域採択制度や発行者の指定制度が導入されたことによって実現された。

5）第二次家永教科書検定事件一審判決（杉本判決）（東京地判1970（昭45）・7・17判時597号3頁）における事実認定を参照。

は、「絶対基準」として教科書の内容が学習指導要領の各教科の目標と一致することが求められるようになり、引き続き「必要条件」においても教科書の取り扱い内容と学習指導要領との一致が求められ、教科書検定における審査の厳格度が相当程度に高められることになった。

2.　教育裁判の登場と教育法学の成立

(1)　**現場の教職員の抵抗**　1950年代以降の逆コースの状況において、当時の文部省や各地の教育委員会が進める具体的施策の実施に対しては、現場の教職員が激しく抗議ないし抵抗するということが起こった。そして、それらの教育施策の違憲あるいは違法性を争点とする紛争が裁判所にも持ち込まれることになった[6]。こうした教育裁判の登場が、教育法学の成立を促したもう一つの、そして、最も大きな要因であった。

(2)　**勤務評定裁判**　初期の教育裁判としてまず多くの注目を集めたのが、一連の勤務評定裁判である。1957年頃から、各地の教育委員会は、地方公務員法旧40条や地方教育行政法旧46条に基づき、教職員の勤務評定の計画を進めて、実施に移そうとしていた。現場の教師たちの中には、これを教育委員会による学校の管理強化と受け止める者も多くおり、例えば、教職員組合に所属する教職員が一斉に休暇を申請して抗議活動に参加するいわゆる休暇闘争などの手法により、勤務評定の実施に抵抗する運動が全国で展開されるようになった。

こうした現場の教職員の抵抗活動が、地方公務員法37条1項で禁止された争議行為を「あおる」等の行為に該当するとして同法旧61条4号違反で起訴され、一連の刑事裁判の対象となったのである[7]。しかし、これらの裁判においては、公務員の労働基本権制限の合憲性など重要な憲法上の争点が提起されたが、教育法上の論点が十分に煮詰められるには至らなかった。

6）初期の教育裁判の展開については、兼子・前掲注2）第四章第二節、兼子仁・市川須美子「教育判例の概観：教育法学の見地から」教育判例百選〔第三版〕(1992年) 2頁を参照。

7）例えば、都教組勤務評定反対闘争事件（最大判1969（昭44）・4・2刑集23巻5号305頁）。

　(3)　**学力テスト裁判**　　続いて注目を集めたのが、一連の学力テスト裁判であった。先述のとおり、1958年に学指導要領が官報に告示されて以来、文部省は、その法的拘束力を主張し始め、現場の教師や教育学・法学の研究者などがこれを教育内容への国による不当な介入であると批判するという対立構図が形成されていった。1961年から1965年の4年間にわたって実施された「全国中学校一せい学力調査」は、こうした対立に拍車をかけるものであった。

　「全国中学校一せい学力調査」は、文部省が、教育課程に関する施策の樹立や学習指導の改善のための資料として用いるなどの目的で、都道府県の教育委員会に対して、地方教育行政法54条2項に基づき調査資料の提出を求めるという形で実施され、建前上は、文部省が、その調査の実施自体を命じたものではないとされていた。しかし、実質的には、文部省が学習指導要領に準拠して作成した試験問題を全国の中学校2年と3年の全生徒を対象に記名式で解答させるという学力テストたる内容を有するものであった。それゆえ、それは、文部省が、各地の教育委員会を通じて、各学校の教師たちに、その主体的な関与なしに学力テストという教育活動を実施させ、教育内容の国家基準の達成度を測らせようとするものであり、旧教育基本法10条1項で禁止された「不当な支配」に該当するのではないかと強く疑われた。

　こうした状況において、教育委員会や校長が学力テストの実施を予定日に強行しようとすることに対して、現場の教師たちを中心に反対する人々がその実施を阻止しようと行動したことが刑事裁判となったのである。例えば、教職員組合の役員たる教師たちが、学力テストの実施を阻止すべく、組合員たる教師たちに当日にテスト業務を拒否し、平常授業を実施するなどの措置をとるように指示したことが、地方公務員法37条1項で禁止された争議行為を「あおる」等の行為に該当するとして同法旧61条4号違反で起訴されたという事件[8]や、校長が当日に学力テストを強行実施しようとすることに対して、教師や地域住民が、校長を取り囲んで中止させようとしたところ、それが公務執行妨害罪等に当たるとして起訴されたという事件[9]である。

　8）岩手教組学力テスト事件（最大判1976（昭51）・5・21刑集30巻5号1178頁）。
　9）旭川学力テスト事件（最大判1976（昭51）・5・21刑集30巻5号615頁）。

　後者の事件においては、憲法26条の教育を受ける権利の意義や、教育権の所在、「不当な支配」の禁止条項の意義・射程などの教育法上の重要な論点が提起され、本格的な教育裁判となり、旭川学力テスト事件最高裁判決[10]という重要判例を生み出すに至った（第10章及び第12章を参照）。

　(4)　**家永教科書裁判**　加えて、この時期の重要な教育裁判として、家永教科書裁判を挙げることができる。先述のとおり、1958年に学習指導要領が官報に告示されて以降、教科書検定の審査が一層強化されていった。こうした状況において、当時、東京教育大学の教授であった家永三郎が執筆した高等学校教科書『新日本史』が、1963年の改訂時の検定で不合格処分を受けたのを最初に、その後の数次の検定でも、多数の修正要求を含む条件付き合格や不合格の処分を受けることになった。

　こうした各種処分に対して、執筆者である家永が原告となって、国家賠償や処分の取消を求めて、1965年、1967年、1984年の三次にわたり訴訟が提起されることになったのである。これらの裁判においても、国による教育内容や方法への介入の憲法上・法律上の限界について、正反対の立場を採る二つの下級審の判決が出されるなどして、教育法学上の重要論点に関する議論の深化が促されることになった[11]。

　(5)　**教育法学の必要性の認識**　こうした教育裁判の登場が、教育法学の成立を直接的に促すことになった。当時、教育学や法学の研究者の中には、戦後教育改革の理念を高く評価し、その理念と当時の政府の教育施策との矛盾を見出す者も多かった。それゆえ、それらの研究者によって、教育裁判の帰趨が注目され、直接的あるいは間接的にそれらの裁判に関わる中で、教育と法をめぐる諸問題の研究が飛躍的に進展した。そうした中で、教育学と法学が共同して教育制度に特有な法論理の体系を構築するということの必要性が強く意識されるようになり、第6章で見るように、教育権の所在をめぐる

---

10)　前掲注**9**)。

11)　第二次家永教科書検定事件一審判決（杉本判決）（前掲注**5**)）は、国民の教育権説を採用したものと評価され、第一次家永教科書検定事件一審判決（高津判決）（東京地判1974（昭49)・7・16判時751号47頁）は、国家の教育権説を採用したものと評価された。

国民の教育権説と国家の教育権説の対立という当時の基本的な議論の枠組みも形成されていった。

　そして、1970年には、日本教育法学会という教育法を専門に研究する学会も設立され、この頃には教育法学の成立が広く認知されるようになった。こうして一つの学問領域として成立した教育法学においては、今日に至るまで半世紀以上の間に、教育学と法学の研究者の交流を通じて、様々な議論が蓄積されている。

3.　教育法学批判の登場

　(1)　**新たな問題提起の登場**　今日において、教育法学を学ぶ上で踏まえておくべき重要な議論の展開を一つ挙げるとするならば、それは1980年代に提起された教育法学批判であろう。この時期に、教育法学のそれまでの議論のあり方に対して、根本的な疑問が提起されるようになったのである。この議論の展開は、今日においても教育法学の研究者の重要な問題意識の少なくとも一部を成すものとなっている。

　もちろんそれ以前にも、教育法学において、国家の教育内容面への介入の強化を押しとどめようとする学説が通説的な地位を占めていたことに対して、批判的な議論がなかったわけではない。もっとも、それらの議論は、国家が教育内容面に介入することに対する批判的な意識に乏しく、むしろそれを積極的に正当化しようとするものであり、通説的な学説とは、教育に対する国家の関与のあり方について基本的な問題意識を異にするものであった[12]。

　しかし、1980年代に登場した教育法学の議論のあり方への批判は、国家が教育内容面に介入することに対して警戒的な立場を維持し、その点では通説的な立場と問題意識を共有しながらも、なお従来の議論のあり方に根本的な問いを投げかけるものであった。この点の衝撃は大きく、今日においても教

---

12)　参照、相良惟一「教育権をどう考えるべきか」兼子仁編『法学文献選集8　法と教育』（学陽書房、1972年）117頁；安達健二「教育基本法第十条の解釈：宗像教授の諸論をめぐって」兼子仁編『教育基本法文献選集8　教育権と教育行政』（学陽書房、1978年）34頁。また、こうした以前からの批判への通説的な立場からの応答としては、兼子・前掲注1)251頁以下を参照。

育法学の議論に一定の影響を与え続けているのである。

　(2)　**法律学としての議論のあり方**　そうした議論の嚆矢が奥平康弘の国民の教育権論への批判であった[13]。奥平の批判については、次の三点にまとめることができる。一つ目は、従来の国民の教育権という概念は、親や教師・教師集団、学校設置者などの多様な主体の様々な内容の権利ないし権限を包摂する混合物であり、法学的有用性に乏しい、という批判である。各権利主体の自由や権利、権限を個別具体的に検討し、それぞれがどのように国家の権限を限界付けるのかを明らかにすべきであるという。

　二つ目は、親は、子どもの教育に関して実定法制度を超えたところに自由ないし権利をもつと考えれば、その親の立場を、国民の教育権の名の下に、実定法制度を前提に成り立つ教師の立場と一体化して論じる既存の学説の構造には問題がある、という批判である。そして、そうした性格を有する教育に関する親の自由は、憲法上、教育の自由という括りで特殊的に構成する必要はなく、表現の自由や信教の自由などの市民的自由一般の問題として法的に構成できるものであり、またそうすべきものであるという。

　三つ目は、親とは反対に、教師は、子どもとの関係では学校教育制度という一定の枠組みの中で、学校設置者のagent（機関）として行動する以上は、教師の教育権とは、憲法上の権利と言いうるものではなく、「憲法以下的法規範が創設する実定法上の権限」[14]のはずである、という批判である。

　奥平の批判は、次のような問題意識の表出として理解できるものである[15]。第一に、教育に関する自由や権利、権限に関する議論も法学的な議論である以上は、そこで用いられる概念には、誰の誰に対するどのような内容の権利ないし権限なのかという法学上の有用性を主張しうる程度の明確性が必要である。第二に、子どもの学習権や親の教育の自由などの憲法上の権利の側の問題と、教師の教育の自由という教育に関する制度の側の問題をきちんと区

---

13)　奥平康弘「教育を受ける権利」芦部信喜編『憲法Ⅲ　人権(2)』（有斐閣、1981年）361頁。奥平は、同時期に、憲法26条2項の義務教育の無償の範囲についても教育法学の主要な学説に対する批判を展開したが、この点については第7章を参照。

14)　奥平・前掲注13)417頁。

15)　参照、中川律「コメント：奥平憲法学と教師の教育の自由」憲法問題24号（三省堂、2013年）109頁。

別し、憲法上の権利とそれを支える制度との相互関係のあり方を考察することこそが必要であり、その区別を曖昧にすることは憲法上の権利保障において重視すべきことを見失わせることになる。国民の教育権論に対する奥平の批判は、法律学としての教育法学の議論のあり方そのものに向けられたものであった。

(3)　第二の教育法関係　　さらにもう一つこの時期の議論として挙げるべきなのが、今橋盛勝の「第二の教育法関係」論である[16]。今橋の議論は、奥平の問題提起の影響も強く受けつつ、それとは異なった角度から、従来の教育法学の議論のあり方に反省を迫ろうとするものであった。

今橋は、教育に関わる諸主体間の権利・権限や義務・職務の関係を教育法関係と称し、さらに、それを「第一の教育法関係」と「第二の教育法関係」に区別する。第一の教育法関係とは、「国・自治体、教育行政機関・学校、教員・社会教育職員という教育関係諸機関内部の権能・権限と責任・義務をめぐる法関係」のことであり、第二の教育法関係とは、「国・自治体、教育行政機関、教育機関と子ども・生徒・学生・父母・住民・研究者・出版社等との法関係」のことである[17]。その上で、従来の国民の教育権論は、1950年代以降の教育政策の反動化という歴史に規定されて、一方で、第一の教育法関係を念頭に、教師の教育権を中心とした法理を精緻化させてきたが、他方で、第二の教育法関係の中心に位置付くべき子どもの学習権や親の教育権などを法規範性に乏しい名目的なものにとどめてきたと評価する。

しかし、1960年代から1970年代にかけて文部省の政策を通じて浸透した能力主義教育や管理主義教育の諸矛盾が、1980年代には、学校を通じて子どもや父母に直接に負荷をかける状況に至り、第二の教育法関係における紛争が増大するようになった。こうした状況の変化においては、教育に関する子どもや父母、地域住民の諸権利を確立することが急務である。

それにもかかわらず、なお従来の国民の教育権論の枠組みを前提に議論を進めることは、それらの諸権利の確立に否定的な効果を及ぼし、ひいては国

---

16)　今橋盛勝『教育法と法社会学』(三省堂、1983年)。以下に紹介する議論については、特に、同書の第一章と第五章を参照。

17)　今橋・前掲注**16**)25-27頁。

民の教育権論や教師の教育権の法理に対する国民一般からの支持をも確立しえない結果になる。それゆえに、第二の教育法関係を念頭に、国民の教育権論の再構成が必要であるというのである。

　今橋の議論は、現状の諸問題の解決を構想する際には、従来の国民の教育権論の歴史的規定性と限界を踏まえた議論を展開しなければ、かえって国民の教育権論が子どもや親の権利を抑圧するイデオロギー的な効果を発揮してしまうという問題意識の発露と考えることができる。

　⑷　**二つの潮流**　　その後、これらの従来の教育法学の議論のあり方に対する批判をどのように受け止めるのかについては、当時から今日に至るまで論者によって様々である。しかし、その受け止め方に応じて、教育法学においておおよそ二つの潮流が生み出されていると言うことができそうである。もちろん、ここで述べる潮流とは、あくまで1980年代の批判的議論の受け止め方の違いとその違いから生まれる議論の組み立て方の傾向性を指摘するものであり、どちらの潮流にも内部には相互に対立する契機を含む多様な議論が存在している。また、どちらの潮流に属するとも言いえない論者ももちろんいる。それゆえ、単なるレッテル貼りに終わらないようにすることが肝要であるが、それでもなお各論者の議論の背後にある問題意識を探る上では、二つの潮流の存在を意識することにも一定程度の意味があるように思われる。

　一方の潮流は、上記の批判的議論の問題意識を正面から受け止めるものである。こうした潮流においては、例えば、従来の教育法学の議論の法学的な曖昧さを除去し、あるいは子どもや親に対する教師の権力性を見据えて、教育に関する法的議論を子どもや親の権利を中心に据えて構成し直す必要があるとされる。その上で、従来の教育法学の中心に位置付けられていた子どもの学習権の概念や教育の内的事項と外的事項の区分論、教師の教育の自由の法理などの根本的な見直しや、親の教育の自由の再構成が必要であると主張されることになる[18]。

　これに対して、もう一方の潮流は、教育に関する親や子どもの権利の確立を目指すことの重要性を認めながらも、従来の教育法学の中心的な概念や理論、法理を堅持し、その発展を目指そうとするものである。こちらの潮流においては、法学的な曖昧さの除去とか子どもや親の権利の確立という問題意

識は、従来の教育法学の議論の土台の上に取り組まれるべきものであり、またそうすることが法学的な議論としての有用性の減殺や、子どもや親の権利の抑圧につながるわけではない、という受け止め方がされたと言いうる[19]。

　1980年代に提起された教育法学のあり方に対する批判的な議論は、どのような受け止め方をするにせよ、今日において教育法学を研究する上で重要な参照点となっている[20]。

---

[18]　こうした潮流に属する議論としては、内野正幸『教育の権利と自由』（有斐閣、1994年）、戸波江二「国民の教育権論の展開」日本教育法学会編『教育法学の展開と21世紀の展望』（三省堂、2001年）107頁、戸波江二「教育法の基礎概念の批判的検討」戸波江二・西原博史編『子ども中心の教育法理論に向けて』（エイデル研究所、2006年）18頁、西原博史「教師の〈教育の自由〉と子どもの思想・良心の自由」広田照幸編『自由への問い　教育：せめぎあう「教える」「学ぶ」「育てる」』（岩波書店、2009年）130頁などを挙げることができる。

[19]　こうした潮流に属する議論としては、成嶋隆「教育と憲法」樋口陽一編『講座・憲法学　第4巻　権利の保障(2)』（日本評論社、1994年）105頁、市川須美子『学校教育裁判と教育法』（三省堂、2007年）、世取山洋介「北海道学テ事件最高裁判決の現代的意義：なぜそれは教育裁判にとってコーナー・ストーンなのか？」日本教育法学会年報37号（有斐閣、2008年）64頁、安達和志『教育と教育行政の法理論』（エイデル研究所、2021年）などを挙げることができる。

[20]　ここでは詳しく論及できなかったが、教育法学の議論のあり方に対して批判的な見地を提供した影響力のある議論として、もう一つ樋口陽一の議論がある。樋口によれば、国民の教育権論は、現実の政策展開が本来あるべき民主主義的な公教育の内容から離れていくことに抵抗して、教育の自由の名の下に、親や教師が、国に代わって公教育のあるべき内容を充填することを狙うものであったという。その意味で、国民の教育権論は、本気で国家からの自由（公教育の存立そのものを争う親の教育の自由）を主張するものではなかったのであり、公教育が親の意思に反しても子どもに教育を与えるという「自由への強制」を本質とするものであることを見えにくくしていたと指摘する（樋口陽一『近代国民国家の憲法構造』（東京大学出版会、1994年）133-134頁、175-176頁；樋口陽一『国法学：人権原論〔補訂〕』（有斐閣、2007年）155-157頁）。また、樋口の議論については、第11章5も参照。

第 5 章
教育基本法の改正

1. 旧教育基本法の全面的な改正

(1)　**本章の課題**　2006年に、旧教育基本法は、時代状況の変化などを理由に全面的に改正された。1947年に制定された旧教育基本法は、日本国憲法と一体的に、そこに含まれる個人の尊重（13条）や権利としての教育（26条）などの理念を実現するものとして制定され、戦後教育改革法制の中心に位置付けられた。また、教育法学の体系は、旧教育基本法から導かれた原理や法理を中心に構築されてきた。それゆえ、その全面的な改正は、日本社会にとっても、教育法学にとっても大きな影響を与えうるものであった。本章においては、旧教育基本法の全面的な改正がどのような含意を有するものなのかについて考える。

(2)　**旧教育基本法の性格**　旧教育基本法は、その日本国憲法との深い結びつきから、「準憲法的性格」[1]を有するとか、「基本原理的法律」[2]であると評されてきた。旧教育基本法は、法律という形式で制定されたものであるから、形式的効力の点において他の法律に優越するという憲法と同様の効力を認められたものではない。ある法律は、旧教育基本法の内容に抵触するように見える場合にも、形式的には有効なものである。

　しかし、旧教育基本法が、憲法に附属する法律として制定されたという経

---

1) 有倉遼吉「教育基本法の準憲法的性格」有倉遼吉編『増訂 教育と法律』（新評論、1964年）7 頁。なお、準憲法的性格を解く学説も、単純に旧教育基本法が形式効力において他の法律に優越し、それを無効ならしめる性格のものであるとは主張していないことには注意を要する。準憲法的性格説によれば、教育に関する法律は、旧教育基本法の施行法たる性格を有するはずであり（同法11条）、旧教育基本法に抵触するように見える内容の法律が制定された場合にも、その旨の明文の規定がない限り、その法律は、施行法たる以上、旧教育基本法の内容を優越せしめるように解釈されるべきであるとするものである（同書11‐13頁）。その意味で、基本原理的法律説とそれほど主張の内容に違いはないと思われる。

2) 兼子仁『教育法〔新版〕』（有斐閣、1978年）30頁。

緯や、憲法の理念に即して教育制度の基本原理を定めているという内容を踏まえれば、他の教育に関する法令は、旧教育基本法の規定やその趣旨に適合的な内容となるように制定されなければならないはずであり、その適合性が疑われる場合にも、できるだけ適合的に解釈され、運用されねばならない。また、憲法と一体的なものとして、その改正も容易になされうるべきものではない。このように考えられてきた。

同様のことは、次のように、旭川学力テスト事件最高裁判決[3]においても確認されていた。

> 「教基法は、憲法において教育のあり方の基本を定めることに代えて、わが国の教育及び教育制度全体を通じる基本理念と基本原理を宣明することを目的として制定されたものであつて、戦後のわが国の政治、社会、文化の各方面における諸改革中最も重要な問題の一つとされていた教育の根本的改革を目途として制定された諸立法の中で中心的地位を占める法律であり、このことは、同法の前文の文言及び各規定の内容に徴しても、明らかである。それ故、同法における定めは、形式的には通常の法律規定として、これと矛盾する他の法律規定を無効にする効力をもつものではないけれども、一般に教育関係法令の解釈及び運用については、法律自体に別段の規定がない限り、できるだけ教基法の規定及び同法の趣旨、目的に沿うように考慮が払われなければならないというべきである。」

(3) **改正の狙い**　こうした性格を有する旧教育基本法の全面的な改正は、教育法制全体のあり方の根本的な転換にも結びつく可能性があった。それゆえ、旧教育基本法の改正時には、それがいかなる狙いをもって遂行されようとしているのかに大きな注目が集まった。

第6章で見るように、憲法と旧教育基本法は、国家に対して、一方で、国民の教育を受ける権利の保障を実現するために積極的に教育の外的条件を整備することを求め、他方で、教育内容に介入し、教育の自主性を損なうことを禁止する、という教育制度の基本的なあり方を想定するものと解されてきた。また、戦後教育改革法制の基本的な骨格も、こうした想定に基づき構築された。1950年代の教育政策の転換以降にも、戦後教育改革法制は部分的に侵食されることはあっても、その基本的な骨格部分は維持されてきた。

3）最大判1976（昭和51）・5・21・刑集30巻5号615頁。

これに対して、2006年に改正された現行の教育基本法は、その改正論議の当初から、戦後教育改革法制の基本的な骨格をも掘り崩す改革を通じて、教育法制の全面的な組み直しを狙うものであると指摘されてきた[4]。以下、旧教育基本法の改正の狙いについて、二つの側面に分けて考察する。

2. 保守主義的な政策の促進

(1) **教育の目標規定の新設**　第一は、愛国心や公共の精神などの特定の道徳的な価値観を、学校教育を通じて子どもたちに教え込もうとする保守主義的な教育政策の促進である。例えば、1950年代後半から徐々に、道徳の時間が教科外に特設され、あるいは学習指導要領の改訂を手がかりに学校における「日の丸」を掲揚しての「君が代」斉唱の指導が強化されるなどのことが試みられてきたように、従来から、保守主義的な教育政策は、主に文部（科学）省や教育委員会による教育内容への介入を通じて試みられ、そうした介入が憲法上、法律上の限界を超えるものではないのかが問われてきた[5]。

2006年の教育基本法は、例えば、新設された2条において、「教育の目標」として、「公共の精神に基づき、主体的に社会の形成に参画し、その発展に寄与する態度を養うこと」（3号）とか、「伝統と文化を尊重し、それらをはぐくんできた我が国と郷土を愛する……態度を養うこと」（5号）などのおよそ20もの徳目を新たに掲げるものである。これは、改正当時の学習指導要領の道徳編において掲げられていた徳目と同様のものであり、言わばそれらの徳目を教育基本法に格上げ的に規定するものであった。また、教育基本法改正を受けて、2007年には、学校教育法が改正され、新設の21条などにおいて、さらに多くの徳目が教育目標として列挙された。

新たな教育基本法の下においては、時の政府は、こうした条項などを足がかりに、従来よりも一層、道徳的な価値観の領域に踏み込んだ教育内容への

4）旧教育基本法の改正の狙いを批判的に分析した文献は多数あるが、特に、日本教育法学会編『教育基本法改正批判』（日本評論社、2004年）、日本教育法学会教育基本法研究特別委員会編『憲法改正の途をひらく 教育の国家統制法：教育基本法改正政府案と民主党案の逐条批判』（母と子社、2006年）を参照。

5）参照、西原博史『学校が「愛国心」を教えるとき：基本的人権からみた国旗・国歌と教育基本法改正』（日本評論社、2003年）第二章。

介入を進めることになるのではないか。例えば、政府は、学習指導要領や教科書検定を通じて、愛国心などの中身を具体化し、特定の一元的価値観を子どもたちに教え込むことになるのではないか。もし、それらが現実となれば、戦後教育改革法制の中心に位置付く教育の自主性の確保にもとる結果を招き、そうした教育の対象とされる子どもの思想・良心の自由や信教の自由との関係でも問題が生じることになる。このようなことが懸念されたのである。

　(2)　**道徳の教科化**　　確かに、現行の教育基本法2条や学校教育法21条のように、抽象的な徳目が法文に列挙されたことから直ちに、政府がその内容を具体的に特定し、一元的な道徳的価値観を子どもたちに注入するような仕組みが整えられるとは限らない。しかし、大日本帝国憲法下の国家主義的教育法制の時代に見られたように、教育の目的・目標がいかに設定されるのかによって、国家による教育内容への関わり方も変わってくるのではないか。

　そして、実際に、現行の教育基本法の下においては、教育の目標規定の新設に呼応するかのように、公権力による教育内容への関与を強める仕組みが整えられつつある。その一例として特に注目されたのが、道徳の教科化であった[6]。従来から、国語や社会などの各学校で実施される教科名は、学校教育法施行規則で定められてきたが、道徳については、1958年の同法施行規則の改正以来、教科とは異なる道徳の時間として小中学校の教育課程に特設されてきた。そして、道徳の時間の内容基準は、学習指導要領に記載され、それに従って道徳教育が実施されるべきとされてきた。

　2006年の教育基本法改正以降には、さらに一歩進めて、道徳を教科として位置付け直そうということが強く主張されるようになった。そして、2015年に学校教育法施行規則が改正され、道徳は、「特別の教科」として新たな位置づけを与えられることになった。小学校においては、2018年4月から、中学校においては2019年4月から道徳科の授業が本格的に実施されている。

　道徳を教科化することの意味は、国が道徳教育の内容に介入する仕組みを変えるところにある。従来の道徳の時間においては、他の教科とは異なり、

6）道徳の教科化の法的な問題点については、安原陽平「道徳教科化の教育法的問題点」日本教育法学会年報45号119頁（有斐閣、2016年）。

検定教科書も用いられず、教師は子どもに対する評価も実施しないという形がとられてきた。しかし、教科化に伴い新たに検定教科書と評価が導入されたのである（ただし、数値による評価にはなじまないとされ、道徳の評価は記述式で実施されている）。道徳の教科化は、教科書検定と評価の領域において、従来とは性質の異なる新たな法的問題を生じさせる可能性がある。

(3)　**道徳の教科化と教科書検定**　　まず教科書検定との関係では、どのような問題が生じるであろうか。従来から、教科書検定については、教育内容への国による過度な介入なのではないのかなどの観点からその合憲性が裁判で争われてきたが、最高裁は、教科書検定制度を合憲であると判断してきた。その際に、最高裁は、その合憲判断を支える要素の一つとして、明示的にそう述べているわけではないが、その運用が教科用図書検定調査審議会という専門家の諮問機関による学問上・教育上の専門技術的審査に基づくものであり、そのことによって国による恣意的な審査となってしまうことが一定程度抑制されうるという理解を重視してきたものと思われる（第17章を参照）。

しかし、例えば、道徳の教科化に合わせて改定された中学校学習指導要領の内容を確認すると、そこには「日本人としての自覚をもって国を愛」することなど、そのあるべき姿を学問上・教育上の専門的判断によって特定することが困難な事柄が含まれている。従来の教科書検定制度においては、こうした事柄について教科書の内容を審査することは想定されていなかった。道徳科の教科書の検定は、教科書検定制度の合憲性を支えてきた従来の最高裁判決の論理では正当化できない可能性がある。

(4)　**道徳の教科化と教育評価**　　次に道徳科の評価についてはどうであろうか。教師が学校教育で行う子どもへの評価には、主に教科教育領域で行われてきた知識の理解を問う評価と、それ以外の生活指導を中心にした領域で性格や行動などの子どもの社会性を対象に行われる評価（以下、社会性評価）がある。そして、教師の評価権限行使には教育専門的な裁量が認められるが、学問的な基礎を有し評価基準がある程度明確な知識の理解を問う評価よりも、社会性評価に関しては教師の裁量権行使にかなりの程度の慎重さが求められる。社会性評価は、子どもの思想・良心の自由などの精神的自由との衝突の契機をより多く含み、親の教育の自由との調整を多分に要するからである。

　例えば、子どもの思想・良心の自由との関係で、教師には、ある思想を持つことを示す行動をするか否かを基準にした評価や、子どもの思想・良心の内容が推知される方法での評価が禁止されるべきである。従来は、こうした考慮の必要性については、学問的な基礎を有する評価基準を備えた教科教育領域での評価よりも、そうしたものを備えない社会性評価の方がより高まると考えられてきた（第21章を参照）。

　しかし、道徳の教科化は、社会性評価を教科教育領域にまで広げようとするものである。そうすると、道徳の教科化は、学問的な基礎を有する評価基準に支えられた従来の教科教育領域での評価の安定性を失わせることになる可能性がある。教師は、道徳科の評価に際しては常に子どもの思想・良心の自由や親の教育の自由との衝突を意識した極めて難しい行いを求められることになった。また、実際に道徳科の内容を見ると、先のとおり、そこには「日本人としての自覚をもって国を愛」することなど、それが一旦特定の一元的な評価基準に収斂された場合には、およそ子どもの思想・良心の自由を侵害することなしに評価することは不可能な内容が含まれている。こうした状況は従来の教科教育の領域での評価においては想定外のものであった。

3.　新自由主義的な政策の促進

　(1)　新自由主義と教育　　第二は、新自由主義的な教育政策の促進である。新自由主義は、今日において、教育の領域に限らず、様々な領域における改革の潮流を表現するために用いられている概念である。新自由主義という概念については、その定義の困難性がつとに指摘されてきたが、おおよそ、市場における競争を基底的な原理とし、その競争の論理を、経済の領域を超えて、福祉や教育などの人間のあらゆる生活領域に拡張しようとする思想や実践を広く指す概念として使用されてきた[7]。

　新自由主義的な諸改革は、自由放任主義とは異なり、単純に国家の撤退を帰結するものではない。新自由主義においては、ニュー・パブリック・マネジメントやニュー・ガバナンスなどと呼ばれるビジネスの領域の手法に基づく国家機構の改革が目指され、そこには、例えば、市場的な仕組みによるサービスの提供、民間の経営手法の導入、地方分権のような権限移譲などが含

まれる。これらは、一見したところ国家の撤退を意味するもののようである
にもかかわらず、実のところは国家が私たちの生活にどのような関わり合い
になるのかを変えることを狙ったものとして理解されるべきものであり、む
しろ人々の生活領域をより強く規定する結果を招く傾向がある。第 8 章で詳
しく見るように、教育の領域においても、新自由主義的な諸改革の展開は、
新たな手法による教育への国家統制の強化であると評価されている[8]。

　教育の領域における新自由主義的な改革の潮流は、1980年代頃から見られ
はじめ、2000年代以降に本格化したと言われる[9]。こうした潮流の中で、教
育基本法の改正作業が進められ、2006年の教育基本法には、例えば、次節で
取り上げる17条のように、国が包括的な教育施策を立案し、計画に基づいて
それを地方公共団体に実施させることを可能にすることを狙うかのような新
たな条項も見られる。それらの条項を梃子に、一層、新自由主義的な改革が
推進されることになるのではないかと言われたのである。

　しかし、仮に新自由主義的な方向で改革が推進されることになれば、一方
で、教育内容面における公権力による介入が強められ、他方で、教育条件整
備の面においてはその低下に結びつく公算が高いと指摘されてきた。それは、
戦後教育改革法制の目指す方向とは真逆のものであろう。

　(2)　**教育振興基本計画**　そうした新たな教育基本法の規定の中でも、特
に新自由主義的な政策の推進に用いられるのではないかと言われてきたのが、
新設の教育振興基本計画に関する条項である[10]。政府は、新たに、「教育の

---

　7)　「かなり基礎的なレベルにおいてではあるが、私たちが『新自由主義』ということ
　　に言及するときには、一般的に、市場の諸関係、国家の役割の見直し、個人の責任を
　　強調する社会内部の政治的、経済的、社会的な構成の新たなあり方に言及していると
　　言いうる。ほとんどの研究者は、新自由主義が、広義では、経済、政治、社会を含む
　　あらゆる生活領域への競争的な市場の拡張として定義されるものであるということに
　　同意するであろう……。この拡張の過程にとって鍵となるのが、一連の価値と社会実
　　践を行為主体に染み込ませる試みである……」(Simon Springer, Kean Birch and Julie
　　MacLeavy, *An introduction to Neoliberalism* in SIMON SPRINGER, KEAN BIRCH AND JULIE
　　MACLEAVY eds., THE HANDBOOK OF NEOLIBERALISM 2 (Routledge, 2016).)。
　8)　参照、中川律「新自由主義・教育・法律学」法の科学51号39頁（日本評論社、2020
　　年）39-40頁。
　9)　教育の領域における新自由主義的な改革の展開については、佐貫浩・世取山洋介編
　　『新自由主義教育改革：その理論・実態と対抗軸』（大月書店、2008年）を参照。

振興に関する施策についての基本的な方針及び構ずべき施策その他の必要な事項」の基本的な計画を定めることが義務付けられ（17条1項）、地方公共団体は、国の計画を「参酌」し、地方版の教育振興基本計画を定める努力義務を負うものとされた（17条2項）。

　国の最新版の第三期教育振興基本計画（2018〜2022年：2018年6月30日閣議決定）の内容を見ると、それが教育内容面も含めて国の施策を学校現場まで浸透させようとするものであることがわかる。例えば、「確かな学力の育成」として、世界トップレベルの学力水準の維持を目指すことが謳われ、成果指標として国際的な学力調査でトップレベルを維持することなどが示されている。そして、そのための基本的な施策として学習指導要領の着実な実施に取り組み、全国学力・学習状況調査の実施や分析、活用に努めるとされるという具合である。他にも「豊かな心」の育成のための道徳教育の推進なども示されている。

　教育振興基本計画体制は、学習指導要領の法的拘束力の主張という従来のハードな手法を補完すべく、国の示す方針や計画を参考に、地方はあくまで自主的に計画を策定、実施するという形式を採用するものであり、従来よりもソフトな手法で教育内容面を含めて教育への国の関与を強めようとするものである。もっとも、多くの地方公共団体は、国の財政的支援を必要としていることから、例えば教育改革を進める特別な地域に指定されて、優先的な財政支援を受けるべく、国の求める「成果」の達成を目指すことに強く誘導される可能性がある。事実上、戦後教育改革法制において確立された教育権の独立を掘り崩し、国が学校・教師の教育活動を統制することができてしまう新たな手法が採用されているとも評価できよう。

4. 現行の教育基本法の性格と解釈

　(1)　**現行の教育基本法の性格**　先に見たように、旧教育基本法は、その憲法附属法的な制定の経緯や内容から、「準憲法的性格」を有するとか、「基

10）参照、谷口聡「教育振興基本計画」日本教育法学会編『教育法の現代的争点』（法律文化社、2014年）78頁。

本原理的法律」であると性格付けられてきた。それでは、現行の教育基本法にも、引き続き同様の性格付けが与えられるべきなのであろうか。

　上記のとおり、改正の狙いとされたところは、保守主義的な政策や新自由主義的な政策の促進であったと指摘されてきた。それらが仮に実現するのであれば、国家による教育内容への介入が強められる一方で、教育の条件整備の面ではその水準の低下に結びつく可能性が高い。そうなると、現行の教育基本法はもはや、憲法が想定する方向で法制度のあり方を嚮導するものとは言いえないことになる。また、現行の教育基本法 2 条の「我が国と郷土を愛する……態度を養うこと」（5 号）などの徳目条項については、それが教育施策において具体化されるならば、国家による教育内容への介入の強化に結び付かざるをえず、子どもの思想・良心の自由や、親ないし教師の教育の自由との強い緊張関係が惹起されることとなろう。

　したがって、現行の教育基本法については、改正時の狙いとされたところや、子どもや親、教師の憲法上の権利との緊張関係を内在する諸条項の存在のゆえに、もはや全体としてはその制定の経緯や内容を根拠にして「準憲法的性格」を有するとか、「基本原理的法律」であるとは性格付けられえないと言わねばならない[11]。

　(2)　憲法適合的解釈と旧教育基本法の遺産　　もっとも、だからと言って、現行の教育基本法については、その改正時の狙いの通りに各条項が解釈され、その解釈に基づき教育制度が整備、運営されなければならないというわけではない。

　現行の教育基本法の各条項も、日本国憲法の下において制定されたものである以上は、できるだけ憲法の各条項に内在する理念や原理に適合的に解釈

---

11)　参照、市川須美子「前文」日本教育法学会編『コンメンタール教育基本法』（学陽書房、2021年）2 頁、8 - 12頁。これに対して、現行の教育基本法も準憲法的性格を有すると解する学説として、西原博史「第18条」荒牧重人・小川正人・窪田眞二・西原博史編『新基本法コンメンタール　教育関係法』（日本評論社、2015年）70頁を参照。同説は、現行の教育基本法も、旧法と同様に、基本法として定められ、他の教育関係の法令がその施行法として位置付けられる（現行18条）という形式面を重視するものである。しかし、旧法の準憲法的性格については、そうした形式面だけでなく、憲法附属法的な制定の経緯や内容という実質面をもその根拠とされていたはずである。

されねばならない。加えて、現行の教育基本法にも、旧教育基本法の遺産として、例えば、教育の目的たる「人格の完成」（1条）や教育の機会均等（4条1項）、「不当な支配」の禁止（16条1項）などの旧法の中心的な諸条項が引き継がれている。

　したがって、現行の教育基本法の各条項については、憲法の想定する教育制度のあり方の基本的な方向性に合致するように、旧教育基本法から引き継がれた条項を中心に据えて、一方で、国家に対して積極的に教育の条件整備を求めつつ、他方で、国家による教育内容への介入を抑制する法理を内在するものとして解釈されねばならない。果たして、こうした方向における解釈がどの程度まで可能なのかを探ることが、現行の教育基本法の解釈論上の課題となっていると考えられる[12]。

　(3)　**今後の課題**　2006年の教育基本法の改正以来、その下で進められてきた改革の動向を見ると、本書の各章で分析しているように、本章で触れたもの以外にも、保守主義的ないし新自由主義的な内容の政策が矢継ぎ早に進められている。しかし、旧教育基本法の下で構築された戦後教育改革法制も、様々な改革の圧力にさらされてはいるが、全面的に新たな制度に取って代わられているわけではない。

　今日においても、教育法学にとっては、現行の教育基本法の下における具体的な教育施策について、憲法上あるいは法律上の限界を超えるものではないのか、はたまた個々人の教育を受ける権利の保障に資する教育条件の整備に繋がるものと言いうるのか、という観点から批判的に分析し、さらに、あるべき教育制度を構想するということが大きな課題であり続けている。旧教育基本法を中心に構築された戦後教育改革法制の基本的な原理や骨格は、そうした政策の批判的な分析やあるべき制度の構想において、今後も繰り返し立ち返るべき参照点となりうるものと思われる。

---

12)　参照、内野正幸・世取山洋介「はじめに：新しい教育基本法を『自由で批判的に考える』」日本教育法学会編・前掲注11) ⅰ頁。同書は、こうした方向における現行の教育基本法の各条項の解釈がどこまで可能なのかを探ったものである。

教育法学の基礎理論

第6章

教育を受ける権利

1.　公教育のジレンマと内外事項区分論

　(1)　**公教育のジレンマ**　　日本国憲法の下においては、公教育は、常にジレンマを抱えた状況にある。一方で、憲法26条は、個々人に教育を受ける権利を保障するものであり、それが社会権たる性質のものであると解されるところから、国家は、個々人が実際に教育を受けうるように条件整備を行う憲法上の義務を負う。それゆえ、国家は、学校教育制度をはじめとする公教育制度を整備し、運営する権限を認められ、その権限を積極的に行使することを求められる。

　他方で、教育は、その内容や方法の決定において必然的に一定の価値の選択を含み、その対象者の精神に直接的に働きかけるという性質のものである。特に初等中等教育段階の公教育は、学校という閉じられた空間において、可塑性に富む子どもを対象に実施される。憲法において、個人の尊重が定められ、思想・良心の自由や信教の自由などの精神的自由が保障されていることを考慮すれば、国家は、公教育を用いて、個人の精神をどのようにでも塑造できるということにはならない[1]。公教育に関する国家の権限は、憲法上、一定程度限界付けられねばならない。

　このように、国家は、憲法上、一方で、積極的に公教育の制度を整備する権限を行使し、他方で、公教育への介入を抑制することを同時に求められる。国家は、公教育に関して、憲法上の作為義務と不作為義務を同時に負わされるというジレンマに常に向き合わねばならない。こうした公教育のジレンマをいかなる原理ないし法理に基づいて調整すべきなのかが教育法学にとっての大きな課題となる。

---

　1)　参照、阪口正二郎「第26条【教育を受ける権利、教育を受けさせる義務】」長谷部恭男編『注釈日本国憲法(3)：国民の権利及び義務(2)・国会 §§25〜64』(有斐閣、2020年) 21頁、42頁。

(2)　**教育の内的事項と外的事項の区分**　　教育法学において公教育のジレンマの調整のための原理として有力に主張されてきたのが、教育の内的事項と外的事項とを区別するという考え方である（教育の内外事項区分論）[2]。教育の外的事項とは、個々人が適切な教育を受けうる外的条件をなす事項であり、そこには学校体系、学校の施設設備や学級規模、教員配置などの基準、教育財政の制度などが含まれる。これらについては、国家が憲法26条に基づき法令の制定を通じて民主的に決定せねばならない。

　これに対して、教育の内的事項とは、教育の内容や方法などの教育の内容面をなす事項である。これらについては、国家が法令の制定などを通じて決定することに馴染まず、原則的に教育の自由の担い手たる教師・教師集団による自主的決定に委ねられねばならない（第10章を参照）。

　このように、国家は、一方で、教育の外的条件整備の面では積極的にその作為義務を果たし、他方で、教育の内容や方法の面ではそこへの不介入という不作為義務を負うという原理に基づき、公教育のジレンマの調整が図られるべきものとされてきたのである。

(3)　**内外事項区分論への批判**　　教育の内外事項区分論には、近年、必ずしも教育内容への国家の介入を広く認める訳ではない立場の論者からも批判が提起されている[3]。後述のとおり、旭川学力テスト事件判決[4]において、最高裁は、国は、憲法上、教育内容にも一定の範囲で関与する権限を有するとし、全国的な大綱的基準の範囲で教育内容の遵守すべき基準を設定できると判断した。内外事項区分論は、こうした最高裁の判断と矛盾し、もはや判例上の影響力を失ったと評価され、教育内容の面にも国家が一定程度の関与をできることを正面から認め、その限界を探るべきであるとされるのである。

　このような批判は、内外事項区分論を、原理（principle）ではなく、準則（rule）として理解することから生じたものである[5]。ここで言う原理と準則

2) 参照、宗像誠也『教育行政学序説〔増補版〕』（有斐閣、1969年）4 - 6 頁；中村睦男「教育の自由」奥平康弘・杉原泰雄編『憲法学 2 　人権の基本問題』（有斐閣、1976年）174頁、192-193頁；兼子仁『教育権の理論』（勁草書房、1976年）251-272頁；兼子仁『教育法〔新版〕』（有斐閣、1978年）216-217頁、350-354頁；宗像誠也「教育行政」宗像誠也編『新装版 教育基本法：その意義と本質』（新評論、1988年）263頁、283-289頁。

とは、双方ともに、特定の状況下において法的な権利義務に関する議論を特定の判断へと方向付ける基準ではあるが、その方向付けのあり方の点で異なるものである。準則は、オール・オア・ナッシングに適用される基準であり、当該準則が想定する要件事実が生起したならば、必ずその準則が与える効果が受け入れられねばならないものである。例えば、野球における三振のようなゲームの規則がこれに当たる。準則は、他の準則と矛盾する場合には、例えば、特別法優先の原則や後法優先の原則などの第三の基準によって、どちらかが優先されることになり、準則同士が衡量されることはない。

　これに対して、原理は、一定の方向に判断を傾ける理由を与えるものではあるが、特定の判断を必ず導くという基準ではない。原理は、その重みという次元をもち、反対方向に判断を傾かせる他の原理と、双方の重要性に鑑みて衡量されうるものだからである。例えば、憲法上の表現の自由の保障は、その制約立法の違憲性を疑わせる方向に判断を傾かせる基準であるが、名誉権の保障などの反対方向に判断を傾ける基準と、特定の状況下の双方の重みに応じて衡量されうるものであり、ある立法の中に表現の自由に対する制約が看取されるときには必ずその立法について違憲の判断に至らしめるという基準ではない。したがって、憲法上の表現の自由の保障は、原理として機能していると言いうる。

3） 戸波江二「教育法の基礎概念の批判的検討」戸波江二・西原博史編『子ども中心の教育法理論に向けて』（エイデル研究所、2006年）18頁、51-52頁；西原博史「教師の〈教育の自由〉と子どもの思想・良心の自由」広田照幸編『自由への問い　教育：せめぎあう「教える」「学ぶ」「育てる」』（岩波書店、2009年）130頁、150-154頁。また、1960年代や1970年代にも、国家は、法令の制定などを通じて教育条件を整備する権限を一般的に与えられており、その射程は、教育の内的事項と外的事項の双方に及ぶものと考えるべきであるとの批判が提起されていた（相良惟一「教育権をどう考えるべきか」兼子仁編『法学文献選集8　法と教育』（学陽書房、1972年）117頁、121-122頁；安達健二「教育基本法第十条の解釈：宗像教授の所論をめぐって」兼子仁編『教育基本法文献選集8　教育権と教育行政』（学陽書房、1978年）34頁、35-37頁）。しかし、これらのかつての批判論は、公教育に関する国家の権限を法的に限界付けることに十分な関心を払うものではなかったところから、学説上、有力化することはなかった。
4） 最大判1976（昭和51）・5・21刑集30巻5号615頁。
5） 原理と準則の区別については、*See* RONALD DWORKIN, TAKING RIGHTS SERIOUSLY 22-28 (with a new appendix, a response to critics, Harvard University Press, 1977, 1978). また、参照、長谷部恭男『憲法〔第8版〕』（新世社、2022年）100-101頁。

　近年の批判論は、内外事項区分論について、国家が教育の内的事項に関与することを一切排除する基準、すなわち、準則として機能するものと理解するからこそ、最高裁が教育内容面への一定程度の国家の関与を許容したことを理由に、判例上の影響力を失ったと評価するのである。

(4)　原理としての内外事項区分論　　しかし、内外事項区分論は、オール・オア・ナッシングで適用される準則ではなく、ある種のベースラインとして機能する原理であると理解されてきたのではないかと思われる[6]。例えば、内外事項区分論に依拠する学説として、学校制度的基準説と呼ばれる学説が唱えられてきた（第12章を参照）。この学説においては、教科目名は、法令をもって定めるべき事項とされるが、これは、内的・外的の両面の性質を有する「混合事項」とされており、その法定が教育内容面に影響を与えることが想定されている[7]。それでもなお法定事項とされるのは、種々の事柄を考慮して、外的な教育条件をなす事項として法定されるべき高度の合理性・必要性があると考えられたからである。学校制度的基準説においては、内的事項と外的事項の区別がベースラインとしてかなり厳格に解されながらも、そこから離れることを正当化する特別に強い理由が見出される場合には、教育内容面に影響する事項であっても法定事項とされているのである。

　このように、内外事項区分論は、準則ではなく、ベースラインを設定する原理として理解されてきた。そして、このような理解に基づけば、内外事項区分論は、旭川学力テスト事件最高裁判決の前提にもあると解されることになる。同判決において、最高裁は、教育の内容面に国が関与することを一定程度許容する考え方を示している。しかし、それでもなお、国が、教育内容面に関与する場合には、教育の外的条件整備に関わる場合とは異なり、「できるだけ抑制的であることが要請される」とされ、特別の理由がある場合にその限りで関与できるにすぎないとの考えも示されていた。

　なぜ、このような考え方になるかと言えば、それは、最高裁も、内的事項

6）ベースライン論については、長谷部恭男『憲法の理性〔増補新装版〕』（東京大学出版会、2016年）133-136頁；長谷部恭男『続・Interactive憲法』（有斐閣、2011年）第5章を参照。

7）兼子『教育法〔新版〕』・前掲注 2）352-353頁、383頁。

と外的事項を区別した上で、内的事項への国家の不介入をベースラインとして設定し、かなり緩やかなものとして捉えてはいるが、そのベースラインから離れる場合には特別の正当化を要するとの考え方については共有しているからである。もし、そうでないならば、教育条件整備の名の下に、どこまで国が教育内容に介入するのかについても、立法裁量ないし行政裁量の問題だと判断したはずであるが、最高裁はそうはしなかったのである。

2. 学習権の概念

(1) **学習権**　憲法26条１項は、「すべて国民は、法律の定めるところにより、その能力に応じて、ひとしく教育を受ける権利を有する」と定めるものであるが、この規定は、判例・学説において学習権という概念によって下支えされていると理解されてきた。例えば、旭川学力テスト事件判決において、最高裁も、憲法26条について、「この規定の背後には、国民各自が、一個の人間として、また、一市民として、成長、発達し、自己の人格を完成、実現するために必要な学習をする固有の権利を有すること、特に、みずから学習することのできない子どもは、その学習要求を充足するための教育を自己に施すことを大人一般に対して要求する権利を有するとの観念が存在していると考えられる」と判示している。

　学習権の概念については、理念的なものにとどまり、法的にはそれほど意義のあるものではないという評価をされることもある[8]。しかし、その意義は、判例・学説において、教育内容への国家の介入を限界付け、教師の教育の自由という法理を基礎付ける解釈原理として広く受け入れられてきた（第10章及び第11章5を参照）[9]。

(2) **制度構築のあり方の嚮導**　さらに、教育法学の有力な立場において

---

8) 参照、内野正幸『教育の権利と自由』（有斐閣、1994年）208‐212頁；戸波江二「国民の教育権論の展開」日本教育法学会編『教育法学の展開と21世紀の展望』（三省堂、2001年）107頁、109‐110頁。

9) 参照、今野健一「教育人権の展開と教育法学の役割」日本教育法学会年報40号21頁（有斐閣、2011年）24頁；堀口悟郎「教育権の所在」横大道聡編『憲法判例の射程〔第２版〕』（弘文堂、2020年）238頁、248頁。

は、学習権の概念は、教育の外的条件整備のための制度構築のあり方を嚮導する原理としても意義があるものと認められてきた。上記のとおり、教育を受ける権利は社会権たる性質を有するものであるので、立法府や行政府は、教育の外的条件整備義務を負うとされるが、その権利の実現のための制度の構築や運用の際には裁量を認められる。しかし、その裁量の行使は、個々人、特に子どもの学習上の必要を充足するように方向付けられねばならないとされ、例えば、単線型の学校体系の意義[10]など、法定すべき学校制度のあり方が制度論ないし立法論として提示されてきたのである。

(3)　**原理論と政策論**　　この点については、原理論と政策論を区別する考え方に依拠すると理解しやすい[11]。これは、政治的決定を正当化するための議論の典型として、二種類のあり方を区別するものである。原理論とは、ある政治的決定が、たとえ社会全体の共通の利益には反する場合でも、個人や集団の何らかの権利の擁護を理由に正当化されるという議論を指すものである。例えば、高速道路に防音壁を設けさせる規制は、たとえ社会全体の経済効率性の向上という観点から望ましくなくとも、静穏な住環境を享受する周辺住民の権利への配慮を理由に正当化できるという議論がこれに当たる。

これに対して、政策論とは、ある政治的決定が共同体全体の何らかの共通の目標の促進を理由に正当化されるという議論を指すものである。例えば、観光地としての雰囲気を壊さないことがその地域全体の観光産業の維持につながるという理由で、建物や看板の規制が正当化される場面である。

この区別に従えば、学習権の概念は、国家がその憲法上の教育条件整備の義務を果たすためには、何らかの社会全体の目標達成のためという議論（政策論）によってではなく、子どもの学習権の充足のためという議論（原理論）によって正当化された制度を構築する必要がある、という含意のあるものと

10）兼子『教育法〔新版〕』・前掲注**2**）247-259頁。

11）原理論と政策論の区別は、ロナルド・ドゥオーキンの「権利テーゼ」において用いられていたものである。「権利テーゼ」自体は、裁判を対象とする理論であり、ここではあくまでその基本的な枠組みを政治的決定の正当化論の典型的なあり方として借用しているにすぎない。See DWORKIN, *supra* note 5, 82. 詳しくは、中川律「教育法学における『原理の問題』：憲法学的視点からの批判への応答」日本教育法学会年報50号42頁（有斐閣、2021年）42-48頁を参照してほしい。

理解できる。すなわち、それは、教育制度の構築の際に、その正当化の理由
に優先順位を設け、学習権の充足を優先させるという意義があるのである。

　⑷　**何のための教育か？**　　国家が教育制度の構築の際に関心を寄せるの
は、個人の学習権の充足だけではない。国家は、共同体全体の共通の目標達
成にも関心を寄せてきた。例えば、それは、忠良な臣民の育成であったり、
民主主義の前提とする徳性を備えた市民の育成であったり、経済成長のため
の人的資本の蓄積であったりと、時代や場所によって様々でありうる。

　もちろん、国家は、共同体全体の共通の目標を教育制度の構築の際に考慮
することを直ちに禁止されるわけではない。しかし、学習権の概念に従えば、
国家は、憲法上の教育の外的条件整備義務を果たしていると言うためには、
あくまで学習権の充足という原理によって正当化される制度が十分に構築さ
れていることを説得的に示さねばならない。政策論に基づく制度の構築が学
習権の充足という観点から否定的に評価される場合には、国家は、たとえ共
同体全体の目標達成に資するとしても、そうした制度構築を差し控えるべき
ことになる[12]。

3. 教育条件整備の原理

　⑴　**教育的必要充足の原理**　　判例・学説において学習権説が有力化した
ことは、憲法26条１項の個々人が「その能力に応じて、ひとしく」教育を受
ける権利を有するということの意味の理解にも影響を与えることになった。

　憲法26条については、学習権説の有力化以前には、「民主主義の必要的要
件であり生存権の文化的内容をなす教育の平等を制度的に保障しようとする
ものであり、法の下の平等の思想の教育の面における発現である」[13]とされ、

---

12)　中川・前掲注11)46頁。また、参照、奥平康弘『憲法Ⅲ 憲法が保障する権利』(有
　斐閣、1993年) 251-256頁。奥平は、日本国憲法の下においては、教育は、「国家的
　観点」から「資本主義育成のみちに対応した学校制度路線」を追求するという意味で
　コンセクウェンシャリスト的にではなく、「個人人格の発展を助長後援する観点」か
　ら「こどもの人間的な成長に必要な教育の一部」を国家が制度を設けて引き受けると
　いう意味でノン・コンセクウェンシャリスト的に把握されるべきであると述べる (同
　前252-253頁)。
13)　法学協会『註解日本国憲法 上巻』(有斐閣、1953年) 496頁。

個人の成長・発達のための学習上の必要の充足ということは十分に意識されていなかった。それゆえ、「能力に応じて、ひとしく」という文言についても、教育を受ける機会の享受において学力や健康などの能力に関係のない人種や性別、経済的地位などによって差別されないという意味における教育の機会均等を要請するものと解されていた[14]。こうした従来の学説は、学力を基準に教育制度を能力主義的に設計し、専らエリートの社会的選抜という共同体全体の共通の目標のために機能させることも、憲法26条1項との関係で全く問題ないとの理解を生む余地を残すものであった[15]。

　しかし、学習権の概念に従えば、教育制度の設計は、個々人の成長・発達に必要な学習の機会を保障するように方向付けられるべきであり、専らエリートの社会的選抜という共同体全体の目標達成のために教育制度を設計することは、そうした方向付けに反するものであろう。それゆえ、教育法学においては、「その能力に応じて、ひとしく」という文言についても、学習権の概念を前提に、「すべての子どもが能力発達のしかたに応じてなるべく能力発達ができるような（能力発達上の必要に応じた）教育を保障される」[16]と読み替えて理解する学説が有力化した。

　こうした理解に基づけば、例えば、経済政策の一環としての人材の育成とか、民主主義社会を支える市民の育成などの共同体全体の目標達成という観点から、獲得すべき能力のリストを外在的に設定し、子どもにその能力の獲得を目指させるということでは、憲法26条1項の求めるところに応えたことにはならない。むしろ、憲法26条1項は、国家に対して、特に初等中等教育段階においては、「子どもの人間としての成長発達に共通に必要とされる基礎を充足することのできる教育」[17]を提供するという教育的必要充足の原理

---

14) 法学協会・前掲注13)500-501頁；宮沢俊義〔芦部信喜補訂〕『全訂 日本国憲法』（日本評論社、1978年）274頁。

15) 参照、堀尾輝久『現代教育の思想と構造』（岩波書店、1971年）第二部。

16) 兼子『教育法〔新版〕』・前掲注2)231頁。また、参照、成嶋隆「第4条第1項（教育の機会均等原則）」日本教育法学会編『コンメンタール教育基本法』（学陽書房、2021年）97頁、103-106頁。

17) 世取山洋介「教育という現物給付」世取山洋介・福祉国家構想研究会編『公教育の無性性を実現する：教育財政法の再構築』（大月書店、2012年）12頁。

に方向付けられながら教育条件整備を行うことを要求するものと理解されねばならない。

　また、子どもの教育的必要の充足という観点からは、学力や健康などの能力の不足を理由に教育の機会を閉ざすことは許されず、例えば、障害のある子どもにもその成長・発達に必要な教育の機会を実質的に保障する制度を構築することが求められる。

　(2)　**ナショナル・ミニマム・スタンダードの確保義務**　さらに、憲法26条1項は、個々人に「ひとしく教育を受ける権利」を保障するものである。この点についても、かつては、「普通教育は、義務教育であり、しかも無償と定められているから、その点については、特に教育を受ける権利をいう実益は少ない」とされ、教育を受ける権利の意義は、経済的負担から高等教育を受けることができなかった者にも、高等教育を受けうる可能性を保障しようとする点にあると有力に説かれていた[18]。

　しかし、教育的必要充足の原理に即して考えれば、「ひとしく教育を受ける権利」について、人種や性別などによる差別を受けることなく、また、経済的困難を抱える者に対して奨学の措置を講ずることを通じて、教育を受けうる機会が個々人に平等に提供されるという程度の教育の機会均等の要請と解するのみでは不十分である。それに加えて、その教育が、個々人の教育的必要の充足という観点から、日本全国どこにおいても外的条件の面において一定の水準を満たし、その水準の向上が目指されるべきことも求めるものと理解せねばならない。すなわち、憲法26条1項は、教育の外的条件整備の面におけるナショナル・ミニマム・スタンダードの確保されたより実質的な教育の機会を個々人に平等に保障する仕組みの構築を求めるものと解されねばならないのである[19]。

　教育基本法にも教育の機会均等やその全国的な一定水準の維持・向上を求める条項が複数あるが（4条1項、5条3項、16条2項）、それらの条項も、以上のような憲法26条1項の要請を受けたものとして、同様にナショナル・ミニマム・スタンダードの維持・向上というより実質的な教育の機会均等を

---

18) 宮沢俊義『憲法II〔新版〕』（有斐閣、1971年）435頁。

求めるものと解されねばならない[20]）。

4.　市民教育の位置付け

　⑴　**市民教育の意義**　　1947年の旧教育基本法は、その前文において、日本国憲法の想定する「民主的で文化的な国家」の建設という理想の実現は、「根本において教育の力にまつべきものである」とし、さらに、1条において、教育の目的として「人格の完成」と共に、「平和的な国家及び社会の形成者」の育成を掲げるものであった。2006年の教育基本法の1条においても、この点が引き継がれ、「平和で民主的な国家及び社会の形成者」の育成が掲げられている。

　いくら憲法において、個人の尊重が掲げられ、民主主義的な統治機構が整えられても、現に市民がその意義を理解し、能動的に活動し、政治に参加しないならば、それらは単に条文化された文字に過ぎない。そもそも、様々な価値観を有する人々が、個人として尊重されながら、一つの社会の中で共存関係を保っていくためには、お互いを平等な尊厳ある存在として承認し合い、法に従い、他者の権利や自由を害さず、一定の礼節を払うという徳性を身に付けている必要がある。しかし、このような市民は、自然に生まれるものではない。それゆえ、子どもたちに、このような自由で民主主義的な社会の構成員たる徳性を身につけさせることは、公教育に期待される一つの役割と考えられてきた[21]）。

19）　世取山・前掲注**17**）20-21頁。国際人権法上も、教育を受ける権利は、締約国に対して、子どもの最善の利益を第一に考えて、いわゆる4A's（Availability, Accessibility, Acceptability, Adaptability）の条件を充足する教育の提供を求めるもの考えられている。すなわち、教育を受ける権利は、単に子どもたちが差別なく教育の機会を享受することができるだけなく、適切に機能する教育施設と教育プログラムが十分な量でもって利用できる状態であることなど、教育条件の面で一定の水準を充足する教育の機会の提供をも求めるものと解されている。*See* CESCR（Committee on the Economic, Social and Cultural Rights）, *General Comment No.13: The Right to Education*（*Art. 13*）（1999）para. 6.

20）　参照、成嶋・前掲注**16**）98-103頁；中川律「第5条第3項（義務教育の実施義務）」日本教育法学会編・前掲注**16**）151頁、155-159頁；竹内俊子「第16条第2項（国の総合的施策）」日本教育法学会編・前掲注**16**）429頁、435-437頁。

　もっとも、公教育における市民教育の実施は、自由で民主主義的な社会の十全たる機能のため必要とされるという意味で、共同体全体の共通の利益の促進ということによって正当化されるものである。この点で、上記の原理論と政策論の区別に従えば、政策論に属する議論である。その一方で、上記のとおりに、憲法26条の下においては、学習権の充足という原理論によって教育制度の整備や運用が正当化されねばならないとも言われてきた。市民教育の実施は、憲法26条の教育を受ける権利との関係で、どのような位置付けが与えられるべきなのであろうか[22]。

　(2)　**主権者教育権説**　　この点の立場を比較的早くから明示していたのが、永井憲一の主権者教育権説である。永井によれば、憲法自体には教育のあるべき内容について明示する規定が存するわけではないが、だからと言ってどのような方向の教育でも良いということにはならないという。そして、「国民主権の憲法が国民に保障する『教育を受ける権利』は、私見によれば、そのようなわが国の（平和と民主主義にもとづく）将来の主権者たる国民を育成するという方向の教育＝主権者教育を受ける権利、言い換えれば、そのような内容の教育を要求しうる権利である、と解したい」と主張するのである[23]。

　これは、主権者教育と呼ばれる市民教育それ自体を、教育を受ける権利の保障内容そのものとして位置付けるものと言えよう。原理論と政策論の区別に従えば、憲法で教育を受ける権利が保障されていることの意義を、「将来の主権者たる国民」の育成という政策論に求めるものと解される。個人に保障される憲法上の権利は、その保障根拠が個人のより基底的な権利の保護に求められることもあれば、社会全体の共通の利益の促進に求められることも

---

21)　教育法学においても、従来、こうした教育は、政治参加の側面が強調され、憲法教育や主権者教育と呼ばれ、重視されてきた。もっとも、上記のように、自由で民主主義的な社会の市民として必要な知識や徳性には、政治参加の側面だけでなく、異なる価値観を有する他者との共存のために必要な知識や徳性も含まれる。そこで、本書においては、そうした知識や徳性を身につけさせる教育を、より一般的に、市民教育と称することにする。

22)　参照、中川律「市民教育の憲法論」法律論叢94巻2・3合併号253頁（明治大学法律研究所、2021年）256-264頁。

23)　永井憲一『憲法と教育基本権：教育法学のために』（勁草書房、1970年〔旧版〕）258-259頁。

ある[24]。例えば、表現の自由は、個人の自己実現への権利によっても、民主政にとっての不可欠性という社会全体の共通の利益によっても基礎付けられうるものである。個人の憲法上の権利は、原理論的にも政策論的にも基礎付けられうる。

　主権者教育権説は、こうした理屈に基づき、公教育制度が教育を受ける権利の保障に適うものであるという原理論の体裁の下において、その中心に「将来の主権者たる国民」の育成という実質的には政策論的な要求に応える市民教育を位置付ける議論と評価できる。これに対して、先に見たように、学習権説は、憲法26条の教育を受ける権利の意義を、個人の人間的な成長・発達に必要な学習への権利の充足に見出す点で、あくまで教育を受ける権利の原理論的な基礎付けにこだわるものであった。したがって、少なくとも、初期の段階では、主権者教育権説は、憲法26条の基礎付けという点で、学習権説とは正反対の構造をとるものとして主張されていたと言えよう[25]。

　(3)　**学習権説と市民教育**　　それでは、学習権説の側においては、市民教育はどのような位置付けが与えられてきたのであろうか。学習権説は、教育制度の構築や運用をあくまで子どもの学習権の充足という原理論によって方向付けようとするものであり、そのような方向付けを阻害することがないように、共同体全体の共通の利益の促進という政策論の働く余地を限定するものである。こうした含意を踏まえて、学習権説においては市民教育が位置付けられてきた。

　すなわち、「日本国憲法の理想を実現する“国民教育”はあくまで、すぐれた人間教育の文化的働きによって遂行されていくべきもの」とされ、主権者教育権説についても、「国民主権憲法下の教育ということでその主たる教育目的をとりわけ“主権者の育成”に見出すことには問題がありうるのではなかろうか」と評価されるのである[26]。そして、その上で、「むしろ、日本

----

24) 長谷部・前掲注 5)116-117頁。
25) もっとも、その後、学習権説の有力化に伴い、主権者教育権説の主唱者の論旨も、教育を受ける権利の基礎には、主権者教育権の考え方に加えて、学習権説的な考え方も含まれるというものに変化していった。この点で、主権者教育権説は、それらのどちらの考え方に軸足を置く議論なのか不分明な立ち位置へと移っていっている。参照、中川・前掲注22)261-262頁。

国憲法と教育基本法が、国民一人びとりの自由な人間的成長・発達を促しつつおのずから全体としてすぐれた主権者の再生産に至るような真の人間教育・全人教育を確認したことを、貴重視すべきであろう」と主張する[27]。

　このような市民教育の位置付けは、「近代憲法の下では、教育を主に国家秩序維持・国力増進作用と見る『国家教育』法制は存在しえず、教育はまさに人間を育てる人間活動であるという『人間教育』観こそがふさわしい」という思惟から発するものである[28]。個人の成長・発達に適う「人間教育」との関係で、市民教育による共同体全体の利益の促進という政策論の働く余地を限定しようとする意図を読み取り得るものとして、原理論としての学習権説の含意を踏まえた理解であると評価しうるものである。

26）兼子『教育法〔新版〕』・前掲注 **2**）196頁。
27）兼子『教育法〔新版〕』・前掲注 **2**）196頁。
28）兼子『教育法〔新版〕』・前掲注 **2**）195頁。

第 7 章

義務教育

1. 義務教育の意義

(1)　子どもの学習権保障の高度の必要性　憲法26条 2 項は、「すべて国民は、法律の定めるところにより、その保護する子女に普通教育を受けさせる義務を負ふ。義務教育は、これを無償とする。」と定めるものである。旭川学力テスト事件判決[1]において、最高裁は、憲法26条の意義について、「福祉国家の理念に基づき、国が積極的に教育に関する諸施設を設けて国民の利用に供する責務を負うことを明らかにするとともに、子どもに対する基礎的教育である普通教育の絶対的必要性にかんがみ、親に対し、その子女に普通教育を受けさせる義務を課し、かつ、その費用を国において負担すべきことを宣言したものである」と述べている。

憲法26条は、国家に対して、第 6 章で見たように、1 項において、学校制度の整備などの教育条件整備を積極的に行う作為義務を一般的に課すとともに、さらに、2 項において、子どもの学習権保障の高度の必要性に鑑みて、義務教育について特に重い条件整備義務を課すものと解される[2]。

(2)　義務教育の意義の根本的転換　このように考えると、日本国憲法の下においては、大日本帝国憲法下と比べ、義務教育の意義が根本的に転換したものと理解されねばならない。

第 2 章で見たように、大日本帝国憲法の下の義務教育は、国家にとって有為な国民の育成という社会全体の利益の促進という観点から、国民たるものが最低限受けなければならない教育であり、それゆえに保護者は子どもを学校に通わせる義務を課された。また、このように国家がその利益のために国民に受けさせる義務を課すものであるがゆえに、義務教育については、受益

---

1 ）最大判1976（昭51）・5・21刑集30巻 5 号615頁。
2 ）兼子仁『教育法〔新版〕』（有斐閣、1978年）231-236頁。

者たる国家が一定の費用を負担すべきものとされた。

　これに対して、日本国憲法の下においては、義務教育は、社会全体の利益の促進のためではなく、あくまで子どもの学習権の保障を確実にするために、その保護者に普通教育を受けさせる義務を課すものである。つまり、義務教育は、親などの子どもの保護者の経済的状況や恣意によって、子どもが自らの成長・発達に不可欠な教育の機会を失うことがないようにするための仕組みとして構想されたものと理解されるのである。それゆえ、義務教育が無償とされ、国家が費用負担を担うのも、国家が受益者たる立場にいるからではなく、子どもの学習権保障の高度の必要性から、国家が特に強く教育条件整備に責任を負うからであると考えられねばならない。

　(3)　**普通教育としての義務教育**　　教育制度の整備については、学習権の概念によって嚮導され、さらには後述の親や教師の教育の自由などによって制度構築のあり方が憲法上限定されてはいるが、それでも立法府の政策的判断に委ねられている部分は広い。26条2項は、こうした教育制度の整備に関する立法裁量を限定するものである。立法府が、法律の制定をもって、普通教育を無償で提供する義務教育の制度を整えないのは違憲である。

　普通教育とは、「職業分化に直接対応する職業教育および専門教育」と対置される概念とされ、広義には、「すべての人間の人間としての全面的な成長発達に普遍的に必要とされる共通の教育」であるとされる。また、狭義には、「このような教育のうち基礎的なものを意味する」とされ、憲法26条2項の「普通教育」は、狭義の意味で用いられているものと解される[3]。したがって、義務教育として子どもに提供される教育は、職業教育や専門教育ではなく、狭義の普通教育でなければならない。

　ここには、子どもの人間的な成長・発達を保障するためには、一定の年齢段階までは、特定の職業に就くことを前提とせず、普遍的に充足されるべき共通の教育的必要がまずは充足されねばならないという考えが見出される。子どもに早期に特定の職業に就くことを想定した教育を施すことは、個々の

3）神田修・兼子仁編『教育法規新事典』（北樹出版、1999年）264頁〔世取山洋介執筆部分〕。

子どもの欲求や適性に即した教育とならない可能性が高く、かえって子ども
の人間的な成長・発達を妨げることになりかねない[4]。

　⑷　**義務教育の制度**　　このような憲法上の要請を受けて、学校教育法に
おいて、保護者（子に対して親権を行う者、親権を行う者がいないときは未成年
後見人）は、子どもに 9 年の普通教育を受けさせる義務を負うとされ（16条）、
さらに、その義務は、子どもを、特定の学校に就学させることで果たされる
べきものとされている（17条）。これを就学義務と言う[5]。

　すなわち、保護者は、子どもを、 6 歳になった次の学年の始めから、12歳
になった学年の終わりまで、小学校、義務教育学校の前期課程、特別支援学
校の小学部のいずれかに就学させる義務を負う（17条 1 項）。そして、それ
らの学校の課程の修了後には、15歳になった学年の終わりまで、中学校、義
務教育学校の後期課程、中等教育学校の前期課程、特別支援学校の中学部の
いずれかに就学させる義務を負うものとされている（17条 2 項）。なお、こ
れらは、学校教育法 1 条に定められた「学校」（いわゆる一条校）に含まれる
ものであり、保護者は、一条校以外の外国人学校などに子どもを通わせたと
しても就学義務を果たしたことにはならない。

---

4 ）神田・兼子編・前掲注 3 ）265頁〔世取山洋介執筆部分〕。
5 ）学校以外の家庭などにおける義務教育の実施の可否に関する憲法上の議論について
　は、第11章を参照。また、近年、特にニュー・カマーと呼ばれる外国籍の子どもの不
　就学が大きな問題とされているが、その一因は、実務上、外国籍の子どもが就学義務
　制度の枠組みの外に置かれていることにある（参照、文部科学省「就学義務Ｑ＆Ａ
　13. 外国人の子等の就学に関する手続について」https://www.mext.go.jp/a_menu/
　shotou/shugaku/detail/1422256.htm （最終アクセス2022年12月23日））。もっとも、
　現状の制度を前提に、外国籍の子どもの保護者に就学義務を課すことは、その保護者
　に一条校以外の選択肢を塞ぐことを意味し、そのことは、第11章で見るように、親の
　教育の自由との関係で問題を生じさせることにもなる。これらの論点について興味深
　い議論を展開するものとして、石塚壮太郎「外国人の子どもの学習権と就学義務：学
　校教育法17条をどう読むか」法律時報93巻 8 号114頁（日本評論社、2021年）、堀口悟
　郎「就学義務の功罪：石塚報告へのコメント」法律時報93巻 9 号114頁（日本評論社、
　2021年）、石塚壮太郎「堀口コメントへの再応答：学習権の領分」法律時報93巻 9 号
　118頁（日本評論社、2021年）を参照。

2. 義務教育の無償

(1)　**現行の無償の範囲**　　憲法26条2項後段の義務教育の無償については、義務教育の段階の国公立学校において、授業料の徴収が禁止されている（教育基本法5条4項、学校教育法6条但書）。加えて、義務教育の段階においては、教科書も無償で供与されている（義務教育諸学校の教科用図書の無償に関する法律1条1項）。

　もっとも、これで憲法26条2項後段の義務教育の無償の要請が満たされていると考えるかどうかについては争いがある。というのも、義務教育段階においても、保護者は、子どもを学校に通わせるに際には、実際上は、教材費や修学旅行費、制服や体操着の購入費などを負担せねばならず、これらの合憲性が問題になるからである[6]。

(2)　**最高裁の立場**　　教科書費国庫負担請求事件判決[7]において、最高裁は、「憲法がかように保護者に子女を就学せしむべき義務を課しているのは、単に普通教育が民主国家の存立、繁栄のため必要であるという国家的要請だけによるものではなくして、それがまた子女の人格の完成に必要欠くべからざるものであるということから、親の本来有している子女を教育すべき責務を完うせしめんとする趣旨に出たものでもあるから、義務教育に要する一切の費用は、当然に国がこれを負担しなければならないものとはいえない」と述べた。その上で、憲法26条2項後段は、「子女の保護者に対しその子女に普通教育を受けさせるにつき、その対価を徴収しないことを定めたものであり、教育提供に対する対価とは授業料を意味するものと認められるから、同条項の無償とは授業料不徴収の意味と解するのが相当である」と判示した。

　最高裁の論理に従えば、憲法26条2項後段において義務教育が無償とされているのは、その実施が国家的要請にかかるものであるからということになる。しかし、こうした論理は、上記のとおり、義務教育の意義が大日本帝国

6）また、私立学校については授業料の徴収も許容されており、この点の合憲性も問題になりうる。この点については、廣澤明「公教育の無償性」日本教育法学会編『教育法の現代的争点』（法律文化社、2014年）60頁、62頁で学説の整理がなされている。

7）最大判1964（昭39）・2・26民集18巻2号343頁。

憲法下のそれとは根本的に異なるものと理解されねばならない点を十分に踏まえたものとは言えない。

　日本国憲法の下においては、子どもの学習権の保障を確実にするために、義務教育制度が設けられ、それが無償にされていると理解されるべきである。つまり、国家は、受益者であるところから、義務教育の費用を負担すべき義務を負うのではない。したがって、義務教育の受益者が子ども自身であることも、その教育に親が責任を負うべきであることも、国家が義務教育にかかる費用負担の義務を一定程度免れる理由にはならないと考えるべきであろう。この点で、最高裁の理由付けには重大な疑問が残る。

　(3)　**授業料無償説と修学費無償説**　　学説上は、主に授業料無償説と修学費無償説が対立してきた。一方で、授業料無償説は、授業料不徴収のみが憲法上の要請であり、その他の費用の公費負担は立法政策の問題だとするものである[8]。他方で、修学費無償説は、授業料の不徴収に限らず、教科書や教材費などの修学に必要な全費用の無償が憲法上の要請であるとするものである[9]。この二つの説の間には、主に三つの点で考え方の違いが見られる[10]。

　一点目は親の教育の自由についてである。前者は、親の教育の自由が認められるべきならば、その責任に見合った費用負担を求めても不合理ではないとするのに対し、後者は、親の教育の自由は費用負担を条件に認められるわけではないと主張する。二点目は貧困家庭への援助のあり方についてである。前者は、授業料以外の修学費については、所得制限付きの給付措置という社会保障の仕組みによる対応であるべきだと主張する。これに対し、後者は、所得制限付きの給付措置による対応には、細かな所得調査などのコストがかさみ、スティグマも生じさせる可能性があるので、修学費を全部無償にする

8 ）奥平康弘「教育を受ける権利」芦部信喜編『憲法Ⅲ　人権(2)』（有斐閣、1981年）361頁、379頁；中村睦男「第26条〔教育を受ける権利、教育を受けさせる義務〕」樋口陽一・佐藤幸治・中村睦男・浦部法穂『憲法Ⅱ［第21条〜第40条］』（青林書院、1997年）138頁、178-179頁；米沢広一『憲法と教育15講〔第 4 版〕』（北樹出版、2016年）119頁。

9 ）永井憲一『憲法と教育基本権〔新版〕』（勁草書房、1985年）91頁；廣澤・前掲注 6 ）62頁。

10）参照、米沢・前掲注 8 ）118頁以下；廣澤・前掲注 6 ）60頁以下。

方が良いと考える。三点目は無償とされる修学費の範囲についてである。前者は、その範囲が明確ではないと考えるのに対し、後者は、どのような場合に例外的に私費負担が許されるのかという観点から理論的に画定できると主張する。授業料無償説が現在の通説であるとされている。

3.　憲法解釈論と憲法政策論の区別

(1)　**法原理的義務説**　授業料無償説と修学費無償説との対立をさらに理解するには、両説の代表的論者が憲法解釈論と憲法政策論の区別ということに関して異なるスタンスを採っていたことに注目すべきである。ここで言う憲法解釈論とは、ある国家の行為が合憲か違憲かを判断するための厳密な意味での憲法の条文解釈のことであり、憲法政策論とは、憲法の趣旨や理念から見てより望ましい政策や法制度の提案のことである[11]。

　両説のスタンスの違いは、もう一つの有力説である法原理的義務説の位置付け方の違いとして顕在化した。法原理的義務説とは、裁判的救済を直ちに求めうるのは授業料の無償の範囲であるが、その他の修学費の無償施策の実行についても、単なる立法政策の問題ではなく、国は「憲法上、国民の教育を受ける権利に対応している法原理的義務」を負うと主張するものである[12]。

　こうした法原理的義務説について、修学費無償説の側は、自説と同趣旨のものであると位置付けた[13]。これに対して、授業料無償説の側は、法原理的義務説において裁判規範として機能するとされているのが授業料の無償の範囲までであるところから、それ以上の無償化を言う部分を憲法政策論であると理解し、憲法解釈論のレベルでは授業料無償説と同じであると位置付けた[14]。そして、修学費無償説の側の理解は、憲法解釈論と憲法政策論をない

11)　参照、奥平康弘「試論・憲法研究者のけじめ」法学セミナー369号8頁（日本評論社、1985年）；内野正幸『憲法解釈の論理と体系』（日本評論社、1991年）；市川正人「憲法論のあり方についての覚え書き」立命館法学271・272号上巻57頁（立命館大学法学会、2000年）。

12)　兼子・前掲注2）236頁。

13)　永井・前掲注9）91-92頁。なお、法原理的義務説の主張者の自己認識に関しては、兼子仁による同書の「ブックレヴュー」法律時報57巻12号126頁（日本評論社、1985年）を参照。

14)　奥平・前掲注8）379頁。

交ぜにし、その結果、憲法研究者が本来的になすことを期待されている憲法
解釈論としての自説の「切れ味」を損なうものであると批判したのである[15]。

(2)　**区別の必要性と留意点**　　確かに、憲法解釈論と憲法政策論の区別は
必要である。それらを渾然一体とすることは議論を混乱させるだけである。
修学費無償説が法原理的義務説と同趣旨とするならば、そこには憲法政策論
的含意があるものとして理解せざるをえず、必然的にその憲法解釈論として
の「切れ味」は鈍らざるをえない。

　ただし、二点ほど留意すべきことがある。第一に、きちんと区別される限
り、憲法政策論の重要性は否定されるわけではない[16]。例えば、法原理的義
務説については、近年でも憲法の理念に基づいた制度の実現を強調する点で
その独自の意義が評価されている[17]。第二に、憲法解釈論と憲法政策論の区
別は相対的なものにとどまるものである。例えば、生存権の領域でよく議論
される制度後退禁止原則は、憲法の理念から見て望ましい制度が実現した場
合に、その部分に関して後退禁止という裁判上救済可能な特別の保護を与え
ようとするものであり、憲法解釈論と憲法政策論の中間に位置するような議
論である[18]。

(3)　**授業料無償説の「切れ味」?**　　最後に気になるのが、授業料無償説
は、憲法解釈論としてそれほど「切れ味」が鋭いのかということである。例
えば、給食の提供に要する学校の光熱水費の負担が大きいことを理由に、給
食費を値上げするという事案について考えてみよう[19]。表面的には学校の光

---

15)　奥平・前掲注11)11頁。

16)　市川・前掲注11)66頁以下。

17)　成嶋隆「公教育の無償性原則の射程」日本教育法学会年報41号121頁（有斐閣、
　　2012年）125-126頁；世取山洋介「公教育の無償性と憲法」世取山洋介・福祉国家構
　　想研究会編『公教育の無償性を実現する：教育財政法の再構築』（大月書店、2012年）
　　455頁、469-470頁。

18)　制度後退禁止原則については、中川律「生存権の法的性格」加藤一彦・阪口正二郎・
　　只野雅人編『フォーカス憲法』（北樹出版、2020年）162頁、166-167頁を参照。

19)　学校給食法11条及び同法施行令2条の解釈により、学校給食の経費のうち、学校の
　　設置者は、施設設備費とその修繕費、人件費を負担し、保護者は、材料費と光熱水費
　　を負担するとされる。また、文部省体育局「学校給食の実施に関する事務処理および
　　指導の指針について」（1973年6月）では、光熱水費については学校の設置者が負担
　　することが望ましいとされる。

熱水費だとしても給食費なのだから、授業料を徴収しているわけではない。それゆえ、授業料無償説の立場からは憲法上の問題はなさそうである。では、さらに、調理実習費として、食材費に加えて学校の光熱水費の一部の負担を求めることはどうか。さらに、清掃費として学校の光熱水費の一部の負担を求めることはどうか。ここまでくると、名目上は、授業料を徴収しているわけではないが、もはや学校の運営に要する費用の負担を保護者に転嫁することに歯止めが効かなくなっており、実質的には、授業料に相当するような金銭の負担を求められているとも言うことができそうな気がしてくる。

　しかし、このような状況が生まれても、授業料無償説の立場からは、そうした学校の運営に要する費用の負担を保護者に転嫁することが違憲であるとはなかなか言うことができない。なぜなら、公立学校の授業料は、「公の施設」の使用料（地方自治法225条）であり、前記の最高裁判決によれば「教育提供に対する対価」であるとされるが、その具体的価額は、教育提供に要する費用のどのくらいを保護者に負担させるのが妥当なのかという観点から政策的に決定されるものだからである[20]。授業料の不徴収とは言っても、教育提供に要する費用のどの部分の私費負担への転嫁を禁止するのかは自明ではない[21]。授業料無償説は私費負担の拡大に歯止めをかける論理を備えていないのである。授業料無償説は、義務教育が無償であるとされていることの意義を大きく損なう可能性がある。

　こう考えると、修学費無償説を憲法解釈論として研ぎ澄ます方が明るい見通しを得ることができるかもしれない。授業料という内容空疎な概念を放棄し、例えば、「学校教育活動との実質的関連性」[22]という観点から公費負担と私費負担の境界線を明らかにするのである。この方向性がうまくいくのであれば、修学費無償説は、私費負担の拡大に対して、一定の憲法上の歯止めをかける憲法解釈論であると評価することができるようになるであろう。

20）参照、神田・兼子編・前掲注3）186-187頁〔青木宏治執筆部分〕；長谷部恭男『憲法〔第8版〕』（新世社、2018年）297頁。

21）地方財政法27条の4及び同法施行令52条では、市町村は「市町村の職員の給与に要する経費」と「市町村立学校の建物の維持及び修繕に要する経費」についてのみ住民に転嫁することを禁止されている。

22）成嶋・前掲注17）125頁。

教育条件整備の制度論

1. 教育条件整備をめぐる問題の状況

(1) **教育的必要充足の原理に基づく制度論**　第 6 章で述べたように、憲法26条は、国家に対して教育の外的条件整備義務を課すものであり、その義務は、学習権の概念に方向付けられながら教育制度を構築することによって果たされねばならない。すなわち、憲法26条 1 項は、個々人が「その能力に応じて、ひとしく」教育を受ける権利を有すると規定するものであるが、それは、教育の外的条件整備の面において、子どもの人間的な成長・発達のための教育的必要の充足という観点からナショナル・ミニマム・スタンダードの確保された教育の機会を実質的に確保するように、教育制度が構築されることを求めるものと解されるのである。

　教育法学においては、このような教育的必要充足の原理に方向付けられた制度構築のあり方とは、どのようなものなのかについて議論がされてきた。本章は、こうした教育条件整備の制度論について解説することを第一の目的にするものである。

(2) **新自由主義的な教育改革の潮流**　もっとも、一つ注意せねばならないのは、現実には必ずしも教育的必要充足の原理に方向付けられた制度構築がなされるとは限らないという点である。第 5 章で述べたように、教育の領域においても、2000年代以降には、新自由主義的な改革が本格化しており、2006年の教育基本法の改正がさらにその改革の潮流を勢いづかせることになるのではないかと指摘されてきた。

　新自由主義的な教育改革において、その理念としてしばしば持ち出されるのが人的資本論と呼ばれるものである[1]。人的資本論とは、現在の知識基盤

---

1) *See generally* JOEL SPRING, ECONOMIZATION OF EDUCATION: HUMAN CAPITAL, GLOBAL CORPORATIONS, SKILLS-BASED SCHOOLING（Routledge, 2015）.

社会においては、科学技術の革新によって旧来の技術や産業あるいは労働形態も急速に陳腐化し、国が、そのような急速な社会の変化に対応し、グローバルな経済競争に勝ち抜き、経済成長を遂げるには、そのような知識基盤社会を先導する技術や能力を蓄積した人々がたくさん育っていること、すなわち、人的資本の増強が不可欠であるという考え方である。こうした考えにおいては、教育は、企業が欲する技術・能力を人々に獲得させるばかりでなく、さらには、個々人が急速に変化する社会の需要に対応できる技術・能力を自ら積極的に向上させ、あるいは更新し続けるという自己研鑽を怠らない知識基盤社会で活躍する人材に適合的な精神を育む最も重要な営為であると位置付けられることになる。そのような教育においては、例えば、誰もが起業家かのように経済成長に結びつく新たな領域の開拓を目指していこうとする精神（起業家精神、アントレプレナーシップ）を身につける必要があると主張されるのである。新自由主義的な改革が押し進められた先において、教育は、経済政策に従属的なものとなるばかりか、さらに個々人とっての善き生き方そのものを然るべきところへと強く誘導していくべきものとして観念されることになると言えよう。

(3)　**教育条件整備をめぐる緊張関係**　　人的資本論に基づく教育政策は、例えば、OECDの政策提言において、人的資本の構成要素である技術・能力の獲得という観点から各国の教育政策を評価するための施策であると言われるPISA（Programme for International Student Assessment）が積極的に活用されるように主張されているところなどに現れている。そして、こうした政策提言は、PISAにおける上位獲得を目標とする点を典型に、日本の教育政策にも大きな影響を与えている。

このように、新自由主義的な教育改革においては、教育政策は、端的に経済政策の一部として位置付けられ、教育は国家戦略や経済成長のための道具とみなされることになる。そこにおいては、子どもの教育的必要充足の原理は等閑視されやすい。しかし、教育制度の構築は、現実にはそのような何らかの社会全体の利益の確保ということに影響を受けざるをえないとしても、憲法26条の下においては、あくまで子どもの学習権の保障を理由に正当化されねばならず、そのためには教育的必要充足の原理に則って教育制度が構築

される必要がある。

　それゆえ、新自由主義的な教育改革が現に進行する今日的状況においては、教育的必要充足の原理に則った教育条件整備の制度論と、現実に進められる教育政策の動向とがどのような対抗関係を生み出すのかを分析し、その上で、あるべき教育制度の方向性を構想することが重要である。以下、本章では、こうした問題意識に基づき、新自由主義的な教育改革がどのような理論枠組みをもって展開されると分析されているのかについても解説する。

2. ナショナル・ミニマム・スタンダードとは？

　(1)　**教育基本法の解釈をめぐる対抗**　　教育的必要充足の原理と新自由主義的な教育改革の理念との対抗関係は、教育条件のナショナル・ミニマム・スタンダードの維持・向上ということをどのような制度構想によって実現するのかをめぐって鮮明に現れるものである。教育基本法には、国ないし地方公共団体に対して、その役割に応じて、教育の機会均等やその全国的な一定水準の維持・向上を求める複数の条項がある（4条1項、5条3項、16条2項）。その対抗関係は、具体的には、これらの条項において求められるナショナル・ミニマム・スタンダードの維持・向上とは、どのようなことを意味し、さらには、そのために国と地方公共団体がどのような役割を果たすべきであると解するのかをめぐって現れることになると思われる[2]。

　(2)　**学校制度法定主義**　　教育的必要充足の原理に基づく制度構想の際に、学説上、その中心に置かれてきたのが、学校制度法定主義である[3]。学校制度法定主義は、憲法26条が求める教育条件整備の制度設計を方向付ける原理として有力に主張されてきた。この学説の意義は、教育の内的事項と外的事項の区別を前提に、学校制度に関して「法定化しうる事柄」と「法定化すべき事柄」の双方を示し、教育内容への国家による過度の介入を限界付けながら、国家が教育条件整備義務を果たすために法定すべき基本的事項を明らかにした点にあると言われる[4]。すなわち、ナショナル・ミニマム・スタンダ

2）日本教育法学会編『コンメンタール教育基本法』（学陽書房、2021年）における教育基本法の各条項に関する解説を参照してほしい。

3）兼子仁『教育法〔新版〕』（有斐閣、1978年）274頁。

ードの確保された実質的な教育機会の保障を実現しようとする場合には、一
方で、その名の下で教育内容への国家による過度の介入が正当化されること
がないようにしながら、他方で、子どもの教育的必要を充たす教育条件整備
として、国家が法令の制定を通じて全国的に一定の水準を保つべき教育の外
的条件をなす事項とは何かが探られなければならないということである。

　したがって、学校制度法定主義に基づけば、一方で、教育内容面について
は、第10章から第14章で論じるように、教師の教育の自由や「不当な支配」
の禁止法理（教育基本法16条１項）との関係で、国家は、その権限に自ずと
限界があることを踏まえ、原則的にはあくまで学校や教師・教師集団に対す
る拘束力を有しない指導助言によって、教育内容の水準の維持・向上に寄与
する権限を認められる。他方で、教育の外的条件の面については、国家は、
ナショナル・ミニマム・スタンダードの維持されるべき事項を特定し、その
水準を確保する法令の制定を進めることがまずは求められる。また、国際人
権条約上の諸権利について日本政府に課せられた義務との照応を考慮すれば、
国家は、その水準の維持・向上について、利用可能な最大限の手段を用いて
必要な施策を実行することを求められると考えるべきである[5]。

　もっとも、学校制度法定主義においても、教育の内的事項と外的事項とは
截然と区別できるものではなく、それらの双方の性質を有する混合事項とさ
れるべきものもあるとされる。それゆえ、学校制度を構成するものとして、
「法定化すべき事柄」であり、その限りでのみ「法定化しうる事柄」とはど
のような事項までにとまるべきなのかについては、教育内容面に影響を与え
る事項への国家の介入の限界の問題と合わせて考察されねばならない。この
点については、「不当な支配」の禁止条項の解釈の問題として第12章で扱う。

　(3)　**学校制度整備義務**　　さらに、近年においては、学校制度法定主義を
発展させ、国家は、教育条件のナショナル・ミニマム・スタンダードが確保
された教育機会を保障するという点において、「学校制度整備義務」[6]を負う

　4）世取山洋介「教育という現物給付」世取山洋介・福祉国家構想研究会編『公教育の
　　無償性を実現する：教育財政法の再構築』（大月書店、2012年）１頁、13頁。
　5）経済的、社会的及び文化的権利に関する国際規約〔A規約〕2条1項；児童の権
　　利に関する条約4条。

72

とし、国家が法定すべき事項を体系的に明らかにしようとする試みがなされるようになっている。この学説によれば、学校制度整備義務の内容は、「学校体系整備義務」、「基準設定義務」、「設置・運営義務」に整理され、これらと中央政府が法定の共通基準を充足するための費用を保障する財政移転法制を組み合わせることによって教育条件整備が行われるべきであるという[7]。

　この学説に従えば、子どもの教育的必要の充足という観点からは、特に義務教育段階においてはいかなる職業に就くにも共通に必要とされる普通教育の提供が重視されることになる。それゆえ、教育条件のナショナル・ミニマム・スタンダードが確保された教育機会の保障のためには、学校体系整備義務に関連しては複線型よりも単線型の学校体系が、設置・運営義務に関連しては公立・私立を含めた学校選択を前提にした現金給付やヴァウチャー制よりも、地方公共団体が直接に設置・運営する学校における教育の現物給付が、より適合的な制度であると評価されることになろう。

　また、基準設定義務の内容は、「学校編成基準」の法定と「学校配置基準」の法定に分けられ、前者には学級編制、学校教育組織編制、教師の勤務時間・週当たり授業時間、教員数、施設設備などに関する基準が含まれ、後者には通学、学校規模、学区、学校環境などに関する基準が含まれるとされる[8]。

　(4)　**新自由主義的なナショナル・ミニマム・スタンダード**　　これに対して、新自由主義的な教育改革においては、上記のとおり、国家戦略ないし経済政策の一環として、知識基盤社会における経済成長に資する知識・技術・能力を備えた人材の育成が目指されるため、ナショナル・ミニマム・スタンダードとして確保される必要があるのは、主に教育内容面の水準であるということになる。そして、教育条件整備の面については、教育内容面の目標達成にとって効率的な仕組みの構築や財政の配分という観点から、そのあり方が規定される。教育条件整備は、子どもの教育的必要充足の原理から導き出されたわけではない要因によって規定されることになるのである。

　例えば、2005年の中央教育審議会「新しい時代の義務教育を創造する（答

---

6 ）世取山・前掲注 4 ） 4 - 7 頁。

7 ）世取山・前掲注 4 ） 4 - 7 頁、19-22頁。

8 ）世取山・前掲注 4 ）16-18頁。

申）」においては、義務教育が国家戦略ないし経済政策の一環として位置付けられ、「義務教育の構造改革」ということが主張されていたが、そこにおいて強調されていたのも教育内容面の「質」の確保であった。同答申においては、「義務教育システムについて、①目標設定とその実現のための基盤整備を国の責任で行った上で、②市区町村・学校の権限と責任を拡大する分権改革を進めるとともに、③教育の結果の検証を国の責任で行い、義務教育の質を保証する構造に改革すべきである」とされ、「国の責任によるインプット（目標設定とその実現のための基盤整備）を土台にして、プロセス（実施過程）は市区町村や学校が担い、アウトカム（教育の結果）を国の責任で検証し、質を保証する教育システムへの転換」が求められるというのである。

　こうした考え方においては、第一に、国は、ナショナル・ミニマム・スタンダードの確保の名の下に、教育内容面に関してその標準を設定する権限を有し、第二に、地方公共団体には、地方分権の名の下に教育条件整備の面のナショナル・ミニマム・スタンダードの縛りが緩められ、より一層の裁量を与えるという方向が探られることになろう。ここでは、一方で、地方分権が強調されるものの、地方公共団体は、国が設定した目標の追求を至上命題とされるため、実質的には教育内容面では国による地方公共団体の統制が強められ、他方で、ナショナル・ミニマム・スタンダードの確保が強調されても、教育条件整備面では、公教育の実施者としての地方公共団体の裁量＝財政負担の責任の強化が図られることになる可能性が高い。

　また、経済政策従属的な人材育成という点においては、エリート人材の早期の選抜や労働力市場での人材需要に応じた能力・技術の獲得が重視されることになる。それゆえ、学校体系の面ではその複線化や学校種別の多様化の施策が、学校の設置・運営の面では学校選択を前提にした現金給付・ヴァウチャー制などの施策が進められる可能性がある。

　2006年の教育基本法の改正に関与した文部科学省関係者の解説書においても、国は、「全国どこでも一定水準の教育を受けられる機会を保障する」[9]た

9）田中壮一郎監修・教育基本法研究会編著『逐条解説 改正教育基本法』（第一法規、2007年）189頁。

めに、教育内容に関しても「全国的な基準の設定」[10]という役割を担うものとされ、学習指導要領の策定や教科書検定の実施が例として挙げられている。教育内容面でのナショナル・ミニマム・スタンダードの確保を強調する点で、新自由主義的な教育改革と親和的な理解が示されている。

　しかし、こうした考え方には問題がある。確かに、最高裁も、旭川学力テスト事件判決[11]や第一次家永教書検定事件判決[12]などにおいて、教育の機会均等と全国的な一定水準の確保のために「必要かつ相当な範囲」内での国の教育内容決定権限を容認し、当時の学習指導要領や教科書検定制度を合憲ないし合法としてきた。また、行政実務でも、こうした論理で国による教育内容への介入が正当化されてきた。

　しかし、同時に、国や地方公共団体による教育内容への介入には、憲法13条、23条、26条との関係や旧教育基本法10条1項（現16条1項）の「不当な支配」の禁止法理との関係で限界があるともされてきた。したがって、教育内容の決定に関する国と地方公共団体の権限について考える際には、その前提問題として、公権力による教育内容の決定への関与の限界を見定めておくことが必要とされるのであり、国と地方公共団体は、その限界の範囲内で役割を分担すると考えねばならない（第10章、第12章、第13章を参照）。

3.　国と地方公共団体の役割分担に関する制度構想

　(1)　**教育的必要充足の原理に基づく制度構想**　　教育基本法は、16条1項において、「教育行政は、国と地方公共団体との適切な役割分担及び相互の協力の下、公正かつ適正に行われなければならない」と定め、さらに、5条3項において、特に義務教育について、その機会を保障し、水準を確保するために、国と地方公共団体が、「適切な役割分担及び相互の協力の下、その実施に責任を負う」と定める。それでは、国家が教育条件のナショナル・ミニマム・スタンダードを確保する義務を果たす上において、国と地方公共団体は、それぞれどのような役割を担うものと想定されるべきなのであろうか。

10)　田中監修・前掲注**9**)190頁。
11)　最大判1976（昭51）・5・21刑集30巻5号615頁。
12)　最判1993（平5）・3・16民集47巻5号3483頁。

　子どもの教育的必要充足の原理に基づき、国家の学校制度整備義務を強調する立場からは、その内容たる学校体系整備義務、基準設定義務、設置・運営義務の三つの義務について、国と地方公共団体がそれぞれの特性に応じて受け持ち、その役割分担を成り立たせるような財政制度が整備されるべきであると主張されてきた。ここでは学校制度整備義務を果たす上での国と地方公共団体の基本的な役割分担の仕組みについて、いかなる構想が示されているのかを見てみよう。財政制度については第9章で詳しく検討する。

　学校制度整備義務の主唱者によれば、教育条件のナショナル・ミニマム・スタンダードを確保するためには、①国は、子どもの教育的必要を充足しうる全国的な条件整備基準を法定し、②地方公共団体がそうした共通基準を充足した学校を設置・運営することが可能になるように、国が国庫負担制度や地方交付税制度などの財政移転制度を通じて費用の負担に責任をもち、③地方公共団体は、全国的な共通基準を遵守して学校を設置・運営し、その費用を支出することを義務付けられ、独自財源に基づき「上出し」的に教育条件の向上に努める、という基本的な仕組みが必要であると主張されている[13]。

　こうした基本的仕組みを前提にすれば、教育機会をあらゆる子どもに保障するために、全国的に共通の学校体系を構築する必要があるため、まず、学校体系整備義務については国が果たすべきである。また、教育条件の全国的な水準の維持・向上という点から、基準設定義務についても国の果たすべき役割となる。これに対して、設置・運営義務については、戦後教育改革の基本原理の一つである教育の地方自治の原理に従い、地方公共団体が果たすべき役割とするのが妥当である。

　教育的必要充足の原理に基づけば、こうした国と地方公共団体の基本的な役割分担を前提に具体的な教育制度の設計がなされるべきである。

　(2)　新自由主義的な制度構想　　これに対して、新自由主義的な改革における国と地方公共団体との役割分担については、「主人－代理人」理論（Principal-Agent Theory、以下、PA理論とする）に基づき、制度構想が進められる可能性が高いと分析されてきた。もともとは、PA理論は、組織の経済学と

---

13)　世取山・前掲注4）19-22頁。

か新制度派経済学と言われる分野において、企業における株主と経営者の関係や、企業経営における経営者と従業員との関係に関する理論として発展してきたものであるが、それが行政改革の分野にも応用されるようになっているのである。

　PA理論によれば、金銭提供者である主人（P）が、その金銭を用いて特定の目的を達成するための活動を実際に行う代理人（A）の行為を実効的にコントロールするためには、次のような仕組みを整える必要があるとされる。すなわち、主人は、①代理人が遂行すべき行為の詳細な基準を設定し、②代理人に対してその基準の実行状況に関する説明責任を課し、③その基準の実行をより進めるために複数の代理人の間での競争を組織し、④代理人に結果達成に連動する効果的なインセンティヴ（報償と罰）を提供するという仕組みである[14]。

　世取山洋介によれば、このようなPA型の教育統制の仕組みが公教育管理の基本原理とされる場合には、「〈中央教育行政－地方教育行政－学校組織－教師〉」の各々の関係がPA関係で結ばれ、「教育内容標準の確定、競争的環境の創設、教育内容標準の達成度の評価、および、評価に基づく賞罰の提供」という形で統制が貫徹されるという[15]。そして、中央政府の機能は「全国的な教育内容標準の設定と、その達成度の評価基準・方法の設定」に、地方教育行政の機能は「各学校との"契約"の締結と、各学校による"契約"の実現度、および、教育内容標準の達成度の評価」に重点化される[16]。また、学校では、「学校組織の階層化と校長への権限」の集中が進められ、教師に関しては、PA関係の末端に位置付く代理人として、教師間の競争のための能力給と能力評価制度が採用されるという[17]。

　実際に、例えば、上掲の中央教育審議会「新しい時代の義務教育を創造する（答申）」において主張されていた「義務教育の構造改革」は、このよう

---

14) 世取山洋介「新自由主義教育政策を基礎づける理論の展開とその全体像」佐貫浩・世取山洋介編『新自由主義教育改革：その理論・実態と対抗軸』（大月書店、2008年）36頁、42-44頁。

15) 世取山・前掲注14)44-45頁。

16) 世取山・前掲注14)45頁。

17) 世取山・前掲注14)46頁。

なPA型の教育統制の仕組みを提示するものであったと評価できる。こうした考え方を徹底すれば、教育内容の面においては、例えば、国には、学習指導要領の実施状況を検証するために全国的な学力テストを企画し、その結果を分析する役割を割り振り、地方公共団体には、学習指導要領の実施を徹底するために、学校評価や教員の人事評価などの仕組みを通じて、各学校に学力テストの結果の向上を目指して学校運営の改革を促す競争的環境を整備する役割を割り振るという役割分担の構想が浮かんでくることになろう。

さらに、教育条件整備の面においても、地方分権の名の下に、①国は、全国的な条件整備基準を法定したとしても、地方公共団体によるその弾力的な運用を許容するようにし、②地方公共団体は全国的な基準を参酌して「下出し」も含む形で条例によって独自の条件整備基準を設定することが認められ、③教育財政負担についても、学校設置者たる地方公共団体の責任が強調され、国庫負担割合の見直しや一般財源化により地方公共団体の裁量を拡大するという制度構想に結び付くことになると思われる。

4. 制度改革の展開状況

(1)　**実践上の課題**　　新自由主義的な方向で改革が進められる場合には、前記のように、教育内容の面での国による統制が無限定に強められることに加え、教育条件整備の面でもナショナル・ミニマム・スタンダードが緩められ、地方公共団体は、人材育成などの観点から国が設定した目標を追求するように、財政的な政策誘導などを通じて、地方公共団体間での競争的環境に投げ込まれることにもなりやすい。

現実には、こうした方向で改革が進められようとする蓋然性が高いが、それは、子どもの教育的必要充足の原理とは矛盾する方向性であると言わざるをえない。したがって、こうした危険性を踏まえ、その運用のあり方を批判的に分析し、国及び地方公共団体に対して、教育的必要充足の原理に基づく教育条件整備の推進を求めることが実践上の課題となる。そこで本章の最後に、近年の制度改革の展開状況について概観する。

(2)　**PA型の制度改革の状況**　　まずは、PA型の教育統制がどの程度進められているのかについて分析を試みる。国と地方公共団体との関係について

は、すでに学習指導要領が、行政解釈においては法的拘束力を有するものとされ、全国的な「教育内容標準」として機能させられている。地方公共団体が「教育内容標準」をどの程度達成したのかについては、2007年から全国学力・学習状況調査（以下、全国学力テスト）が悉皆調査方式で実施されている（「教育内容標準」の「達成度の評価」）。全国学力テストは、一時、部分的な調査になったが、2014年からは再び悉皆調査方式となっている。地方公共団体間の「競争的環境の創設」や「評価に基づく賞罰の提供」としては、国の補助金などの財政制度が場合によっては利用される可能性がある。

　また、地方公共団体と学校との関係については、2007年の学校教育法の改正によって法律上の位置付けを与えられた学校の自己評価制度が重要である（42条等）。これは各学校に目標を定めさせ、その目標の達成のために、いわゆるPDCAサイクルによる学校運営の改善を求めるものとして運用されている。

　さらに、学校内の校長と教員の関係については、2007年の学校教育法の改正によって新しい職として「副校長」、「主幹教諭」、「指導教諭」（37条2項等）が設けられ、学校の階層性が一層強められた上に、2014年の地方公務員法の改正によって人事評価制度が導入された（23条以下）。この人事評価は、能力評価と業績評価からなるものであり（同法6条）、公立学校教員の場合には、これが各学校の目標の達成と関連付けられて実施されることも想定されている[18]。人事評価の結果は、任用、給与、分限などの人事管理に活用されるものとされ（23条2項）、任命権者は人事評価の結果に応じた措置を講じることを義務付けられている（23条の3）。

　これらの仕組みが活用される場合には、「〈中央教育行政－地方教育行政－学校組織－教師〉」の各々がPA関係で結ばれることになる。PA型の教育統制が可能となる下地がかなりの程度に整えられつつあると評価できる。

(3)　教育条件に関わる制度改革の展開状況　　次に教育条件に関わる制度改革の展開状況を分析すると、第一に、学校体系整備義務については、日本

---

[18]　髙橋哲「行政改革としての教員評価＝人事評価制度：日米比較からみる教員評価政策の日本的特質」日本教育行政学会年報41号37頁（教育開発研究所、2015年）45-48頁。

では戦後教育改革において６・３・３・４制の単線型学校体系が整備されたが、それが近年において複線化の方向に向かっていることを確認できる。学校体系の複線化は、1990年代前半までは「高等教育（中等後教育）段階に限定され、それ以前の段階は高校の種別化にとどまった」[19]とされる。しかし、90年代後半以降には、義務教育段階においても、形式的には単線型が維持されつつも、実質的には複線化に進む制度改革の展開が見られるようになった。

　時系列的には、1998年に中高一貫教育制度が導入された。新たな学校種として中等教育学校（学校教育法63条以下）が設けられ、他に一貫教育のための教育課程上の特例を認める制度として、併設型中学校・併設型高等学校（同法71条）と連携型中学校（学校教育法施行規則75条以下）・連携型高等学校（同87条）の設置も認められるようになった。2002年の構造改革特別区域法に基づく事業として、特定の地方自治体に対して教育課程の特例が認められるようになり、小中一貫教育を行う学校や英語教育に特化した学校などの教育課程特例校と不登校の子どもを対象に教育課程の特例を認める不登校特例校が設けられるようになった。その後、これらの学校は全国的に設置可能なものとされるようになり、2005年には不登校特例校制度（学校教育法施行規則56条等）が、2008年には教育課程特例校制度（同規則55条の２等）が整えられた。また、小中一貫教育に関しても、2015年の学校教育法の改正で義務教育学校（49条の２以下）が新たな学校種として設けられ、2016年の同法施行規則の改正で中学校連携型小学校（学校教育法施行規則52条の２以下）・小学校連携型中学校（同74条の２以下）、中学校併設型小学校（同79条の９以下）・小学校併設型中学校（同79条の９以下）の設置が認められるようになった[20]。その他に関連する立法としては、2016年に義務教育の段階における普通教育に相当する教育の機会の確保等に関する法律が制定され、不登校の子どもの学校外の学習の意義が公認された。

　第二に、基準設定義務については、戦後一貫して、教育条件整備基準立法の制定は極めて不十分なものにとどまってきた。それでも、わずかに公立義

19）谷口聡「『学校体系の複線化』政策の現代的特徴と課題」日本教育法学会年報45号64頁（有斐閣、2016年）67頁。
20）谷口・前掲注19)68-70頁。

務教育諸学校の学級編制及び教職員定数の標準に関する法律（以下、義務教育標準法）の下において、学級定員と教員定数については法定され、その法定の基準が義務教育費国庫負担法と組み合わされることによって、教員給与の部分においては、国及び地方公共団体の財政支出を教育条件整備基準立法によってコントロールする仕組みが確立されていた[21]。しかし、2000年代以降、この仕組みさえ掘り崩されかねない政策の展開が見られるようになっている（第9章を参照）。

　第三に、設置・運営義務については、学校統廃合政策の動向に注視すべきである。学校統廃合は、1950年代以降、行政効率性・経済効率性の観点から行われてきた。特に2000年代以降には、規制緩和の流れの中で、義務教育段階において通学区域の弾力的運用が認められるようになったことから、学校統廃合は、地方公共団体レベルにおいて採用された学校選択制の運用を通じて推進された[22]。しかし、この流れも2008年くらいにはとどめられることになり、代わって2000年代後半以降は、上記の施設一体型の小中一貫校の導入が進められ、それが実質的に統廃合に結びついていると言われる[23]。

　また、設置・運営義務に関連しては、2000年代以降、特区制度を利用し、学校法人の設立要件の緩和や教育課程の特例を認めること（のちに全国展開）、さらに、株式会社やNPO法人による学校設立を特例的に認めることを通じて、学校の民営化を促進する施策が進められたが、その展開は限定的なものにとどまったと評価されている[24]。

　なお、小中学校の設置基準の全国レベルの法制化については長らく学校教育法施行規則に定められていた設備編制の基本的事項のみであったが、2002年にはじめて学校教育法3条に基づき小学校設置基準（平14文部科学省令14

21）世取山洋介「教育条件整備基準立法なき教育財政移転法制：成立、展開、そして、縮小と再編」世取山・福祉国家構想研究編・前掲注4）30頁、59-66頁。
22）山本由美「学校設置基準と学校統廃合の教育財政学的検討」世取山・福祉国家構想研究編・前掲注4）188-197頁。
23）山本由美「学校統廃合と学校選択」日本教育法学会編『教育法の現代的争点』（法律文化社、2014年）104頁、107頁。
24）谷口聡「教育の多様性と機会均等の政策論的検討：教育機会確保法案の分析を通じて」教育制度研究23号2頁（東信堂、2016年）9-12頁。

号）と中学校設置基準（平14文部科学省令15号）が定められた。しかし、文部科学省の説明によれば、「私立学校を含め多様な学校の設置を促進する観点から、設置基準を小学校等を設置するのに必要な最低の基準として明確化するとともに、地域の実態に応じた適切な対応が可能となるよう、弾力的、大綱的に規定することを基本方針として」[25]定められたものであった。そのため、「むしろ基準の低さが目立つものとなった」[26]と評価されている。

　以上のように、教育基本法の改正時から危惧されていた新自由主義的な制度改革がかなりの程度に進められている。しかし、「不当な支配」の禁止の堅持や6・3・3・4制の学校体系、義務教育標準法と国庫負担制度の組み合わせなど旧教育基本法の下で構築されてきた制度の中核は未だ完全に取り去られてしまってはいない。子どもの教育的必要充足の原理に則った制度の構築を目指す立場からは、これらの旧教育基本法下の制度を足がかりに、教育条件整備法制を再構築する試みが求められている[27]。

---

25)　文部科学事務次官「小学校設置基準及び中学校設置基準の制定等について（通知）」13文科初第1157号（2002年3月29日）。
26)　山本・前掲注22)198頁。
27)　中川律「新自由主義・教育・法律学」法の科学51号39頁（日本評論社、2020年）48頁。

第9章

教育財政の制度論

1. 教育財政をめぐる問題の状況

(1) **教育財政措置義務**　　憲法26条は、個人の学習権の保障のために、国家に対して、教育の外的条件を整備する義務を課すものであり、その一環として、教育の外的条件整備に必要とされる財政上の措置を講ずべき義務をも課すものと解される。とりわけ、第8章で見たように、憲法26条が、あらゆる子どもに、教育的必要充足の原理に則ってナショナル・ミニマム・スタンダードの確保された教育の機会を実質的に保障することを求めるものであることを考えると、こうした要請に応える仕組みを備えた教育財政制度が整備される必要がある。教育基本法は、16条4項において、「国及び地方公共団体は、教育が円滑かつ継続的に実施されるよう、必要な財政上の措置を講じなければならない」と定めるものであるが、これも、ここで述べた憲法上の国家の教育財政措置義務を確認するものと解される。

それゆえ、教育法学においては、国家が教育財政措置義務を十全に果たすためには、どのような財政制度の仕組みが整えられるべきなのか、さらに国と地方公共団体は、各々どのような仕組みの中で財政措置義務を果たしていくべきなのかについて議論が重ねられてきた。

(2) **新自由主義的な教育投資論**　　これに対して、新自由主義的な教育改革においては、教育政策も、経済政策の一環として、急速な技術革新が進行する知識基盤社会の需要に適合的な知識や技術、能力を備えた人的資本たる人材の育成という観点から構想される。そして、教育制度は、その中で活動するあらゆる主体（地方自治体、学校、教師、子ども）の間の競争を組織するものへと再編されることを狙われる[1]。それゆえ、教育財政も、将来の経済

---

[1] 中川律「新自由主義・教育・法律学」法の科学51号39頁（日本評論社、2020年）42-44頁；世取山洋介「教育法学の境界：新自由主義教育改革の新段階の下での再定位」日本教育法学会年報50号23頁（有斐閣、2021年）29-35頁。

成長へと結びつく人材育成への投資であるとされ、教育制度の競争的秩序への再編を促進し、その秩序を維持するために、予算投入の優先順位付けや重点化を行うべきものであると観念される。こうした教育投資論においては、子どもの教育的必要の充足は考慮の外に置かれることになろう。

　また、教育投資論は、新自由主義的な国と地方公共団体との役割分担論と結びつく（第8章を参照）。そこでは、教育条件整備面においては、地方分権の一層の推進の名の下に、国が全国統一的に設定する教育条件整備基準の縛りが緩められ、地方公共団体には、公教育の実施者として一層の裁量が認められるようになり、それに見合った財政負担の責任の強化が狙われることになる。仮に、こうした改革が進められれば、公教育のナショナル・ミニマム・スタンダードの確保は、財政面でも困難に直面することになるであろう。

　教育投資論は、2006年の教育基本法改正の方向性を示した中央教育審議会「新しい時代にふさわしい教育基本法と教育振興基本計画の在り方について（答申）」（2003年3月20日）における教育財政に関する考え方の基調をなしていたものであり、また、近年においても政府側の政策文書において前面に押し出されているものである[2]。

　しかし、日本国憲法の下においては、教育制度は、個人の学習権の保障に資するように教育的必要充足の原理によって正当化されるべきものであり、そのような制度のあり方と矛盾しない限りにおいて経済成長という社会全体の利益の促進も許されるに過ぎない（第6章を参照）。教育投資論は、子どもの教育的必要の充足よりも、経済成長に資する人材育成を優先する考え方であり、そうである以上は教育財政の仕組みの構築を嚮導する原理とはなりえないと考えねばならない。

2.　公教育費の公的負担化の原則

　(1)　**公教育費と私教育費の区別**　　憲法26条の下における国家の教育財政措置義務については、学校教育、社会教育、家庭教育などのそれぞれの性格

---

[2]　例えば、参照、教育再生実行会議「教育立国実現のための教育投資・教育財源の在り方について（第八次提言）」（2015年7月8日）。

に応じて、その強度が異なるものと考えられる。学校教育や社会教育という公教育は、「現代国家が国民の教育をうける権利を積極的に保障していくために原理的に条件整備義務を負う教育」[3]として実施されるものであるから、優先的に教育条件整備とその一環たる財政措置が講じられるべきものである。公教育については「公教育費の公的負担化の原則」に基づき、その費用は、「原理的に、できるだけ公費負担されていくべきである」[4]。これに対して、私教育に分類される家庭教育については、国と地方公共団体の条件整備義務と財政措置義務は相対的には弱いものと解される。

(2)　**公教育段階に応じた財政措置義務の程度**　また、公教育段階に応じても財政措置義務の強度は異なるものと解される。憲法26条 2 項後段の義務教育無償の原理が、「国民の教育をうける権利に対応する国の教育条件整備が『普通教育』について最も強いものとなったのにほかならない」[5]とすれば、義務教育については財政措置義務が国と地方公共団体に最も強く課されていると解される。現状においては、義務教育については、全国的には、国公立学校の授業料の不徴収（教育基本法 5 条 4 項）と教科書の無償給付（義務教育諸学校の教科用図書の無償に関する法律 1 条 1 項）にとどまるが、その他の学習費等についても私費負担の解消を図るべきある。

さらに、中等教育段階と高等教育段階を比べれば、前者についてより強い財政措置義務が国家に課せられていると考えられる。日本においては、後期中等教育段階の学校における教育については、高等学校などへの進学率が100パーセントに近いことを考えると、義務教育に準じた強い財政措置義務が国家に課せられていると考えるべきであろう。

また、教育段階に応じて、国家の教育条件整備義務及び財政措置義務の強度が異なると解することは、国際人権法上の要請とも合致するものである[6]。

3 ）兼子仁『教育法〔新版〕』（有斐閣、1978年）235頁。
4 ）兼子・前掲注 3 ）240頁。
5 ）兼子・前掲注 3 ）237頁。
6 ）経済的、社会的及び文化的権利に関する国際規約〔Ａ規約〕13条；児童の権利に関する条約28条。*See* CESCR（Committee on the Economic, Social and Cultural Rights）, General Comment No.13: The Right to Education（Art.13）, E/C.12/1999/10, para. 48.

3. 法定の教育条件整備基準による財政措置の統制

(1)　**法定の条件整備基準による統制の意義**　教育法学においては、教育的必要充足の原理に方向付けられた教育財政制度のあり方として、法定の教育条件整備基準によって、国家の財政措置が統制されるという仕組みが必要であると言われてきた。第8章で見たとおり、国家は、「学校制度整備義務」[7]を果たす上において、まず子どもの教育的必要充足の原理に基づき、ナショナル・ミニマム・スタンダードが確保されるように、教育条件整備基準を法定する必要がある。そして、国家は、法定の教育条件整備基準を遵守した学校制度の整備・維持・運営が可能になるにように、それに必要な財政上の措置を講じることをも義務付けられている。そうすると、国家の財政措置義務は、法定の教育条件整備基準が財政上の措置の基準を規定するようにする仕組みを通じてこそ十分に果たされうるということになる。

　こうした理解に基づき、学説上は、例えば、学校教育法3条で想定されていた小・中学校設置基準が近年に至るまで長く法定されず、義務教育諸学校施設設備国庫負担法の下で財政基準のみが定められていたことが長く問題視されてきた。そのように財政基準が単独で設定され、その財政基準が逆に教育条件整備の事実上の規定要因となるような事態は避けられなければならないと主張されてきたのである[8]。財政基準が単独で設定される場合には、その基準は、子どもの教育的必要の充足によっては規定されず、国や地方公共団体の財政状況などの様々な要因の妥協の産物として設定されることになり、財政上の制約や経済政策の一環としての有効性の評価が事実上教育条件を決める主たる要因になってしまうのである[9]。

(2)　**教育条件整備基準を規定する原理**　こうした理解によれば、国家が

7）世取山洋介「教育という現物給付」世取山洋介・福祉国家構想研究会編『公教育の無償性を実現する：教育財政法の再構築』（大月書店、2012年）1頁、4頁。

8）兼子仁「教育条件基準立法案をめぐる法制的前提問題の検討」兼子仁・市川須美子編『日本の自由教育法学』（学陽書房、1998年）257頁、261頁。

9）小川正人『戦後日本教育財政制度の研究』（九州大学出版会、1991年）277頁；世取山・前掲注7）19-22頁；宮澤孝子「学校基準法案と学校財政法案要綱案の現代的意義」教育870号36頁（旬報社、2018年）40-42頁。

教育財政措置義務を果たす上で設定することを求められる財政基準は、教育的必要充足の原理によって規定された教育条件整備基準に準拠したものでなければならない。これに対して、教育条件整備基準を法定する必要性を認めながらも、その水準については、教育的必要充足の原理によってではなく、「妥当な水準」という原理によって規定されるべきであると主張されることがある[10]。この「妥当な水準」とは、「教育的必要と財政的制限とを調整した水準」[11]の意味であるとされる[12]。

　この論者は、教育的必要充足の原理の内容が不明確であると論難するが、その強調点は、教育的必要の充足も財政的制約の範囲内でしかありえないというところにあるようである[13]。しかし、はじめから財政的制約を想定して、それによって教育的必要を充たさない水準を許容するというのでは、財政措置を統制するために、財政基準とは独立に教育条件整備基準を法定することの意義が失われてしまう。あくまで教育条件整備基準は教育的必要充足の原理に基づき設定されるべきものとし、仮に財政的制約のために、その基準を「即時的に実現できない場合には、実現すべき期間と期間中に到達すべき水準を明記し、学校設置者当局をそれに従わせる」[14]という仕組みによって対処する方策が選択されるべきである。

　(3)　**財政上の制約と財政措置義務の関係**　　ただ、現実には、例えば、教育条件整備基準が「妥当な水準」の原理によって設定される場合や、そもそも財政基準とは独立した教育条件整備基準が法定されていない場合には、財政的制約などを理由に、子どもの教育的必要の充足に必要な財政措置がなされない可能性がある。

　この点で参照に値するのが、国際人権法上、経済的、社会的、文化的権利

10)　井深雄二『現代日本教育費政策史：戦後における義務教育費国庫負担政策の展開』（勁草書房、2020年）1276頁。

11)　井深・前掲注10)1276頁。

12)　これは義務教育費国庫負担法1条において義務教育の「妥当な規模と内容」を保障するとされているところから採られたものであると思われる。参照、世取山洋介「教育条件整備基準立法なき教育財政移転法制：成立、展開、そして、縮小と再編」世取山・福祉国家構想研究会編・前掲注7）30頁、62-63頁。

13)　井深・前掲注10)1282頁注10。

14)　世取山・前掲注7）21頁。

の実現のために国家に課される一般的義務に関する考え方である。そこにおいて、国家は、立法その他の適当な方法によって、これらの権利の完全な実現を「漸進的に」達成するために、「利用可能な手段を最大限に用いることにより」、行動をとる義務を負うものとされる（経済的、社会的及び文化的権利に関する国際規約〔A規約〕2条1項；児童の権利に関する条約4条[15]）。この漸進的達成義務とは、条約上の諸権利の完全な実現には現実的な困難がありうることを反映し、条約上の国家の義務に柔軟性を認める一方で、国家に対して権利の完全な実現という目標に向けて可能な限り迅速かつ効果的に行動をとる義務を課すものである[16]。国家が、「利用可能な手段を最大限に用いることにより」、行動をとるとは、国家が権利を「充足するために予算上の資源を動員し、配分し、支出するあらゆる努力をしていることを証明することを期待される」[17]ということを意味する。

　こうした国際人権法上の国家の義務も踏まえれば、国家は、財政上の制約などを理由に、教育的必要充足の原理に基づいた財政措置を実現できないという場合には、少なくとも、その漸進的実現に向けて行動計画を作成するなどの行動をとり、また、そのための予算確保に向けてあらゆる努力をしていることを示すことを求められると考えるべきである。

4. 財政移転法制の仕組み

(1)　**財政移転法制の必要性**　日本においては、戦後教育改革以来、教育の地方自治が重要な制度原理とされ、建前としては、公立学校については、その設置者たる地方公共団体が管理し、財政を負担する原則が採用された（設置者管理・負担主義〔学校教育法5条〕）。しかし、各地方公共団体の歳入の多寡やそれらの間の財政力の格差にかかわらず、子どもの教育的必要を充足

---

15)　児童の権利に関する条約4条には「漸進的」達成義務は文言上明記されていないが、その趣旨を含むものと解されている。*See* CRC (Committee on the Rights of the Child), General Comment No.19 on public budgeting for the realization of children's rights (art. 4), CRC/C/GC/19 (2016), para. 29.

16)　*See* CESCR, General Comment No.3: The Nature of States Parties' Obligation (Art.2, Para. 1, of the Covenant), E/1991/23 (1991), para. 9.

17)　CRC, *supra* note 15, para. 30.

する公立学校の最低限の教育条件を整備するのに必要な多額の財政措置を可能にするためには、国による教育条件整備の最低限の基準（教育条件整備基準）の法定と、その基準の充足を財政的に可能にする国による財政負担の仕組み（国から地方公共団体への財政移転法制）を整備することが求められる[18]。

　もっとも、こうした大枠の仕組みの必要性については学説上一致が見られるが、地方公共団体に対する法定の教育条件整備基準の拘束力と、財政移転法制のあり方については見解の対立が見られる[19]。

(2)　**指導助言的基準説と教育一括交付金方式説**　　従来においては、教育財政の分野においても地方自治の原理を重視すべきとする見地から、法定の教育条件整備基準については最低基準としてのみ法的拘束力を有し、地方公共団体による「上出し」「横出し」は認められるとする見解にとどまらず[20]、その内容によっては指導助言的な基準としてのみ意義を有し、地方公共団体に対する拘束力を否定するかのような見解も有力に主張されてきた[21]。

　さらに、財政移転法制についても教育分野に特化した一括の交付金を地方公共団体に一般財源として措置する方式が有力に主張されてきた[22]。

(3)　**教育の地方自治の現代化の主張**　　しかし、近年においては、こうした形での教育財政に関する地方自治のあり方を古典的なものと性格付け、教育的必要充足の原理に基づいて教育条件のナショナル・ミニマム・スタンダードを確保するためには、現代的な教育の地方自治のあり方が追求されねばならないと主張する学説が現れている[23]。この説では、法定の教育条件整備基準について、地方公共団体が学校を設置・運営する際に拘束力を発揮し、かつ、国から地方公共団体に移転される財政量を規定するものとして国の財

---

18)　兼子・前掲注8)264-267頁；世取山・前掲注7)19-22頁。

19)　本節の以下の記述については、世取山・前掲注7)19-22頁及び世取山洋介「教育財政の地方分権化」日本教育法学会編『教育法の現代的争点』（法律文化社、2014年）246頁、246-249頁を参照した。

20)　小川・前掲注9)280頁；兼子・前掲注8)261-262頁。

21)　内沢達「教育条件基準と教育財政制度・改革試論」教育条件法制研究5号1頁（日本教育法学会教育条件整備法制研究特別委員会、1984年）12頁。

22)　内沢・前掲注21)11-12頁；小川・前掲注9)296頁；兼子・前掲注8)266頁；井深・前掲注10)1284頁注13。

23)　世取山・前掲注19)247頁。

政当局の裁量を統制する機能を果たさせることが必要であると言われる。

　また、その財政移転の方式についても、国庫負担制度を通じて、最低基準たる法定の教育条件整備基準を充たすのに必要な財政量の最低二分の一を国庫負担とし、地方公共団体には、その最低基準を充たす水準の財政量の支出を義務付けるものでなければならないという（また、地方公共団体の負担分についても、地方交付税制度などの財政調整制度を通じて、財政力に応じた国からの一般財源としての財政移転を予定するものと思われる）。そして、現代的な意味における教育の地方自治は、地方公共団体が法定の教育条件整備基準を超える水準での教育条件整備の「上出し」を行う場面で発揮されることになる[24]。

　この説によれば、国の財政当局や地方公共団体の首長部局・議会においては、教育財政措置を抑制し、あるいは経済成長に有意な人材育成などの社会全体の利益に資する限りで財政措置を許容する方向に政治的な力が強く働くことになるという。このことを直視すれば、法定の教育条件整備基準に従った学校の設置・運営を実現するためには、上記のような、中央政府や地方政府の内部における財政的な裁量を統制する仕組みがなければならない[25]。近年の新自由主義的な改革動向においては、地方分権の名の下に、教育財政の面でも、地方公共団体に対して、全国的な教育条件整備基準の拘束力を緩和し、使途に限定のない一般財源としての財政移転を進めることで、各地方公共団体の裁量を拡大し、それらの間の競争を組織することが狙われている[26]。こうした改革が進展すれば、教育条件のナショナル・ミニマム・スタンダードの確保は困難になるであろうが、従来の有力説は、図らずも近年の改革動向の流れに棹差すことになってしまう可能性が高い。この点を考慮すれば、近年の現代的な教育の地方自治を構想する説が提示する仕組みの実現に向けて、教育財政制度の構築と運用は方向付けられるべきであろう。

　⑷　**全額国庫負担説**　　なお、近年においては、全国的な最低基準を充足

---

24) 世取山・前掲注7）19-22頁；世取山洋介・高橋卓矢・岩井桃子「公教育の無性性を実現する新しい法制の骨格」世取山・福祉国家構想研究会編・前掲注7）477頁、480-481頁。

25) 世取山・前掲注7）19-22頁。

26) 例えば、務台俊介「半世紀を経て繰り返される義務教育財源論」自治研究80巻10号80頁（第一法規、2004年）98頁を参照。

する教育条件の整備に必要な財政措置については、全額国庫負担とすべきことを主張する見解もある[27]。しかし、この見解は、設置者管理・負担主義を建前としても否定し、教育の地方自治の原理と正面から矛盾するものである。また、こうした全額国庫負担の主張は、教育を国の事務として観念し直すことに通じやすく、教育内容面を含めた国家統制の強化を招き入れてしまう危険に対する警戒感を欠くものと言わざるをえない。例えば、2006年の教育基本法改正案の国会審議における政府側の答弁に、この危険が現れていたことを想起すべきである[28]。

5.　教育財政法制の展開

(1)　**義務教育標準法と義務教育費国庫負担法**　　以上のような制度論を前提に、以下では、現実にはどのような教育財政法制の展開が見られるのかについて、義務教育段階を中心に概観したい。戦後一貫して、教育条件整備基準の法定は極めて不十分であったが、それでも公立義務教育諸学校の学級編制及び教職員定数の標準に関する法律（以下、義務教育標準法）の下において、教育条件整備の根幹をなす学級定員と教員定数については法定されてきた。

　そして、この法定の基準が義務教育費国庫負担法と組み合わされることによって、学級規模と教員配置の点において教育条件のナショナル・ミニマム・スタンダードの確保が図られ、教員給与の部分における国及び地方公共団体の教育財政支出を教育条件整備基準立法によってコントロールする仕組

---

27) 小川正人「義務教育費国庫負担金改革の争点と分権型教育行財政システムの構想」日本教育政策学会年報13号 8 頁（八千代出版、2006年）22頁。

28) 例えば、当時の伊吹文明文部科学大臣は、国が財政措置に最終責任をもつべきではないかという質問に対して、「教育のある程度の権限を地方に渡しているから、権限のあるところにやはり財源の分担が生じてくるわけでして、英国のようにしてもよろしいというお考えなら、みんなが合意してそういうふうにしたらいいと私は思いますが、財源的に。その代わり、英国の義務教育は国家統制の下に実質的に行われているということも御存じですね。／ですから、財源は地方に渡すけれども、国は何も教育についての責任は持っちゃいかぬというのは、これは先生、やっぱりフランスだとか英国の場合は財源を持っているものが教育権を直接執行しているわけですから、教育権は地方に渡すけれども国は財源を持てというのは、ちょっと私は国家論からいってやや都合がいいというか、乱暴過ぎるお話だと思いますね。」と答弁していた（2006年12月 5 日第165回国会〔参〕教育基本法に関する特別委員会議録 8 号35頁）。

みが確立されていた[29]。

(2)　**教育条件整備基準の拘束力の緩和**　しかし、2000年代以降、この仕組みさえ掘り崩されかねない政策展開が見られるようになった。まず、2004年には、国立大学法人法の施行に伴い教育公務員特例法の一部が改正され、公立学校教員給与の決定について、国立学校準拠制に代わって都道府県の条例によるものとされた（教員給与の条例事項化〔教育公務員特例法13条〕）[30]。

同年には、都道府県の教育委員会に、義務教育費国庫負担金の総額の範囲内で教員の給与額や教員配置を決定する裁量を認める総額裁量制も導入された[31]。また、いわゆる地域主権改革における「義務付け・枠付け」の見直しとして、2011年の義務教育標準法の改正によって、都道府県の教育委員会が定める学級編制の「基準」（3条2項・3項）が「標準としての基準」であるとされ（4条1項）、学校を設置する市町村の教育委員会は、その「標準としての基準」を下回る人数でも上回る人数でも学級を編制する裁量を認められたことで、学級編制が弾力化されることになった[32]。これらの改革を通じて、義務教育標準法の定める教育条件整備基準のナショナル・ミニマム・スタンダードとしての性格が緩められる結果になった。これらは、子どもの教育的必要を充足する学校制度の整備という観点からは肯定的に評価できるものではないであろう。

(3)　**地方公共団体の一般財源化**　さらに、財政負担における国と地方公共団体の分担のあり方については、国庫負担割合の縮減や国庫補助金の廃止に伴い、地方公共団体の一般財源化が進行している。すでに1980年代後半には義務教育費国庫負担制度の対象から、旅費・教材費等が除外されていたが、2003年と2004年には公務災害費、退職手当等が除外された。さらに、2006年には、いわゆる三位一体改革において、義務教育費の国庫負担割合が二分の一から三分の一に引き下げられた[33]。

---

29)　参照、世取山・前掲注**12**)59-66頁。
30)　参照、髙橋哲「教員給与の法的仕組みと問題」世取山・福祉国家構想研究会編・前掲注**7**)236頁、243-246頁、256-260頁。
31)　参照、山崎洋介・ゆとりある教育を求め全国の教育条件を調べる会『いま学校に必要なのは人と予算：少人数学級を考える』(新日本出版社、2017年) 52-54頁。
32)　参照、山崎・ゆとりある教育を求め全国の教育条件を調べる会・前掲注**31**)74-75頁。

⑷　**35人学級の実現**　こうした中で最近の動向として注目すべきなのが、学級編制標準（義務教育標準法3条2項）の人数の引き下げである。学級編制標準は、都道府県の教育委員会が学級編制の「基準」を定める際の上限の人数を定めるものであり、少人数学級の実現のためにその引き下げが求められていたが、その一律の引き下げについては長く実現していなかった。ところが、今般のコロナウィルス感染症の拡大の状況下において、その対策として少人数学級の有効性が意識されるようになり、2021年に義務教育標準法が改正された。これによって、小学校の学級編制標準は一律に35人に引き下げられた。学級編制標準の人数の引き下げは、学級規模の面において教育条件の向上に繋がるものであり、肯定的に評価できるものであろう。もっとも、これも義務教育標準法のナショナル・ミニマム・スタンダードとしての性格が緩められた状況におけるものであり、教員給与の引き下げや非正規教員の増加という教員の労働条件の低下と引き換えになされる可能性に注意せねばならないであろう。

⑸　**教育条件整備基準の法定なき教材費政策**　教育条件整備基準の法定によって国と地方公共団体の財政措置を統制する仕組みを整備する必要があるのは、そのような仕組みがなく、国と地方公共団体の行政府の裁量によって財政措置が講じられる場合には、常に財政当局からの財政抑制の圧力を受けることに加え、教育投資論のような経済成長に有意な人材育成などの国家・社会の利益を理由にした政策論によって教育条件整備のあり方が規定され、そこで実現する学校制度が子どもの教育的必要の充足に資するものではなくなってしまうからであった。

　こうした法定の教育条件整備基準の不存在の影響が典型的に現れてきたのが、教材費の領域である。教材費は、1985年に国庫負担制度の対象外とされて以降、原則的に地方公共団体の一般財源で負担すべきものとされ、国からの財政移転措置は、地方交付税の基準財政需要額に含まれる教材費と、特定の教材整備政策推進のための国庫補助金の支出の限りでなされるものとなっ

---

33) 参照、世取山・前掲注**12**)96頁、105-107頁。また、以上の改革が教育条件に実際にどのような影響を与えているのかについて、山崎・ゆとりある教育を求め全国の教育条件を調べる会・前掲注**31**)を参照。

た。こうした状況において、教材整備に係る財政移転措置は、学習指導要領
の改訂を契機にした教育内容統制の一環としてや、経済成長に必要な人材の
育成などの教育的必要充足の原理に基づくわけではない政策の実現に資する
ものとして認められる傾向が強まり、財政移転量も、その算定根拠が不明確
なまま、中央政府内部の予算折衝により決定されてきたという[34]。

　この傾向は、最近の政策においても顕著である。例えば、文部科学省は、
学習指導要領の改訂への対応を図る「教育のICT化に向けた環境整備5か年
計画（2018〜2022年度）」（地方交付税）や「GIGAスクール構想」（国庫補助金）
の下において、学内LANの整備や子ども一人一台の端末整備などを進めた。
こうした教材整備政策は、端的に「Society 5.0時代を担う人材投資」[35]とい
う経済政策の一環として進められてきたものである。子どもの教育的必要充
足の原理を等閑視するものと評価せざるをえない。

　以上のようなことからも、教育条件整備基準の法定を学級定員と教職員定
数の領域以外にも拡大し、そうした法定の教育条件整備基準と組み合わされ
る国から地方公共団体への財政移転法制を整備することが今後も重要な課題
となると言いうるであろう[36]。

34）福嶋尚子「教材整備に関する基準の展開と問題点」世取山・福祉国家構想研究会編・
　　前掲注 7 ）276頁。
35）閣議決定「安心と成長の未来を拓く総合経済対策」（2019年12月 5 日）。
36）その他、特に近年において、義務教育段階以外の各領域の財政上の措置としては、
　　いわゆる「無償化」の名の下に選別的な現金給付施策が導入されるようになっている。
　　その仕組みや問題点については、日本教育法学会編『コンメンタール教育基本法』（学
　　陽書房、2021年）における「4条1項」、「4条3項」、「5条4項」、「7条2項」、「8
　　条」、「18条」に関する各解説を参照してほしい。

第10章

教育の自由(1)
——教育権の所在論と教師の教育の自由

1. 国民の教育権説と国家の教育権説

(1) **教育内容の決定権限の所在**　第6章で述べたように、国家は、憲法上、一方で、子どもの教育を受ける権利を保障するため、積極的に教育制度を整備する権限を行使し、他方で、子どもの精神的自由との関係で教育内容への介入を抑制することを求められる。国家は、公教育について、憲法上の作為義務と不作為義務を同時に負わされるというジレンマに常に向き合わねばならない。日本においては、こうした公教育のジレンマをどのような法理によって調整すべきなのかという問題については、1950年代後半以降に国が公教育の内容や方法への介入を強め、その是非が裁判で争われるようになったことを契機に活発に議論されるようになった。そこでは、誰が初等中等教育段階の学校教育の内容を決定する権限を有するのかということが主たる論点となった。

(2) **国家の教育権説**　この論点について、教科書裁判などにおいて国側によって主張されてきたとされる考え方が、国家の教育権説である。同説によれば、議会制民主主義国家においては、国民の教育意思は国会の制定する法律及びそれに基づく行政機関の決定に反映され、さらに、初等中等教育段階においては、教育の機会均等や全国的な教育水準の維持・向上などのために国が教育内容を規制する必要性がある。それゆえに、教育内容の決定権限の所在は、国家にあるという。国家の教育権説は、法律やそれに基づく行政機関による教育内容への介入を広範囲に正当化することになる考え方である[1]。

---

1) こうした見解を採用したものとしてしばしば言及される裁判例が、第一次家永教科書検定事件一審判決（高津判決）（東京地判1974（昭49）・7・16判時 751号47頁）である。また、こうした見解を採用するものとして、相良惟一「教育権をどう考えるべきか」兼子仁編『法学文献選集8 法と教育』（学陽書房、1972年）117頁、117-123頁。

(3)　**国民の教育権説**　　これに対して、長く学会の通説たる地位を占めてきたのが、国民の教育権説である。同説においては、第6章で述べた教育の内的事項と外的事項の区別を前提に、国家は教育の外的な条件整備を担う義務を負い、そうした外的事項たる教育制度がどのようなものであるべきなのかについては、国家が議会制民主主義のルートを経て決定すべきであるとされる。しかし、教育の内的事項たる教育内容や方法については、多数決原理の支配する議会制民主主義のルートには馴染まないものとして、国民の文化的自治のルートに基づき編成されねばならないという。それゆえ、同説においては、教育の専門家たる教師や教師集団は、教育について国民に直接に責任を負う存在として、国家から独立に教育内容を決定するという意味において、憲法13条や23条、26条を条文上の根拠に教育の自由を認められねばならないと主張されてきた[2]。

2.　旭川学力テスト事件最高裁判決

(1)　**基本的な解釈態度**　　こうした説の対立状況について、最高裁は、旭川学力テスト事件判決[3]において、「いずれも極端かつ一方的であり、そのいずれをも全面的に採用することはできないと考える」と述べ、その独自の理解を示すことになった。

　最高裁は、子どもの教育は、「専ら子どもの利益のために行われるべきもの」であるが、子どもの教育の結果に利害と関心をもつ関係者同士の間で意見の対立が生じることは必然であることを考えると、「右の関係者らのそれぞれの主張のよつて立つ憲法上の根拠に照らして各主張の妥当すべき範囲を画するのが、最も合理的な解釈態度というべきである」との理解を示した。こうした基本的な解釈態度については肯定的に評価する論者が多い。

---

2 ）こうした見解を採用したものとしてしばしば言及される裁判例が、第二次家永教科書検定事件一審判決（杉本判決）（東京地判1970（昭45）・7・17判時597号3頁）である。また、こうした見解を採用するものとして、兼子仁『教育法〔新版〕』（有斐閣、1978年）213-217頁、273-299頁：堀尾輝久『現代教育の思想と構造』（岩波書店、1971年）199-202頁、339-343頁；成嶋隆「教育と憲法」樋口陽一編『講座　憲法学4　権利の保障(2)』（日本評論社、1994年）105頁、110-122頁を参照。

3 ）最大判1976（昭51）・5・21刑集30巻5号615頁。

(2)　**教育の自由と国の権限**　そして、これに続いて、最高裁は、親は主に家庭教育や学校選択の面で教育の自由を有するとし、さらに、私学教育における自由、教師の教育の自由も「それぞれ限られた一定の範囲においてこれを肯定するのが相当である」と認めたが、「それ以外の領域においては、一般に社会公共的な問題について国民全体の意思を組織的に決定、実現すべき立場にある国は、国政の一部として広く適切な教育政策を樹立、実施すべく、また、しうる者として、憲法上は、あるいは子ども自身の利益の擁護のため、あるいは子どもの成長に対する社会公共の利益と関心にこたえるため、必要かつ相当と認められる範囲において、教育内容についてもこれを決定する権能を有する」と判示した。

(3)　**国家の権限の射程**　この判示については、国家が学校教育の内容を決定する権限をかなり広範囲に認めたものという評価もある。しかし、一定の限られた範囲とは言え、学校教育の場面においても、私学教育における自由や教師の教育の自由が認められたことには注意すべきである。

　後述のとおり、これらの自由は、教育に多数決原理の支配する国政上の政治的影響が及ぶ危険を踏まえて、教育に対する「国家的介入についてはできるだけ抑制的であることが要請される」ことを実質的根拠とするものである。最高裁が、憲法上、国家による教育内容への介入に関してどの程度許容されるものと解しているのかについては、慎重に検討されねばならない。

　この点について、最高裁は、以上のような憲法論を前提に「不当な支配」の禁止条項（旧教育基本法10条1項、現16条1項）の解釈を通じて明らかにした。そこでは、第12章において詳しく見るように、実質的には、主に教師の教育の自由との関係を考慮して、国の権限を限定する見解を示している。

3.　教師の教育の自由

(1)　**教師の教育の自由の保障内容**　旭川学力テスト事件判決において、最高裁は、憲法23条について判断する過程において、大学教員の教授の自由よりも限定的であるとしつつも、初等中等教育段階の教師にも、教育の自由が認められると述べた（また、後述のとおり、最高裁は、憲法13条と26条も条文上の根拠となりうることを示唆している）。最高裁は、教師の教育の自由を限

定的に理解する理由としては、第一に、子どもには授業内容を批判する能力がないにもかかわらず、その子どもに対して、教師は強い影響力や支配力を有すること、第二に、子どもが学校や教師を選べないことを考えると、教育の機会均等の観点から全国的に一定の水準の教育を確保すべき強い要請があることを挙げていた。こうした理由が、上記のように、教育内容への国家の介入についても、「必要かつ相当と認められる範囲」で認められるという判断に結びついていると言いうる。

　それでは、ここで限定的ながらも認められるとされた教師の教育の自由とは、どのような保障内容のものなのであろうか。それは、次の二つの内容からなるものであった。第一に、最高裁は、憲法23条について判断した箇所において、「教師が公権力によつて特定の意見のみを教授することを強制されないという意味において」、教師には教育の自由が認められると述べ、別の箇所においては、「子どもが自由かつ独立の人格として成長することを妨げるような国家的介入、例えば、誤った知識や一方的な観念を子どもに植えつけるような内容の教育を施すことを強制するようなことは、憲法二六条、一三条の規定上からも許されない」とも述べた。教師は、憲法上、一方的な観念の教授など子どもの独立した人格としての成長を妨げるような内容や方法の教育の実施を拒否する権限を保障されるというのである（以下、この保障内容のことを「一方的な観念の教授強制の禁止」と呼ぶ）。

　第二に、最高裁は、憲法23条について判断した場面で、「子どもの教育が教師と子どもとの間の直接の人格的接触を通じ、その個性に応じて行われなければならないという本質的要請に照らし、教授の具体的内容及び方法につきある程度自由な裁量が認められなければならないという意味においては、」教師には教育の自由が保障されていると述べた。教師は、憲法上、教育の具体的な内容や方法を自律的に決定する独立した裁量を保障されるというのである（以下、この保障内容のことを「教師の教育的裁量」と呼ぶ）。

　「教師の教育的裁量」がどの程度の射程を有するのかについては、第12章において詳しく見るように、教育内容への国家の介入権限の射程と表裏の関係にある問題として考えるべきである。

(2)　**教師の教育の自由の特殊性**　　教師の教育の自由が、こうした保障内

容のものだとすると、それは憲法上の自由としてはかなり特殊な性格のものである。というのも、それは、憲法上、教師は、「その職務である教育を実行する場合、一般公務員法制、または一般労働法制において原則となる、給与を受給する代わりに、それを支払う行政または雇用者の命令に従って労働を提供するという原則から部分的に解放され、職務である教育についてその裁量に基づいてその内容および実行方法を決定する」[4]自由を保障されねばならないとするものだからである。

　例えば、公立学校の教師に当てはめれば、その職が公立学校制度を構築する法律の裏付けがあってはじめて存在する地位であるにもかかわらず、教師の教育の自由は、その教師が、憲法上、あらかじめ行政組織の内部で、一般の公務員とは異なり、教育行政や校長の指揮命令に服さず、教育内容・方法を自律的に決定する一定の独立した権限を配分されているとするものなのである。それは、行政組織内部における権限配分の問題を、憲法上の「自由」の問題として語ろうとする点で、表現の自由などの一般的な自由権とは異質な「『制度的』な『自由』」[5]とでも呼ぶべきものである。

　(3)　**教師の教育の自由の根拠**　　それでは、このような特殊な制度的自由は、どのような根拠で認められると考えるべきなのか。旭川学力テスト事件最高裁判決を手がかりにすれば、二つの根拠を挙げることができる。

　一つ目は、国家が教育内容に関与することに対する根本的な不信である。

4 ）世取山洋介「東京高等裁判所平成20年(ネ)第1430号損害賠償請求控訴事件（「君が代」嘱託再雇用拒否事件）に関する意見書」法政理論42巻1号115頁（新潟大学法学会、2009年）130頁。なお、この考え方は、公立学校の教師に限らず、私立学校の教師にも当てはまるものであるが、本章の以下においては、公立学校の教師を例に論述を進める。私立学校の教師についても、国や地方自治体、私立学校の設置管理者から独立に教育内容を自律的に決定する自由が保障されると考えるべきである（参照、兼子仁『教育権の理論』（勁草書房、1976年）188頁以下）。しかし、私立学校の自主性や親の教育の自由との関係を考慮すると、その教育の自由の射程は、公立学校の教師とまったく同一と考えることはできない。

5 ）奥平康弘「教育を受ける権利」芦部信喜編『憲法Ⅲ　人権(2)』（有斐閣、1981年）361頁、419頁。また、参照、石川健治『自由と特権の距離：カール・シュミット「制度体保障」論・再考［増補版］』（日本評論社、2007年）267頁注34、277頁；小島慎司「制度と人権」長谷部恭男編『講座　人権論の再定位3　人権の射程』（法律文化社、2010年）48頁、50-53頁。

　同判決において、最高裁は、「本来人間の内面的価値に関する文化的な営み」である教育に多数決原理に支えられた国政上の党派的な意思決定に基づく「政治的影響が深く入り込む危険」がある以上は、教育内容に対する「国家的介入についてはできるだけ抑制的であることが要請される」と述べていた。ここには、もし、国家が教育制度を通じて無制約に教育内容に介入し、可塑性の高い子どもの精神に干渉できるならば、憲法における精神的自由の保障も無意味であり、人格の完成という教育の目的も裏切られるという問題意識を読み取ることができる。国家は教育制度を整備・運営する権限を有するが、その権限行使の際には国家による教育内容への介入を限界付ける制度上の仕組みを用意することが、子どもの学習権を保障する憲法26条の規範的な要請である。そうした仕組みなくして、国家は教育制度の整備・運営に関する自らの権限行使を正当化しえない。

　上記のとおり、最高裁は、教師の教育の自由の保障内容として、「一方的な観念の教授強制の禁止」を挙げていたが、これは、こうした国家による教育内容への関与に対する根本的不信の端的な表れと解することができる。子どもの独立した人格としての成長を阻害する教化（indoctrination）は、国家の命令によろうとも、教師自身の判断によろうとも、子どもの精神的自由を侵害するものであり、国家による教育内容への介入の内在的限界を踏み越えるものである。最高裁は、こうした国家による教育内容への介入に対する防波堤となる制度上の仕組みとして、教師の教育の自由を認めたのである[6]。

　また、教師の教育の自由の保障内容として「教師の教育的裁量」が認められたことについても、こうした国家による教育内容への介入に対する根本的不信の反映として見ることができる。そもそも、教育活動は、一定の価値の伝達を想定したものであり、学校における特定の活動が上で述べたような教化に該当すると判断できるようなあからさまな場面はそれほどない。

　しかし、そのような教化とまでは言えないが、学校という閉じられた空間において、可塑性の高い子どもたちに国家にとって都合の良いメッセージ

6）参照、阪口正二郎「第26条【教育を受ける権利、教育を受けさせる義務】」長谷部恭男編『注釈日本国憲法(3)：国民の権利及び義務(2)・国会 §§25〜64』（有斐閣、2020年）21頁、43-44頁。

が系統的に伝達されていくことになる可能性は依然として存在し、国家はそのようなことを行う誘惑に駆られやすいという根本的な不信は残る。そうすると、そのような国家の論理では動かない、教育の論理を貫きうる存在こそが、国家による教育内容への介入に対する防波堤としてふさわしい。それが教師である。教師は、教育を自らの責務として引き受けた専門職であり、その職責にかけて教育の論理以外では行動しないことが期待される。そして、専門職は、その職権行使に際して、一定の範囲での自律性を保障されなければ、その職責を果たしえない[7]。そうである以上は、教師にも、教育内容・方法について自律的に決定するという意味での独立した裁量が認められなければならないのである[8]。

　さらに、「教師の教育的裁量」については、そのような専門職としての職権行使の独立性を保障された教師から教育を受けうることが、子どもにとっては自らの権利であるという理解によっても支えられていると考えることができる[9]。旭川学力テスト事件判決において、最高裁は、「教育が教師と子どもとの間の直接の人格的接触」を通じて行われなければならないという「本質的要請」にも、教師の職権行使の裁量の根拠を求めていた。子どもは、学習権の一内容として、教育の場において直接に接触する教師から、自己にとって適切な教育実践を受け取ることができる受容的かつ応答的な関係性を保障されなければならない。さもなければ、子どもは、いくら学校に通った

7）蟻川恒正「政府の言論の法理」駒村圭吾・鈴木秀美編『表現の自由Ⅰ』（尚学社、2011年）417頁、443頁。

8）参照、松田浩「学問の自由と教育を受ける権利」山内敏弘編『新現代憲法入門〔第2版〕』（法律文化社、2009年）179頁、188-189頁；駒村圭吾「国家・教師・生徒：国旗国歌起立斉唱事件『意見書』補遺」法学研究87巻2号47頁（慶應義塾大学法学研究会、2014年）74-79頁；中川律「国家の中立性概念の意味と意義：教育を中心に」憲法問題29号90頁（三省堂、2018年）96-100頁。また、樋口陽一が、教師の専門性への信頼を軸に「教師だからこその自由」を説くのも、同様の角度から教師の教育の自由を基礎付けようとする試みであると思われる（樋口陽一「価値問題を調整する智慧」法学セミナー687号4頁（日本評論社、2021年）5頁；樋口陽一・堀尾輝久「明日への思考：近代・自由・憲法・教育」堀尾輝久ほか『堀尾輝久対談集 自由な人間的主体を求めて』（本の泉社、2014年）49頁、63-74頁）。

9）世取山洋介「堀尾教育権論の"継承と発展"」人間と教育65号96頁（旬報社、2010年）104頁；横田光平『子ども法の基本構造』（信山社、2010年）588-593頁。

ところで自らの教育的必要を充足されたとは言いえない。そして、このような受容的かつ応答的な教育実践を担保するものこそが教職の専門性である。教師の教育内容・方法に関する独立した裁量の保障とは、そもそも教育を成り立たせる必要条件であるはずであり、こうした教育という事物の性質によっても教師の教育の自由は基礎付けられていると解されるのである（教師の教育の自由の実質的根拠やその保障の射程については、公教育の役割をどのようなものと理解するのかという問題とも連関する。第11章5を参照）[10]。

　なお、教師の教育の自由が以上の二つの根拠によって実質的に基礎付けられうると考えるのであれば、最高裁の判断内容からは離れることになるが、その条文上の根拠については、少なくとも憲法23条ではなく、憲法13条か26条に求めることが素直なように思われる。

　(4)　**権利か権限か？**　　教師の教育の自由については、その憲法で保障された「自由」が教師個人の権利と呼ぶべきものなのか、それとも権限に過ぎないとされるべきものかについても考えておく必要がある。教師の教育の自由とは、学校教育制度を構築する行政組織内部での権限配分のあり方を規定するという意味では客観法上の概念である。しかし、客観法上、教師が職権行使の独立性を保障されていると言いうるとしても、それが教師の主観的な権利だと言いうるとは限らない[11]。

　こうしたことを考えることの実益は、教師が、自らの職権行使の独立性を侵害された場合に、裁判所法3条1項の「法律上の争訟」に該当するような自己の法律上の利益の侵害があったものとして司法救済を認められるべきか、というところにある。もちろん、教師は、自らの職権行使の独立性を侵害する職務命令に違反したことを理由に懲戒処分などの不利益を被っていると考える場合には、その取消しや損害賠償を求めて訴訟を提起できる。しかし、

---

10)　また、こうした観点から興味深いことに、石川健治は、教師の教育の自由論の代表的論者である兼子仁の所説自体が、もともと教育という「事物の性質（事柄の性質）」を反映した制度の一部をなすものとして教師の自律性を語る制度的自由論であったと評価する（石川健治「制度の時代：1981〜2005」樋口陽一・中島徹・長谷部恭男編『憲法の尊厳：奥平憲法学の継承と展開』（日本評論社、2017年）27頁、43-45頁）。

11)　奥平・前掲注5)417頁；青井未帆「憲法演習」法学教室374号156頁（有斐閣、2011年）157頁。

教師が、外部からの批判などを契機に、教育委員会によって、例えば、性教育に関する特定の教材を事実上使用できなくされた場合のように、教師の職権行使の独立性のみ侵害され、その他の不利益を伴わないこともある。

　教師の教育の自由という概念は、子どもの学習権を保障する教育制度を国家が整備する権限を行使する際の要として、教師の職権行使の独立性を保障するものであり、それゆえ、教師に専門職としての重い職責を課すものである[12]。それにもかかわらず、教師は、職権行使の独立性を侵されても、その是正を司法に求めえず、自己の職責を果たしえない状況に陥るだけだとすることは妥当ではないのではなかろうか。

　(5)　**教師集団の教育の自由**　　教師の教育の自由については、個々の教師だけでなく、各学校単位の教師集団の教育の自由ということも言われてきた。学校においては、担当授業など教師個人で実施する個別的な教育活動と、学校行事など各学校単位の教師集団で実施する全校的な教育活動とがある。さらに、例えば、一年間の教育課程をどのように編成するのかなど、学校全体で教育活動のあり方を決めなければならない場面もある。

　教育内容・方法に関する職権行使の独立性を保障されるというのであれば、双方とも教育活動の内容をなすものであり、教師の専門的な職責が果たされるべき場面である。そうである以上、その保障範囲が教師個人の職権行使に限定される必然性はない。客観法上の権限配分の問題としては、教師の教育の自由の保障範囲には、学校単位において教師集団によって決定されるべき事項も含まれるとすべきである。問題は、各学校単位で全校的な決定に服すべき教育活動の内容について、教育行政が、教師集団に認められるべき裁量の範囲に介入することを主観的な権利侵害として構成すべきかである。

　この点については、憲法23条の学問の自由の文脈で語られる大学の自治との類比において、学校の自治の問題として論じるとするならば[13]、それはあくまで客観法上の権限配分の問題であるということになるであろう。もっとも、全校的な教育活動に対する教育委員会のような学校外部の機関による介

12)　蟻川恒正「国家と文化」『現代国家と法』(岩波書店、1997年) 191頁、216-218頁。

13)　参照、巻美矢紀「社会権」安西文雄・巻美矢紀・宍戸常寿『憲法学読本〔第3版〕』(有斐閣、2018年) 228頁、239頁。

入について、教師個人の具体的な行動に対する指揮・命令に及ぶような個別化が見られる場合には、教師個人の教育の自由が侵害されたものと構成されることになろう。

(6)　教師の教育の自由の限界　　最後に考えておくべきことが、教師の教育の自由の限界である。1980年代前半に、学校における管理主義教育や体罰の問題を背景に、子どもに対する教師の事実上の権力性に警鐘を鳴らし、教師の教育の自由という概念に警戒的であるべきことを主張する議論が提出されはじめた[14]。この点を重視して、現在においても、教育内容の面でも教師の教育の自由の限界が慎重に見極められるべきことが主張されている[15]。

　上記のとおり子どもの教育を受ける権利や精神的自由との関係において、あるいはその他の諸権利との関係においても、国家の教育への関与の仕方には内在的な限界があり、その限界は、教師の教育の自由にも当てはまるものである。例えば、体罰はもちろんのこと、浅いプールにおける飛び込み指導のように、子どもの生命や心身の健康に対して危害を及ぼす可能性の高い活動を意図的にあるいは漫然と実施するようなことは、教師の教育の自由の名の下に正当化されうるものではない。また、教師が子どもに対して一方的な観念を教え込むような教育や子どもの思想・良心の内容を基準とした評価を行うことは、憲法上、禁止される。さらに、進学資料として用いられる調査書の作成場面などで、子どもの社会性に関する評価を行う際には、教師の裁量権と子どもの憲法上の権利との慎重な衡量が必要とされることもある（第21章を参照）。こうした場面においては、第一次的には教師集団内部における相互の指導・助言によって、教師の裁量権の濫用がなされないように努める必要がある。その相互作用が機能せず、教師の裁量権が濫用された場面では、教育行政や裁判所による子どもの権利の救済が図られるべきである。

---

14)　参照、今橋盛勝『教育法と法社会学』（三省堂、1983年）第五章。

15)　参照、西原博史「教師の〈教育の自由〉と子どもの思想・良心の自由」広田照幸編『自由への問い5　教育』（岩波書店、2009年）130頁、154-160頁。

第11章

教育の自由(2)——親の教育の自由

1. 親の教育の自由の特徴と根拠

(1)　**実定法上の諸規定との関係**　旭川学力テスト事件判決[1]において、最高裁は、憲法上、親の教育の自由も保障されていると述べていた。学説においても、憲法の条文上の根拠については諸説あるものの、親の教育の自由が憲法上の権利であることについては広く受け入れられている。民法820条において、「親権を行う者は、子の利益のために子の監護及び教育をする権利を有し、義務を負う」と定められているが、この規定は、憲法上の親の教育の自由が法律上具体化されたものという側面を有すると解される[2]。

また、親の教育の自由は、世界人権宣言において、「親は、子に与える教育の種類を選択する優先的権利を有する」(26条3項)とされて以来、国際人権法上の権利としても確立されてきたものでもある。児童の権利に関する条約(以下、子どもの権利条約)においては、親は、子どもの「最善の利益」を基本的な関心事として、子どもの養育と発達に関する「第一義的責任」を有するとされ(18条1項)、締約国は、その親の責任を尊重することを求められている(5条)。また、経済的、社会的及び文化的権利に関する国際規約〔A規約〕においては、より具体的に、親は、公の機関によって設置される以外の学校を選択する自由や、自己の信念に従って子どもに宗教的教育や道徳的教育を与える自由を保障されている(13条3項)。

教育基本法においても、2006年の全面改正時に、新たに、親の「子の教育についての第一義的責任」が規定された。これも以上のような国際人権法の動向を踏まえつつ、憲法上の親の教育の自由を改めて法律上確認したものと解される。

---

1 ）最大判1976（昭51）・5・21刑集30巻5号615頁。
2 ）横田光平『子ども法の基本構造』（信山社、2010年）560-564頁。

(2) **親の教育の自由の特徴**　　親の教育の自由は、親が国家や他者に干渉されずに自らの子どもにどのような教育を与えるのかを決定する憲法上の権利である。旭川学力テスト事件において、最高裁は、こうした親の教育の自由を「主として家庭教育等の学校外における教育や学校選択の自由にあらわれるものと考えられる」とした。しかし、学説上は、その射程はより広く、例えば、後述のとおり、学校教育との関係でその一部を拒否し、あるいはそのあり方の決定に関与ないし参加することも含まれると考えられている。

　親の教育の自由は、他の一般的な憲法上の権利と比べていくつか特徴的な面を有するものである。第一に、一般的には、例えば、自分の言うことを他者に無理やり聞かせることを、表現の自由の行使であるとは言わないように、憲法上の権利行使は他者の行為をコントロールすることまでを想定したものではない。しかし、親の教育の自由は、自身の子どもという特定の他者を対象に、子ども自身が学習のあり方を決定することを一定程度制約することを想定したものである[3]。しかもそれは、教師の教育の自由とも異なり、学校という制度の枠の内外を問わず、広く子どもの教育全般に関する諸決定を担い、あるいはそれに関与ないし参加することを射程に含むものである。

　第二に、親の教育の自由は、他者の利益を確保するように行使することを求められるものである[4]。子どもへの教育は、あくまで学習権の主体たる子どもの成長・発達に不可欠な教育的必要の充足のために行われるべきものである。この点は、実定法上も、上述のように、民法上の親権が、「子どもの利益のために」行使されるべき義務としての性格を有するものであるとされ（820条）、また、子どもの権利条約において、子どもの養育と発達に関する親の「第一義的責任」が、子どもの「最善の利益」を基本的関心事として果たされるべきものとされているところに端的に表現されている（18条1項）。

　こうしたことから、例えば、憲法26条2項において、親はその子どもに「普

3）横田・前掲注2）630-638頁；米沢広一『憲法と教育15講〔第4版〕』（北樹出版、2016年）173頁。また、参照、奥平康弘「教育を受ける権利」芦部信喜編『憲法Ⅲ 人権(2)』（有斐閣、1981年）361頁、416頁。
4）横田・前掲注2）564-572頁；中川明『寛容と人権：憲法の「現場」からの問いなおし』（岩波書店、2013年）197-199頁。

通教育」を受けさせる義務を負うとされているように、親の教育の自由は、子どもの学習権の保障という観点から、そもそも行使しない自由を含意するものではなく、また、その行使のあり方にも大きな制約を伴う場合がある。

第三に、親の教育の自由は、子どもの成長とともに、徐々に子どもの意思を尊重することを求められるものである[5]。親の教育の自由は、親が、子どもの利益の実現のために、場合によっては子どもの意思に優越するものとして、子どもの教育に関する諸決定を行うことを想定したものである。しかし、そのような想定は、子どもが大人になった段階では通用しないものであり、また、大人になる過程においても、子どもは、成長とともに、徐々にどのような学習を行うのかを自ら決定すべき主体とみなされる。それゆえ、子どもの成長に反比例する形で、親の決定の優越する範囲は狭まっていくものと考えられなければならない。

(3)　**親の教育の自由の憲法上の根拠**　このような特徴を有する親の教育の自由については、それが憲法の明文で保障されたものではないところから、憲法の条文上の根拠をどこに求めるべきなのかに関して争われている。この点の立場は、なぜ、親の教育の自由が憲法上の権利として保障されているのかという実質的根拠をどのように理解するのかによって異なると考えられる。また、この実質的根拠をめぐる理解の違いは、親の教育の自由の制約が具体的にどのような場面で正当化されると考えるのかについても一定程度の影響を与えるものと思われる。

親の教育の自由については、おおよそどの学説においても、子どもの利益の保護というところに、その実質的根拠の少なくとも一部を置くということは共通している。上述のとおり、現在においては、子どもに対する親の諸権限は、一方的な支配権ではなく、子どもの利益に資するように行使されるべきものと理解されている。憲法上、親に教育の自由が保障されるのも、そのことが子どもの学習権の保障に結びつくと考えられているからである。親は、子どもとの関係で、最も身近な大人として、その欲求を汲み取り、受容しう

5）横田・前掲注2）609-620頁；西原博史「親の教育権と子どもの権利保障」早稲田社会科学総合研究14巻1号65頁（早稲大学社会科学学会、2013年）73頁。

る立場におり、何が子どもの教育的必要を充足することになるかを最も適切に判断しうるはずである。それゆえ、国家が、そのような親の判断を否定し、子どもと親との関係性を壊すことは、子どもの学習権の侵害と言うべきものであり、原則的に親の判断に優位性が認められなければならない[6]。このような考え方からすれば、親の教育の自由の条文上の根拠は、家族生活における「個人の尊厳」の尊重を求める憲法24条2項や[7]、子どもの学習権を保障する憲法26条に置かれることになる[8]。

　また、親の教育の自由は、国家が教育を過度に統制し、個人の尊重の観念の前提にある社会の多元性を損なうような事態が引き起こされることに対する歯止めとして、道具的な機能を果すことを期待されることもある[9]。例えば、国家が、それに都合の良い考えを子どもたちに教え込むために公教育制度を利用しようとし、学校において特定の民族的少数者の言語や文化を教えることを禁止し、あるいは私立学校教育を認めず、すべての子どもを公立学校に通わせるなどの措置を採ろうとする場合には、それはもはや教育に関する国家の正当な権限の範囲を超えるものとして、民族教育や私立学校教育を望む親の教育の自由を侵害するものと考えることができる。このような考え方からすれば、親の教育の自由の条文上の根拠は、個人の尊重を定める憲法13条前段に置かれることになろう。あるいは、教育に関する国家の権限の内在的限界を超える事態への歯止めという意味においては、その国家の権限を基礎付ける憲法26条に置かれるものと考えることもできる。

　さらに、親の教育の自由は、親自身にとっても大きな意義を有するものであると言われてきた。子どもは親の道具ではないのと同様に、親も、国家なり専門家なりが同定した「子どもの福祉」を実現するための単なる道具では

6）横田・前掲注**2**）227-233頁、565頁、583-584頁。

7）横田・前掲注**2**）632-633頁。

8）木村草太「親の教育する権利と憲法（その1）：権利具体化法律としての親権法」書斎の窓676号10頁（有斐閣、2021年）12頁。

9）米沢広一『子ども・家族・憲法』（有斐閣、1992年）31-32頁；中川律「合衆国の公教育における政府権限の限界：ロックナー判決期の親の教育の自由判例／マイヤー判決とピアース判決に関する考察」憲法理論研究会編『憲法学の最先端』（敬文堂、2009年）117頁、125-128頁。

ない。親にとって、自身の子どもをどのように教育するのかは、自らの生き方と深く結びついたものである。そのような自らの子どもの教育に対して、国家が、例えば、単にその親の考えが社会の一般的な考えとは合わないという理由のみで介入するならば、それは親自身の生き方の否定でもある。このように考える場合には、親の教育の自由の条文上の根拠は、親の思想・良心の自由ないし信教の自由の問題として憲法19条ないし20条に求められ、あるいは個人の尊重ないし幸福追求権の問題として憲法13条に求められることになろう[10]。

　この三つ目の考え方は、一つ目のあくまで親の教育の自由の根拠を子どもの学習権の保障に見出す考え方から、親のエゴイスティックな自己実現のために子どもの福祉を犠牲にする可能性を認めるものであると批判されている[11]。これに対しては、一つ目の考え方のように、親こそが子どもの最善の福祉を見出しうるという想定だけで、「専門性に基礎を置いた国家介入に対する十分な防壁になり得るのか」という疑問が提起されている[12]。これは、例えば、社会において、特定の少数者集団が、宗教的な理由や民族的な理由で偏見や抑圧の対象になっている場合に、親の教育の自由が、そうした少数者集団の内部における「なんだか変わった教育」への国家の介入をも阻止するものと考えるのであれば、その実質的根拠を子どもの福祉や子どもと親との関係性の保護にのみ求めるのでは不十分なのではないかということであろう。

2. 学校教育と親の拒否権

(1)　**学校教育の一部拒否権**　親の教育の自由は、親が、自らの信仰や思想、良心に基づき、子どもの人格形成を担う権利を含意するものである。特に、親の教育の自由が憲法19条や20条に基づき保障されるものと考える場合には、これこそが親の教育の自由の保障の核心ということになる。それでは、

---

10) 西原博史『良心の自由〔増補版〕』（成文堂、2001年）311-312頁、434-435頁；米沢・前掲注3）171-172頁；竹中勲「親の子どもを教育する自由と憲法上の自己決定権」論集（神戸大学教養部紀要）44号1頁（神戸大学教養部、1989年）6頁。

11) 横田・前掲注2）576-577頁；横田光平「子ども法の基本構造と憲法上の親の権利」法律時報90巻9号116頁（日本評論社、2018年）117頁。

12) 西原・前掲注5）72頁。

親は、学校の個別の教育内容について、自らの信仰や思想、良心に照らして、自らの子どもに与えるべきものではないと考えた場合に、その特定の学校教育の一部を自らの子どもに受けさせることを拒否することまで認められるべきであろうか。

　もちろん、歴史は役に立たないから、あるいは担当の教師が気に食わないからという理由では認められるべきではない。しかし、学校ではなく、親が子どもの人格教育を第一次的に担う責任を有すると考えるならば、学校教育の内容が親の信仰や思想、良心に反するからという場合には、その拒否の可否は真剣に考慮されるべき問題となる。例えば、ある親が、国家の活動をどのように評価するのかについては個々人が批判的に吟味して決めるべき問題であるという信念を有しており、自らの信念に照らして、卒業式の際に国旗に正対して国歌を斉唱させることは、子どもに無批判に国家に忠誠を誓わせることになるから、それには自分の子どもを参加させることはできないと主張するような場面である。

　私立学校の場合には、親がその学校の建学の精神や教育方針に賛同して子どもを通わせていると言いうることも多いであろう。したがって、この問題は、公立学校において、より深刻なものとして浮上することが多い。もっとも、親が、いろいろな事情で私立学校にしか子どもを通わせることができず、必ずしも建学の精神や教育方針に賛同して選んだとは言えない場合や、学習指導要領で求められる内容として実施される教育内容が拒否の対象となる場合もある。そのような場合には、私立学校においても、親の教育の自由に基づく一部拒否の可否が問題になりうる[13]。

　とは言え、学校教育は子どもの学習権の保障に資するものでもあり、学校の側も、その教育の実施によって達成しようとする目的ないし目標を、親の拒否によって大きく妨げられることについては簡単に許容することはできな

---

[13]　このような場合には、憲法上の権利の私人間効力の問題についても考慮が必要である。判例・学説上の通説とされる間接適用説の考え方に従えば、親は、私立学校に対して教育の一部拒否を求める場合には、直接には親権者の「子の監護及び教育をする権利」（民法820条）を援用しつつ、その民法上の親権規定について、憲法19条や20条に基礎付けられたものとしての憲法上の親の教育の自由を勘案した解釈・適用を主張するということになろう。

い。それでは、どのような場合に親による拒否が認められなければ違憲ということになると考えるべきであろうか[14]。

　第一に考慮すべきなのは、拒否が認められない場合に親や子どもの中で生じることになる葛藤がどの程度のものなのかという点である。例えば、神戸高専剣道実技履修拒否事件[15]を参考にすれば、ある親が武器を取ることを学んではならないという信仰を有しているにもかかわらず、その子どもを通わせる学校では、剣道実技の授業が必修とされていたとしよう。その親は、自分の子どもに、剣道実技という自分の信仰に反する授業に参加させるか、それとも信仰に従って剣道実技の授業を欠席させ、その結果、単位不足で進級できないという不利益を甘受するか、という極めて厳しい葛藤状況に置かれることになろう。このような場合には、親は、まさに自らの信仰のゆえに他の親にはない過度の負担を被らされる状況にあると言いうるのであり、学校教育の一部拒否の可否が真剣に検討されるべきである。

　第二に考慮されるべきなのは、その特定の教育内容を受けさせることが、学習権の主体である子どもの教育的必要の充足という観点から、どの程度の重要性があることなのか、ということである。子どもの教育的必要の充足にそれほど大きな影響を与えないというのであれば、授業の一部拒否は認められて然るべきである。しかし、大きな影響を与えることになるというのであれば、子どもの学習権の保障が優先され、いくら親の教育の自由とはいえ、制約を甘受すべきということになろう。

　さらに、この第二の点を判断する際の考慮要素として、二つのことを挙げることができる。一つ目は、対象となる教育内容が、主に、知識・技能の伝達と人格教育のどちらに関わるものなのかである。もし、後者であるならば、原則的に、親の判断が優先すべき場面であり、その教育を学校教育の中で子どもに与えるべき重要性は、それほど大きくない。二つ目は、代替措置の可能性である。もし、対象となる教育内容が学校教育において重要な位置を占めると考えられたとしても、その教育目的が他の代替的な授業や課題を課す

---

[14]　参照、西原博史『良心の自由と子どもたち』（岩波新書、2006年）93-100頁。
[15]　最判1996（平8）・3・8民集50巻3号469頁。

ことで達成でき、それが学校側にもそれほど大きな負担にはならないという場合には、やはり拒否が認められるべきである。

　第三に考慮すべきことが、子どもの意思である。上記のとおり、親の教育の自由は、子どもの成長とともに、徐々に子どもの意思を尊重することを求められるものである。親がその信仰や思想、良心に基づいて学校教育の一部拒否を求めてきたとしても、子どもが、ある程度の成熟度にある場合には、むしろ優先すべきは、子どもの意思である。それゆえ、学校側は、子どもの成熟度に応じて、親と子どもの意思が一致しているのかについても十分に考慮を払う必要があろう。

　(2)　**家庭義務教育の可否**　　ここまではあくまで子どもを学校に通わせることを前提に、その教育の一部拒否の可否について論じてきた。それでは、さらに進んで、親は、その教育の自由の行使として、義務教育段階において、学校教育を全面的に拒否することまで認められるべきであろうか。

　憲法26条2項前段においては、「すべて国民は、法律の定めるところにより、その保護する子女に普通教育を受けさせる義務を負ふ」と定められている。これを受けて、学校教育法においては、保護者は、その子どもに9年の「普通教育」を受けさせ（16条）、一定の年齢に達した子どもを小学校や中学校などの「学校」に「就学させる義務」（就学義務）を課されている（17条）。つまり、現行法上、保護者の憲法上の「普通教育を受けさせる義務」は、学校に子どもを通わせることで果たされるべきものとされている。

　憲法上の「普通教育を受けさせる義務」は、文言上は学校に通わせることを求めるものではない。それゆえ、学説上は、現行法を改正し、家庭において子どもに「普通教育を受けさせる義務」を履行することを可能にする制度を導入することも、憲法上禁止されているわけではないとされることが多い[16]。問題は、現行の就学義務制度について、家庭における義務教育の実施を認めていないため、親の教育の自由を侵害し、違憲であると評価すべきなのかである。学説上は、運用次第ではそのような違憲の瑕疵を帯びうると主

---

16)　参照、今野健一「第5条1項：普通教育を受けさせる義務」日本教育法学会編『コンメンタール教育基本法』（学陽書房、2021年）134頁、137-138頁。

張されることもある[17]。

　もっとも、家庭における義務教育の実施が認められるべきだと言われるときも、それはあくまで親の教育の自由の保障に資する制度構築の方向性を示す原理論的な主張にとどまり、現行制度の違憲性まで主張するわけではないように見える主張も多い[18]。この理由はおそらく、家庭義務教育については、その制度のあり方次第で、子どもの学習権にとっても、親の教育の自由にとっても、その保障に資することにならない場合があるからである。義務教育制度は、親の恣意などによって、子どもがその成長・発達に必要な基礎的な教育を受ける機会を失うということを阻止するための制度である。それゆえ、学説上は、家庭義務教育の制度を導入する場合にも、子どもの学習権の保障の観点から一定の条件を満たすものでなければならないとされてきた。例えば、家庭において、どのような科目について、どの程度の時間の教育が行われるべきなのか、その家庭における教育を実施する親や家庭教師などは何らかの資格を要するのか、家庭における教育の具体的な内容の基準はどのように決定されるべきなのか、実施された教育の内容や効果をチェックする仕組みはどうあるべきなのか、これらの様々な諸要素のどこまでが法定されるべきなのかなどの条件を挙げることができよう。

　そして、これらの条件があまりに親の自由に任せるところの多いものであるならば、その制度は、子どもの学習権の保障に資するものではないということになるであろう。逆に、これらの条件があまりに厳しく、国家による過度の介入を招き入れるものとなるならば、その制度は、親の教育の自由の侵害であると評価されることになる[19]。場合によっては、家庭義務教育制度は、現行の就学義務制度よりも、親の教育の自由に対する厳しい制約を課すことにもなりうる。したがって、これらの条件がどのように設定されるのかが決

17）米沢・前掲注 3）179頁；廣澤明「ドイツ基本法 7 条 1 項と就学義務」法律論叢89巻6 号365頁（明治大学法律研究所、2017年）392頁。

18）中村睦男「教育の自由」奥平康弘・杉原康雄編『憲法学 2 　人権の基本問題』（有斐閣、1976年）174頁、190-191頁：中川明・前掲注 4）199-202頁；西原・前掲注 5）75頁；西原博史「就学義務から『多様な学び保障』へ：義務教育段階における国家の役割と子どもの学ぶ権利」日本教育法学会年報45号75頁（有斐閣、2016年）77-78頁。

19）参照、安達和志『教育と教育行政の法理論』（エイデル研究所、2021年）258-261頁。

まらなければ、その家庭義務教育の制度が憲法上許容されるものなのかは判断できない。こうしたことを考えれば、親の教育の自由との関係で、現行の就学義務制度を違憲と言い切ることはできないように思われる。

3. 親の学校選択の自由

(1) **私立学校の選択の自由**　制度設計次第でどのように評価すべきなのかが変わるということは、学校選択の自由についても言うことができる。旭川学力テスト事件判決において最高裁も述べていたように、親の教育の自由は、学校選択の自由と結びつくものと考えられてきたが、何らかの意味で学校を選択できる制度であるならば、常に親の教育の自由の保障に資することになるというわけではない。

　現行制度上、親に認められる学校の選択としては、まずは、私立学校の選択が可能である。就学義務が課せられている現行法制の下において、親がその信仰や思想、良心に従って子どもを教育できるようにするには、公立学校以外に、そのような親の信念と合致しうる正規の学校の設立が認められ、親がそこに子どもを通わせることで就学義務を履行できる仕組みが必要である。この意味で、現行制度上、学校教育法1条に定められた正規の学校（一条校）として、私立学校の設立が認められており、その私立学校を選択できることには、親の教育の自由を実効化するものとしての意義があると言いうる[20]。

　しかし、たとえ私立学校を選択できるとしても、教育内容に過度の規制が行われれば、それは親の教育の自由の保障に応えうるものと言いえなくなるであろうし、逆に、学校の施設、設備や教員数などの教育条件整備面で規制緩和がなされれば、それは子どもの学習権保障の面で問題を抱えるものとなるであろう。私立学校法1条において、「この法律は、私立学校の特性にかんがみ、その自主性を重んじ、公共性を高めることによつて、私立学校の健全な発達を図ることを目的とする」と定められ、私立学校の自主性と公共性の両立が課題とされているのも、こうした趣旨を反映したものと受け止める

---

20) 廣澤明「第6条1項：学校の設置者」日本教育法学会編『コンメンタール教育基本法』（学陽書房、2021年）177頁、182頁。

ことができよう。

　こうした観点から現行制度について見てみると、親の教育の自由との関係では特に教育内容面への規制のあり方を課題とすべきであろう。現行制度の運用上、私立学校は、公立学校と同様に、学習指導要領に従った教育課程の編成と実施を求められ、検定済みの教科書を使用するものとされている（学校教育法34条1項等）。学習指導要領の法的拘束力や教科書使用義務に関する現行の運用については、国家による教育内容への介入として、そもそも公立学校の場合にも問題視されるべきところが大きいと指摘されてきた。その問題性は、親の教育の自由の実効化という点を考慮すれば、私立学校については、より一層大きなものとなるのである[21]。

　例えば、朝鮮学校などの民族学校が日本にはあるが、これらの多くは、一条校たる私立学校ではなく、各種学校（学校教育法134条）という位置付けが与えられるにとどまっている。この理由は、民族の言語を用いた授業の実施や教科書の使用、民族の歴史や文化の授業などを組み込んだ独自の教育課程の編成を行おうとすると、学習指導要領や教科書使用義務に従うことが難しいためである。このため、朝鮮学校などの多くの民族学校は、一条校たる私立学校になされている公的な財政援助を受けることができず、財政上の困難を抱えつつ、親には大きな授業料負担がのしかかる状況となっている。

　実務上、子どもが外国籍の場合には親に就学義務は課されないものとされているようであるから、その場合には民族学校に通わせることで就学義務違反に問われることはない（第7章を参照）。しかし、それでも、親は、民族的アイデンティティの観点から民族学校こそが自らの子どもにふさわしいと考える限り、大きな費用負担を甘受しなければならないとしても、民族学校を選ぶしかないということに留意しなければならない。そのような親に、費用負担が大変ならば、一条校たる公立学校や私立学校を選ぶこともできると言ったところで、ほとんど意味はない。しかも、民族学校は、公的な財政援助が乏しいことから、保護者や支援者の努力にもかかわらず、教育条件整備の面でも立ち遅れたものとならざるをえないところがある。こうした民族学校

---

[21]　西原・前掲注[18]78-79頁；廣澤・前掲注[20]184-186頁。

をめぐる現状は、私立学校の選択の自由の保障が、親の教育の自由の保障の実効化に資するものとなる制度的条件を改めて問い直すことを要求するものである（第15章を参照）。

(2) 学校選択制　　さらに、近年においては、従来の学区制が廃され、公立学校の選択制が採用されているところもある。親の選択にさらされることで、公立学校の間でも競争が促され、教育の質的向上が期待できるというのである。学校選択制についても、一見したところ親の選択肢が増えて良さそうに見えるが、実際には子どもの学習権や親の教育の自由の保障に資するものとは言い難いという指摘が多い。

その理由の第一は、競争の弊害である。学校間における競争がそれこそうまく機能してしまうと、そこでは進学実績などの特定の指標が重視され、生徒の多く集まる学校とそうではない学校との序列化につながり、生徒を集められなかった学校は、統廃合の対象にもされかねない[22]。このような状況では、学校では、学力テストの成績の向上など特定の目標が過度に重視され、子どもの教育的必要の充足という本来の目的が見失われかねず、また、地域における公立学校数の減少という教育条件整備の水準の低下にもつながる可能性がある。

第二は、そもそも、学校選択制において、「選択」の機会を享受できる親はそれほど多くないということである。地域の中で遠くの「良い」教育をしている学校に子どもを通わせることができるのは、通学の世話をできる親に限られる。また、「良い」教育をする学校において、子どもが高い水準の授業についていき、テストで良い点数をとるためには、学校外の家庭や学習塾における学習が重要である。そのような学習の機会を子どもに提供できる親でなければ、「良い」学校には通わせることはできない。要するに、親に経済的に余裕があってこそ、その「選択」の機会は意味あるものになるのであり、経済的な余裕がなければ、親は、近所の「普通」の学校に通わせざるをえないことになる[23]。

---

22) 米沢・前掲注3）178頁；山本由美「学校統廃合と学校選択」日本教育法学会編『教育法の現代的争点』（法律文化社、2014年）104頁、106-107頁。

これらのことが現実化するのであれば、それは子どもの学習権の保障という観点からは肯定的には評価できないであろう。また、これらは、親の教育の自由を「選択」に矮小化し、親と学校とのコミュニケーションの機会を減少させるものだとも指摘されている。このような考えからすれば、学校との関係で親の教育の自由を意味あるものとするには、学校の「選択」ではなく、むしろ学校への教育要求権や学校教育参加を実質化する方が重要であるということになろう[24]。

4. 親の教育要求権と学校教育参加

(1) 親の教育要求権　　学説上、親の教育の自由は、国家が家庭における教育に干渉することからの自由や学校選択の自由にとどまらず、学校教育への積極的な要求権をもその保障範囲に含むものと考えられてきた[25]。親は、その子どもとの関係性から、どのような教育が子どもの利益に叶うのかを優先的に決定する権利を保障されているとするならば、その権利が、子どもが学校の校門を通った途端にまったく通用しなくなるということにはならないであろう。親の教育の自由には、親が、子どもの通う学校の教育内容に関心をもち、場合によっては自らの子どもへの教育のあり方について、学校・教師に要求を出していく権利も含まれる。

もっとも、この親の教育要求権は、教育専門的事項について「教師に教育専門的判断を求める権利」という手続的な要求権であるとされてきたことには注意を要する[26]。つまり、それは、学校における自らの子どもへの教育のあり方の決定権まで含むものではないとされてきたのである。というのも、教師にも、憲法上、教育の自由が保障され、学校教育法においても、「教諭は、児童の教育をつかさどる」(37条11項)とされていることから、「授業内容・

---

23)　西原博史『子どもは好きに育てていい：「親の教育権」入門』(NHK出版、2008年) 174-182頁。

24)　西原・前掲注23)182頁；葛西耕介「親の教育権と参加：1980年代以降の学校教育参加制度論」田中孝彦・田中昌弥・杉浦正幸・堀尾輝久編『戦後教育学の再検討 上： 歴史・発達・人権』(東京大学出版会、2022年) 273頁、289頁。

25)　参照、兼子仁『教育法〔新版〕』(有斐閣、1978年) 300頁以下。

26)　兼子・前掲注25)301頁。

教育方法・教材の選定、成績評価、全校的な教育課程編成など」の「教育専門的事項」の決定については、学校・教師の権限に属するものと考えるべきだからである[27]。

　それゆえ、親は、教師に対して、一定の教育内容の実施や中止、修正などを請求し、それを貫徹する権利を有するものではない。むしろ、ここでの親の要求権は、教師に対して、教育専門的な観点から、学校教育の内容が子どもの教育的必要の充足という目的に適合的なものであることを確保することを求めるものである。教師は、親の求めに応答し、教育専門的な観点から判断を示し、その内容を説明する義務を負うとされるのである。それらを一切拒否することは、親の教育の自由の侵害と観念されることになる[28]。

(2)　**親の学校教育参加**　　さらに、こうした親の教育要求権は、当該学校に子どもを通わせる親たちによって集団的に行使され、学校は、その親集団の要求に恒常的に応答していくことが必要であるとされてきた。学校における教育活動は集団性を有するものであるから、親が、自分の子どもの教育に対する個別的な要求を行う場合にも、その要求が学校の教育活動に広く影響を及ぼすことがあり、また、学校側に集団的な教育活動の問題として応答してもらわなければ意味がないこともある。しかし、そのような集団的な教育活動に影響を及ぼす事柄については、学校側としても、一人の親の個別的な要求を受け止めるだけでは改善に向けて動き出すことも難しく、他の親がどのように考えているのかにも配慮しなければならない。それゆえ、親の教育要求権を実効的なものとするためには、親たちが集団として学校に要求し、学校側は、その集団的な要求に応答するという仕組みが恒常的なものとして用意されなければならないのである。これが親集団による「学校教育参加」と呼ばれるものである[29]。

　学校教育参加は、親が集団的に学校と恒常的な対話や協議の機会をもつことを企図したものであることから、その制度化が必要なものである。学校教育参加を実現させるためには、学校教育参加の当事者には誰が含まれるのか、

27)　兼子・前掲注25)301頁。
28)　兼子・前掲注25)301-302頁。
29)　兼子・前掲注25)303-304頁。

親集団と学校との対話や協議の対象となる事項とは何か、それぞれの親の多様な考えをどのように集約するのか、その親集団の要求がどのように学校側に伝達されるのか、学校は親集団からの要求にどのように対応すべきなのかなどの事柄について、あらかじめ適切に決定されている必要がある。それゆえ、学校教育参加については、どのような制度によって実現されるべきなのかという制度論が重要である。近年においても、こうした観点から、学校教育参加の具体的な制度論が提示されており、例えば、「学校運営協議会」（地方教育行政の組織及び運営に関する法律47条の5）の運用の改善を通じて、学校教育参加の理念の実現を図る構想が示されている[30]。

　なお、従来から親集団と学校との恒常的な関わりが想定されてきた制度としては、PTAを挙げることができる。しかし、PTAについては、実態として、教材費や学校の行事（入学式・卒業式や周年事業など）にかかる費用の補填などの財政的援助や、学校の活動の「お手伝い」と称する保護者による労力提供の組織となっている場合も多いと言われてきた。また、本来、入会が任意であるはずなのに、事実上、入退会の自由が確保されず、学校から特権的な立場を与えられ、学校の活動と一体になりながら、非会員の親の子どもが一定の場合に特定の活動の対象から排除されるなどの問題点も指摘されてきた[31]。こうしたものにとどまるのであれば、PTAは、学校教育参加を実現する制度とは言えない。最低限、入退会の自由の確保や非会員の排除の禁止を徹底し、親たちと学校が学校教育参加を自主的に実現する制度として立て直す方途を探ることが望ましいように思われる。

5.　公教育の役割と教育の自由

　(1)　**主権者教育権説と教育の自由**　　教師の教育の自由にしろ、親の教育の自由にしろ、それらがどの程度の射程や強度をもって保障されるべきなのかについては、公教育の主たる役割をどのようなものと考えるのかによって左右されるものと思われる[32]。

---

30)　葛西・前掲注24)286-289頁。
31)　参照、木村草太「PTAの法律問題：入退会の自由と非会員の排除禁止」月報司法書士576号22頁（日本司法書士会連合会、2020年）。

　第6章で見たように、日本国憲法の下における公教育の役割については、主権者教育権説と学習権説という二つの学説が提示されてきた。主権者教育権説は、子どもの教育を受ける権利の保障内容を、主権者教育と呼ばれる市民教育を受けることと同一視するものであった。人々は、民主主義社会における政治参加を通じてこそ人生を充実させることができるのであり、それに必要な市民教育を受けえないのであれば、教育を受ける権利を保障されているとは言えない。主権者教育権説は、おそらく、こうした理解を下敷きにしたものである。こうした理解に従えば、公教育において、民主主義社会の市民として必要な知識や能力、さらには能動的に政治に参加するなどの徳性を身に付けることは、ある人がよき人生を送るのに不可欠であるということになる。したがって、国家は、こうした公教育のスムーズな展開を確保する権限を認められることになる。

　このように公教育の役割を見定めるならば、親が自らの信念に基づいてその子どもについて公教育の一部あるいは全部の拒否を求めたとしても原則的には認めるべきではないということになろう。また、私立学校についても、たとえ親がそこに通わせることを選んだとしても、公教育の担い手としてのその公共性を保つために、国家による規制に服するべきであり、その分、大幅にその自主性が失われても致し方ないということになろう。親の教育の自由は、まさに「公教育の存立そのものを争う『教育の自由』」[33]として目に映り、民主主義的な市民の育成の阻害要因として理解されることになる[34]。したがって、主権者教育権説の立場からは、親の教育の自由は、それほど強く保障されるべきものとは考えられないということになるはずである。

　さらに、主権者教育権説の立場からは、教師の教育の自由についても、広範囲に独立した裁量を教師に認めるものとは観念されえないであろう。国家は、人々がよき人生を送ることに全面的に責任を負う以上は、公教育を通じ

32）本節については、中川律「市民教育の憲法論」法律論叢94巻2・3合併号253頁（明治大学法律研究所、2021年）の特に275頁以下を参照。また、参照、長谷部恭男「私事としての教育と教育の公共性」同『憲法の理性［増補新装版］』（東京大学出版会、2016年）139頁。

33）樋口陽一『国法学〔補訂〕』（有斐閣、2007年）157頁。

34）西原・前掲注23）90頁。

て、市民として必要な知識や徳性を滞りなく伝達できなければならない。そうすると、教師は、国家の意思の伝達者としての役割を期待され、国家があるべきものとして設定した教育内容から逸脱することは許されるべきでない。

　もっとも、主権者教育権説の立場から、憲法上、教師に広い裁量を認めることは全くありえないというわけでもない。現実には、いくら公教育の理想が掲げられても、国家が設定した教育内容が、例えば、歴史や伝統を重視する保守的な政治的勢力の強い影響を受け、本来あるべき市民教育の内容からかけ離れてしまうということもありうる。このような場合には、市民教育の理想を託しうる者として、国家には期待できず、新たな担い手が必要になる。そして、この新たな担い手として、教師に期待がかけられる場合には、ここに教師の教育の自由を広範囲に認めようという主張が成立することになる。

　樋口陽一によれば、日本における教師の教育の自由論は、実際に、このような文脈において主張されてきたものであったという。すなわち、「『国民の教育権』によって主張されていたのは、教師集団およびそれを支える親と啓蒙的世論の考える教育内容であり、選挙民を背景とする国家意思による公教育がその掲げる理念（まさしく「自由かつ独立の人格の形成」）から逸脱しているとして、あるべき『国家的介入』＝公教育の内容を充填しようとするものであった」[35]とされるのである。こうした文脈における教師の教育の自由論には、どうして民主的正統性を有する立法府・行政府よりも、教師・教師集団の方が、公共性の担い手として優れていると主張できるのかという問題が付きまとうことになる[36]。

(2)　**学習権説と教育の自由**　これに対して、学習権説からは、少なくともその解釈の一つとして、次のような公教育の役割に関する理解を導き出すことができる。学習権説においては、公教育の役割は、個々人の成長・発達に資する学習上の必要を充足することにあると理解される。公教育は、一人ひとりのよき人生のあり方を丸ごと抱えむことまで責任の範囲とするもので

---

35) 樋口・前掲注33)156頁。
36) 成嶋隆「教育と憲法」樋口陽一編『講座・憲法学 第4巻 権利の保障(2)』（日本評論社、1994年）105頁、117-122頁；堀口悟郎「教育権論再考：『公共性』論から『秩序』論へ」慶應法学21号157頁（慶應義塾大学大学院法務研究科、2011年）176-191頁。

はない。それは、日本国憲法において、個人の尊重が掲げられ、思想・良心の自由が保障される以上は個人の問題である。したがって、国家が、公教育の整備・運営を担う際には、そのことが人としての特定のあるべき生き方の実現に必要だからという理由ではなく、あくまでどのような生き方をするのかとは無関係に、子どもの成長・発達における学習上の必要を満足させるものであるからという理由で正当化されねばならない。公教育は、このような意味において、国家が個人のよき生の観念に対して中立性を保つことを想定したものであると理解されねばならない[37]。

　このように公教育の役割を同定する場合には、まず、親の教育の自由の保障の程度はより強いものと考えられ、親と公教育との役割分担の方向性が探られるべきことになる。公教育が、個人のよき生き方の問題に責任を負わないのであれば、子どもの人格形成の担い手は、親ということになろう。そうすると、親が、自らの信念に基づき、子どもの人格形成の側面に触れるとして、公教育の一部を拒否することを求める場合には、その可否がより真剣に検討されなければならない。西原博史は、公教育と親の役割分担として、前者に知識伝達の役割を、後者に人格形成の役割をそれぞれ担わせるという原則を提案するが、これもおおよそ同様の発想からのものと考えることができる[38]。また、私立学校についても、たとえ公教育の一部に組み込まれたものであっても、親の教育の自由を実効的に保障するものとなるように、国家は、公共性の名の下に、その自主性を損なうことを厳に慎むべきことが強調されて然るべきということになろう。

　さらに、このように公教育の役割を限定的に考えることは、教師の教育の自由についても、ある程度広い範囲で保障されるべきであるとの考えに繋がる可能性がある。公教育の役割は、個人の生き方の問題までを射程に収めないとすると、公教育に対する国家の関与は、人としての特定のあるべき生き方の実現に必要だからという理由では正当化されてはならない。しかし、実際には、国家が、公教育の外的条件整備の範囲を超えて、教育内容にまで深

---

[37]　参照、中川律「国家の中立性概念の意味と意義：教育を題材に」憲法問題29号90頁（三省堂、2018年）94-97頁。

[38]　西原・前掲注**23**)117頁。

く関与する場合には、人としての生き方に触れるような様々な党派的勢力の思惑が入り込む危険性が高い。たとえ、そうした教育の内的事項への関与が、表向きには子どもの教育的必要を充足するためという理由で正当化されているとしても、実は、裏には、特定のよき生き方に関する観念を前提にした理由が隠れているという危険性は、教育の外的事項への関与に比べて、格段に高い。国家が教育内容に関与することによって、公教育における国家の中立性が保たれなくなってしまうのではないかということへの根本的な不信は拭いえない。これに対して、教師は、専門職として、そのような思惑には左右されず、子どもの成長・発達に資する学習上の必要を提供することに専心すると想定される。そうすると、公教育がその役割の範囲に収まることを確保するために、憲法13条ないし26条の要請として、教育の内的事項と外的事項を区分し、前者については、教師に広い範囲において独立した裁量が認められると解することも、公教育における国家の中立性を保つための制度上の工夫の一つとして、選択肢に入ってくることになろう。第10章において見たように、旭川学力テスト事件判決において、最高裁が憲法上の教師の教育の自由の存在を認めたのも、こうした発想からではないかと思われる[39]。

39）中川・前掲注37）99-100頁。

第12章

「不当な支配」の禁止(1)
──国の権限の限界

1.「不当な支配」の禁止条項の意味と意義

(1)　**憲法論と「不当な支配」の禁止**　　第10章で見たように、旭川学力テスト事件判決において、最高裁は、私学教育における自由や教師の教育の自由が一定程度保障されるべきことを認めながらも、「それ以外の領域においては、一般に社会公共的な問題について国民全体の意思を組織的に決定、実現すべき立場にある国は、国政の一部として広く適切な教育政策を樹立、実施すべく、また、しうる者として、憲法上は、あるいは子ども自身の利益の擁護のため、あるいは子どもの成長に対する社会公共の利益と関心にこたえるため、必要かつ相当と認められる範囲において、教育内容についてもこれを決定する権能を有する」と判示した。それでは、国家による教育内容への介入は、どのような基準によって「必要かつ相当と認められる範囲」のものであると判断されるべきなのであろうか。これは裏を返せば、国家による教育内容への介入は、どのような場合に私学教育における自由や教師の教育の自由を侵害し、違憲と判断されるのかという問題である。

　この点について、最高裁は、憲法論としてではなく、「憲法における教育に対する国の権能及び親、教師等の教育の自由についての上記のような理解を背景として、教基法10条の規定をいかに解釈すべきかを検討する」と述べ、旧教育基本法10条1項の「不当な支配」の禁止条項の解釈を通じて明らかにした。学説上も、戦後教育改革の理念に基づき、「不当な支配」の禁止条項は、国や地方公共団体の教育行政機関による教育内容への介入に限界を画するものと解されており、その解釈は、2006年の改正後も、現行教育基本法16条1項の「不当な支配」の禁止条項に引き継がれていると考えられている[1]。

(2)　**「不当な支配」の禁止条項の意義**　　第2章で見たように、大日本帝国憲法下の教育制度においては、学校現場の校長や教師は、国家にとって有

為な国民の育成のために、中央集権的な教育行政制度の仕組みを通じて、学校運営の面でも教育内容の面でも国家による強力な統制に服し、場合によっては子どもたちの教育的必要とは無関係に画一的な教育を余儀なくされた。こうしたことへの強烈な反省に基づき、「不当な支配」の禁止条項は、戦後教育改革の中心的な理念であった教育権の独立の具体化として、学校・教師の自主性を確立することを目指すものであった。

　すなわち、旧教育基本法10条においては、「教育」と「教育行政」にはそれぞれ異なる原理が当てはめられ、「教育」に関する原理を明らかにした同条1項では、「教育」は「不当な支配」に服することなく、学校・教師によって自主的に行われることが要請されるものとされた。これに対して、「教育行政」に関する原理を明らかにした同条2項では、「教育行政」の任務が教育の外的な諸条件の整備に限定され、「教育行政」が教育内容にいたずらに介入することが諫められることとなったのである。こうした「教育」と「教育行政」の区別という条文の構造は、現行の教育基本法においても、16条1項の前段（「教育」）と後段（「教育行政」）の区別として維持されている。

　(3)　**単純な上命下服の関係の否定**　「教育」と「教育行政」との区別を前提とした「不当な支配」の禁止条項の効果の要諦は、国や地方公共団体の「教育行政」機関と、「教育」を担う学校・教師とが、教育内容の決定等の教育の遂行については単純な上命下服の関係に立つものではないとするところにある。これは、法令の規定上、教育行政機関に学校の管理権が認められている場合にも当てはまる。すなわち、公立学校の場合には、地方公共団体の教育委員会が管理権を有するものとされているが、「不当な支配」の禁止条項は、この管理権の行使を限定する効果があるものと解されるのである。たとえ公立学校であろうと、「教育行政」機関たる教育委員会は、教育内容の決定等の教育の遂行については、「教育」を担う学校・教師に一定の独立した権限が認められることを踏まえて活動せねばならず、さもなければ、その行いは「不当な支配」に該当する違法な活動と評価されることになる。

　1）参照、今野健一「16条1項：不当な支配の禁止／国と自治体の役割分担」日本教育法学会編『コンメンタール教育基本法』（学陽書房、2021年）412頁、418-421頁。

　この点は、旧教育基本法の制定当初から強調されていたことである。後に
最高裁長官となる田中耕太郎は、旧教育基本法の立案に文部大臣として深く
関わったが、その制定翌年の著書において、旧教育基本法10条について次の
ように解説していた。まず、「教育は政治的干渉より守られなければならぬ
とともに、官僚的支配に対しても保護せられなければならない」という問題
意識に基づき、国公立の学校は広義では行政の一環とみなしえないわけでな
いが、「官公吏たる教員と雖も」、「上級下級の行政官庁の命令系統の中に編
入せらるべきものではな」く、「教員と教育所管の官庁との間にも」官庁的
上下関係は存在しないという考えが示される。そして、このような趣旨を受
けて、10条１項の「不当な支配」の禁止条項において、「教育は一方不当な
行政的権力的支配に服せしめらるべきでな」く、「教育者自身が不羈独立の
精神を以って自主的に遂行せらるべき」旨が明らかにされたという。また、
その上で、10条２項において、教育行政が「教育目的を遂行するに必要な諸
条件の整備確立を目標として行われなければならぬ旨」が規定されているこ
とについても、教育行政が、「教育についての根本的理解の下に、干渉的取
締的の立場からではなく、助長的奨励的立場において遂行されねばならな
い」からであるというのである[2]。

　(4)　**私立学校と「不当な支配」の禁止**　　加えて、「不当な支配」の禁止の
趣旨が教育の自主性の確保にあるのであれば、その法的効果は、私立学校に
ついても同様に当てはまるべきものである。それゆえ、教育行政が私立学校
やその教師の独立性を損なう介入をしてはならないのは当然であるが、単純
な上命下服の関係の否定というその効果は、私立学校管理者と学校・教師と
の関係についても当てはまるものと考えられている。すなわち、教育内容の
決定などの教育の遂行の面で学校・教師に認められるべき権限の独立性を損
なう管理権行使は、私立学校の場合にも違法とされねばならないのである[3]。

　(5)　**憲法上の教師の教育の自由との関係**　　ここまで見てきたように、「不
当な支配」の禁止条項は、教師集団から構成される学校や個々の教師に対し

---

[2]　田中耕太郎『新憲法と文化』（国立書院、1948年）104 - 105頁。

[3]　参照、兼子仁『教育権の理論』（勁草書房、1976年）188頁以下。

て、教育内容の決定等の教育の遂行において一定の独立した権限を保障する
ものである。それは、学校の管理権者との関係においては単純な上命下服の
関係の否定を意味し、その管理権行使を限定する効果を有するものである。
これは憲法上の教師の教育の自由と保障内容と効果を同じくするものである
（第10章を参照）。「不当な支配」の禁止条項は、憲法上の教師の教育の自由の
保障を客観的な法制度として確認したものとして理解できるのである。

　また、こうした教師の教育の自由と「不当な支配」の禁止条項との関係に
関する理解については最高裁にも概ね共有されていると思われる。旭川学力
テスト事件判決[4]において、最高裁は、次のように述べていたのである。

　「思うに、子どもの教育が、教師と子どもとの間の直接の人格的接触を通じ、子ども
の個性に応じて弾力的に行われなければならず、そこに教師の自由な創意と工夫の余地
が要請されることは原判決の説くとおりであるし、また、教基法が前述のように戦前に
おける教育に対する過度の国家的介入、統制に対する反省から生まれたものであること
に照らせば、同法一〇条が教育に対する権力的介入、特に行政権力によるそれを警戒し、
これに対して抑制的態度を表明したものと解することは、それなりの合理性を有するけ
れども、このことから、教育内容に対する行政の権力的介入が一切排除されているもの
であるとの結論を導き出すことは、早計である。……むしろ教基法一〇条は、国の教育
統制権能を前提としつつ、教育行政の目標を教育の目的の遂行に必要な諸条件の整備確
立に置き、その整備確立のための措置を講ずるにあたつては、教育の自主性尊重の見地
から、これに対する『不当な支配』となることのないようにすべき旨の限定を付したと
ころにその意味があり、したがつて、教育に対する行政権力の不当、不要の介入は排除
されるべきであるとしても、許容される目的のために必要かつ合理的と認められるそれ
は、たとえ教育の内容及び方法に関するものであつても、必ずしも同条の禁止するとこ
ろではないと解するのが、相当である。」

　こうした判断内容からは、「不当な支配」の禁止条項は、「教師の自由な創
意と工夫の余地」を確保することで教育の自主性を確保するために、特に、
教育行政機関による教育内容・方法への介入の限界付けをその内容とするも
のと考えられていたと言えよう。また、その実質的な根拠はと言えば、「子
どもの教育が、教師と子どもとの間の直接の人格的接触を通じ、子どもの個
性に応じて弾力的に行われなければなら」ないことと、「戦前における教育

─────────
4）最大判1976（昭51）・5・21刑集30巻5号615頁。

に対する過度の国家的介入、統制に対する反省」ということが挙げられていた。これらは、第10章で見たように、最高裁判決において教師の教育の自由の内容とその実質的根拠として挙げられていたのと同じ趣旨のものである。最高裁は、実質的には、「不当な支配」の該当性の判断基準を示すことを通じて、教師の教育の自由の射程をも画定しようとしていたのである[5]。

(6)　「不当な支配」の禁止の名宛人と機能　　「不当な支配」の禁止の名宛人としては、学校・教師の自主的な教育の遂行を損なう行為をなす可能性のある主体を広く含むものと解されている。そこには、文部科学省や教育委員会という教育行政機関はもちろん、政党・政治家、組合などの学校の外部の団体や個人も含まれると解されている。

　もっとも、上記のような「不当な支配」の禁止条項の制定の経緯やその意義から明らかなように、「不当な支配」に当たる行為の主体として最も警戒すべきは、教育行政機関である。また、行政機関による教育内容への介入は、法的拘束力を有するものと主張され、「制度的・恒常的なもの」として学校現場に貫徹される。それゆえ、学説上は、「教育行政による法的拘束力をもつ教育支配は、その制度的強さからして、定型的に『不当な支配』に当たると解さなければならない」とされてきた[6]。

　これに対して、政党や組合などによる学校・教師の教育遂行への介入については、個別事案ごとに、その介入が学校・教師の自主性を損なう程度に鑑みて「不当な支配」の該当性が判断されるべきである。裁判例においても、

5）参照、世取山洋介「東京高等裁判所平成20年(ネ)第1430号損害賠償請求控訴事件（「君が代」嘱託再雇用拒否事件）に関する意見書」法政理論42巻1号115頁（新潟大学法学会、2009年）138頁注17；小島慎司「制度と人権」長谷部恭男編『講座　人権論の再定位3　人権の射程』（法律文化社、2010年）48頁、49-50頁。なお、小島は、旭川学力テスト事件判決において、最高裁は、教師の教育の自由の射程について「不当な支配」の該当性の判断を経由して明らかにしたとするが、その判断が「権利自由の侵害を可能な限り抑制するという準則」を前提にしたものではなかったと分析する（同54-56頁）。しかし、後述のとおり、最高裁は、教育内容に介入する国の権限の射程について、全国的な「大綱的」基準の設定の範囲に限定しており、その判断の主たる根拠として、「教師の創意工夫」の尊重を挙げている。これは、教師の教育の自由への侵害をできるだけ抑制しようとする理解の現れとして評価できるのではないか。

6）兼子仁『教育法〔新版〕』（有斐閣、1978年）294頁。

主に地方議会の政治家による介入について、そのような個別事案に即した判断がなされている[7]。

　なお、かつては教育行政機関による法令に基づく行為は、「不当な支配」に該当しないという主張がなされることもあったが、この見解については、旭川学力テスト事件判決において、次のように、最高裁が明確に否定した。

　　「憲法に適合する有効な他の法律の命ずるところをそのまま執行する教育行政機関の行為がここにいう『不当な支配』となりえないことは明らかであるが、上に述べたように、他の教育関係法律は教基法の規定及び同法の趣旨、目的に反しないように解釈されなければならないのであるから、教育行政機関がこれらの法律を運用する場合においても、当該法律規定が特定的に命じていることを執行する場合を除き、教基法一〇条一項にいう『不当な支配』とならないように配慮しなければならない拘束を受けているものと解されるのであり、その意味において、教基法一〇条一項は、いわゆる法令に基づく教育行政機関の行為にも適用があるものといわなければならない。」

　教育行政機関の法令上の権限も、それが教育内容等の教育の遂行に関連する場合には、「不当な支配」の禁止条項との関係を考慮して限定解釈され、学校・教師の権限の独立性を損なわない範囲で行使されうるにすぎない。「不当な支配」の禁止条項は、教育行政機関の法令上の権限をその限定解釈を通じて枠付ける機能を果たすのである。教育内容に関連する教育行政機関の法令上の権限の射程については、法令の文言上は明確ではないことがほとんどである。それゆえ、それらの権限は常に「不当な支配」の禁止条項に反しないように限定解釈されねばならないということになろう。

2. 国による「不当な支配」の該当性の判断基準
——学習指導要領の法的性質

　(1)　**最高裁の大綱的基準説**　　「不当な支配」の禁止条項の意義やそれが憲法上の教師の教育の自由を受けた客観法原則たる法的効果を有することについては、判例と学説は概ね一致している。問題は、どのような基準で「不

　7）深川商業高校事件控訴審判決（東京高判1975（昭50）・12・23判時808号57頁）；七生養護学校事件控訴審判決（東京高判2011（平23）・9・16LEX/DB25472532）。

当な支配」に該当すると判断するのかである。

　旭川学力テスト事件判決においては、国の法令上の権限に基づく教育内容への介入について、その「不当な支配」の該当性が判断された。最高裁は、国は、「必要かつ相当と認められる範囲において」、教育内容を決定することができるという憲法論を前提にしていたため、「不当な支配」の禁止条項に関しても、上記のとおり、「許容される目的のために必要かつ合理的と認められるそれは、たとえ教育の内容及び方法に関するものであつても、必ずしも同条の禁止するところではないと解するのが、相当である」との考えを採っていた。もっとも、そうは言っても、学校・教師の権限の独立性も確保する必要があるとしていたため、行政権力による教育内容への介入には抑制的態度が要請されるとも述べていた。

　こうしたところから、最高裁は、国による教育内容への介入に一定程度の限界を設ける考え方を示した。すなわち、「思うに、国の教育行政機関が法律の授権に基づいて義務教育に属する普通教育の内容及び方法について遵守すべき基準を設定する場合には、教師の創意工夫の尊重等教基法一〇条に関してさきに述べたところのほか、後述する教育に関する地方自治の原則をも考慮し、右教育における機会均等の確保と全国的な一定の水準の維持という目的のために必要かつ合理的と認められる大綱的なそれにとどめられるべきものと解しなければならない」としたのである。

　(2)　**学習指導要領の法的性質**　　そして、この基準に基づき、具体的な国の権限行使の結果である当時の学習指導要領の適法性について、最高裁は、「おおむね、中学校において地域差、学校差を超えて全国的に共通なものとして教授されることが必要な最小限度の基準と考えても必ずしも不合理とはいえない事項が、その根幹をなしていると認められるのであり、その中には、ある程度細目にわたり、かつ、詳細に過ぎ、また、必ずしも法的拘束力をもつて地方公共団体を制約し、又は教師を強制するのに適切でなく、また、はたしてそのように制約し、ないしは強制する趣旨であるかどうか疑わしいものが幾分含まれているとしても、右指導要領の下における教師による創造的かつ弾力的な教育の余地や、地方ごとの特殊性を反映した個別化の余地が十分に残されており、全体としてはなお全国的な大綱的基準としての性格をも

つものと認められるし、また、その内容においても、教師に対し一方的な一定の理論ないしは観念を生徒に教え込むことを強制するような点は全く含まれていない」とし、全体として、政策的当否はともかく、少なくとも法的見地からは是認できると判断した。

⑶　**国の法令上の権限の限定解釈**　こうした最高裁の判断には後述のとおり学説からの批判もある。しかし、それでもなお、最高裁が、「不当な支配」の禁止条項との関係において、実際に、学校・教師の権限の独立性を一定程度確保するために教育内容に関する国の法令上の権限に限定解釈を施していた点には注目すべきである。教育内容に関する国の権限について、現行法の定めを確認すると、「中学校の教育課程に関する事項は、第四十五条及び第四十六条の規定並びに次条において読み替えて準用する第三十条第二項の規定に従い、文部科学大臣が定める。」(学校教育法48条)とされ、さらに、「中学校の教育課程については、この章に定めるもののほか、教育課程の基準として文部科学大臣が別に公示する中学校学習指導要領によるものとする。」(同法施行規則74条)とされている。

　最高裁は、当時のほぼ同じ内容の法令に基づき作成された学習指導要領の適法性を判断した。これらの規定の文言上は、国にどの程度教育内容に介入する権限が認められているのかは明らかではない。それゆえ、「不当な支配」の禁止条項の趣旨に照らせば、これらの規定は教育の自主性を損なわぬように限定解釈を施して適用されるべきである。実際に、同判決においては、教師の創意工夫の余地の尊重という形で、学校・教師の権限の独立性がある程度確保されねばならないことが意識された上で、全国的な大綱的基準の設定という判断基準が採用され、その範囲でのみ、国の教育行政機関は、遵守すべき教育内容及び方法の基準を設定しうるとの限定解釈が示された。

　旭川学力テスト事件判決において、最高裁は、教育内容に関連する教育行政機関の法令上の権限については、「不当な支配」の禁止条項との関係で限定解釈の上で適用されるべきことを確立したと言えよう。

⑷　**伝習館高校事件最高裁判決**　学習指導要領の法的性質については、その後、最高裁は、伝習館高校事件判決[8]において、「高等学校学習指導要領(昭和三五年文部省告示第九四号)は法規としての性質を有するとした原審

の判断は、正当として是認することができ、右学習指導要領の性質をそのように解することが憲法二三条、二六条に違反するものでないことは、最高裁昭和四三年(あ)第一六一四号同五一年五月二一日大法廷判決（刑集三〇巻五号六一五頁）〔旭川学力テスト事件最高裁判決—引用者〕の趣旨とするところである」（①判決）と判示した。

　この判決は、学習指導要領が「法規としての性質を有する」とした原審の判断を是認したことから、学習指導要領にはその内容について教師が厳密に従う必要がある強度の法的拘束力があるとしたかのような印象を与えるものである。しかし、この判示もあくまで旭川学力テスト事件最高裁判決を前提にしたものであることに注意すべきである。同判決に従えば、国の法令上の権限の行使は、全国的な大綱的基準の設定の範囲でのみ法的拘束力を有し、学習指導要領の中に細目にわたる事項が含まれている場合にはその部分については必ずしも法的拘束力が想定されているわけではないと考えねばならないはずである。そして、実際、伝習館高校事件判決で最高裁が是認した原審の判断内容を見ると、次に引用するように、こうした点を相当程度に意識した判断が示されていた。

　　「本件学習指導要領は、学教法四三条、一〇六条一項、同法施行規則五七条の二の委任に基づいて、文部大臣が、告示として、普通教育である高等学校の教育の内容及び方法についての基準を定めたもので、法規としての性質〔下線は引用者。以下、同〕を有するものということができる。……そこで、本件学習指導要領の効力について考えるに、その内容を通覧すると、高等学校教育における機会均等と一定水準の維持の目的のための教育の内容及び方法についての必要かつ合理的な大綱的基準を定めたものと認められ、法的拘束力を有するものということができるが、その適用に当つては、それが『要領』という名称であること、『大綱的基準』であるとされること、その項目の目標、内容、留意事項等の記載の仕方等から明らかなように、その項目を文理解釈して適用すべきものではなく、いわゆる学校制度的基準部分も含めて、その項目及びこれに関連する項目の趣旨に明白に違反するか否かをみるべきものと解するのが相当である。このことは、本件学習指導要領が、その後昭和四五年文部省告示二八一号及び昭和五三年同省告示一六三号により二回も全面改正されていることからみて、学習指導要領は相当柔軟な性格をもつものと解されることからも肯認できる。そして、右明白性の判定に当つては、

　8）いわゆる伝習館高校事件に関しては、最高裁は、同日に二つの判決を言い渡している。最判1990（平2）・1・18判時1337号3頁（以下、①判決）、同民集44巻1号1頁。

（1）専門職である教師の自主性を充分に尊重すること、（2）教育の機会均等の確保と一定水準の維持という目的の範囲に限るべきであり、高等学校の目標の一つに学教法四二条三号に『社会について、広く深い理解と健全な批判力を養い、個性の確立につとめること』とあるように、高等学校教育においては価値観の多様性を認める必要もあるのであるから、不必要な画一化は避けること、（3）本件の如く懲戒処分規定として適用するには、処分事由とされる教育の内容及び方法が、本件学習指導要領を定めた前記目的及び学校法四一、四二条に定める高等学校の目的、目標の趣旨にも違反するか否かについてもみること、（4）前記のとおり本件学習指導要領は教育の政治的中立の規制の基準ではないこと等を考慮すべきである。」[9]

　以上のように、控訴審判決においては、学習指導要領は、厳密な文理解釈に基づき、その違反の有無が問われるものではなく、明白な違反の場合にのみ違法性が問題とされるべきものされていた。さらに、明白な違反の有無の判断においても、専門職である教師の自主性を尊重するための諸要素が十分に考慮されるべきことが述べられていた。こうした意味において、学習指導要領は、法規としての性質とか法的拘束力を有するとは言われても、それをどのように利用するのかについては、教師に相当程度の裁量が認められていると理解されねばならない[10]。

　これらの点を踏まえると、最高裁の立場においても、国による教育内容への介入の法的性質の評価には、留意すべき考慮要素が相当程度用意されていると言いうる。たとえ学習指導要領に全体として「法規性」が認められるとしても、厳密な意味での法的拘束力は全国的な大綱的基準の設定の範囲に限られるのであるから、その個別条項ごとの法的性質の評価の際には、詳細に過ぎ、教師の裁量に必要以上に介入し、さらには一方的な観念を教え込むものになっていないかなどの要素が考慮されなければならない。また、教師が学習指導要領違反を問われる場合は、その違反が教師の裁量を考慮してもなお明白である時に限られることになろう[11]。

---

9 ）福岡高判1983（昭58）・12・24判時1101号 3 頁。

10）赤川理「学習指導要領の拘束力と教育の自由：伝習館高校事件」憲法判例百選Ⅱ〔第 7 版〕（有斐閣、2019年）298頁、299頁。

11）参照、市川須美子「学習指導要領」法学教室320号 2 頁（有斐閣、2007年）。

3.　国の法令上の権限と学校制度的基準説

（1）**学説の対立**　　判例上の大綱的基準説に対しては、近年においても、これを概ね支持する見解もある[12]。また、学説上は、「学校教育法の委任による教育課程に関する国の法規命令事項は、ごく大綱的な基準」の範囲でのみ認められるということが、旭川学力テスト事件最高裁判決以前から主張されもしていた[13]。しかし、学説上の「ごく大綱的な基準」としては、教科目や授業時数などが想定され、各教科の教育内容や方法について触れるものではないと考えられていた。判例上で示された大綱的基準説は、従来からの学説上の大綱的基準説とは実質的な内容の点で大きく異なるものであった。それゆえ、判例に批判的な立場から、かつての大綱的基準説の曖昧さを反省し、学校制度的基準説と呼ばれる新たな学説も有力に主張されるようになった[14]。

（2）**学校制度的基準説の内容**　　この学説は、公教育のジレンマの調整原理たる教育の内的事項と外的事項の区別論を前提に（第6章参照）、国が、憲法26条の下で積極的に教育条件整備義務を果たす上で、「学校制度法定主義」に基づき法定すべき事項は、「不当な支配」の禁止条項との関係において、「学校制度的基準」の範囲に限定されると主張するものである。すなわち、「立法可能な学校制度的基準は、……施設設備から学校組織規模（学校・学級規模、教職員数）をへて学校教育組織編制（入学・卒業資格、教育編制単位）に及び、それは、……教科目等に終る」[15]とされるのである。そして、国がこれを超えて法的拘束力を有する教育内容への介入を行うことは、「不当な支配」に該当するものとして違法と判断されることになるから、そのような国の介入は、法的拘束力のない「指導助言的行政」として、条件整備的な教

12）戸波江二「教育法の基礎概念の批判的検討」戸波江二・西原博史編『子ども中心の教育法理論に向けて』（エイデル研究所、2006年）18頁、49-53頁；西原博史「教師の〈教育の自由〉と子どもの思想・良心の自由」広田照幸編『自由への問い 教育：せめぎあう「教える」「学ぶ」「育てる」』（岩波書店、2009年）130頁、154-161頁。

13）兼子仁「教育法」兼子仁・磯崎辰五郎『教育法・衛生法』（有斐閣、1963年）177-178頁。

14）かつての「大綱的基準」説の主唱者自身が、その曖昧さを反省し、学校制度的基準説を唱えるに至った（兼子・前掲注6）380-381頁）。

育内容行政の作用と評価されるべきことになるという。

　この学説に従えば、「学習指導要領が各教科をはじめ学校教育活動の内容にわたる基準を記している以上は、その法規性は、もはや学校教育法による学校制度法定主義の域を越え出るもので、教育法制上当然に認められうるところではない」[16]とされ、学習指導要領は国による法的拘束力のない指導助言的基準の告示とみなされることになる。

　(3)　**内外事項区分論との関係**　　学校制度的基準説において、法定すべき事項とされる教科目は、教育の内的事項と外的事項の両方の性質を有する「混合事項」とされるものである。それゆえ、同説においては、国による法的拘束力を有する教育内容面への関与が一切排除されねばならないとされているわけではない。国会による議決を要する予算・財政支出との関連性、全国一律の統一的制度であることの必要性、比較教育法制史上の取り扱いなどを考慮して、外的な条件整備として法定される高度の合理性・必要性がある場合には、「混合事項」についても法定されるべき事項とされるのである[17]。

　こうした特徴から、学校制度的基準説は、外的事項と内的事項の区別という基準をベースラインとしてかなり厳格に解しながら、そこから離れることに特別に強い正当化事由がある場合には、教育内容面に影響する事項であっても法定事項とするものと理解できる（第6章を参照）。

　(4)　**大綱的基準説との優劣をどう考えるか?**　　第6章で述べたとおり、旭川学力テスト事件最高裁判決の大綱的基準説も、緩やかにではあるが、内外事項区分論を前提にしているものと理解できる。そして、国による教育内容面への介入の許容度について、学校制度的基準との相違は、内外事項区分論の設定したベースラインをどの程度厳格なものとして理解するのかによっ

---

15) 兼子・前掲注6）383頁。なお、同説は、こうした基準を「中央政府および地方政府の双方で採用されている予算議決主義と法定化されるべき事柄の限界線とを連動させ、議会によって決定されるべき予算と法律・条例の範囲とを一致させ」ることによって導き出すものである（世取山洋介「教育という現物給付」世取山洋介・福祉国家構想研究会編『公教育の無償性を実現する』(大月書店、2012年) 1頁、13頁)。また、参照、兼子・前掲注6）216頁。

16) 兼子・前掲注6）383頁。

17) 兼子・前掲注6）216頁、353頁、376-377頁。

て生じていると考えることができる。

　両説とも、憲法上、教育に関しては作為義務と不作為義務の正反対の要請
に国家は直面するというジレンマをどのように調整するのかについて、内的
事項への国家の不介入という基準をベースラインとして設定する点では共通
している。しかし、一方で、判例上の大綱的基準説は、国家の作為義務をよ
り強調し、他方で、学校制度的基準説は、国家の不作為義務をより重視した
がゆえに、内的事項への国家の不介入という原理をどの程度厳格に遵守すべ
きであると理解するのかについて差が生じたのである。

　そうすると、両説の優劣は、どちらのベースラインの理解の方が、公教育
のジレンマを調整する基準として、現実によりうまく機能すると言いうるの
かによって決められるべきということになる。この点で、学校制度的基準説
の主唱者が、かつて次のように述べていたことが注目に値する。

> 「教科教育内容を定める法規をひとたび認めるときは、教育内容の流動性と有機的関
> 連性からして、その法的意味内容があいまいなままに、その法的限界を明確に画するこ
> とが不可能にならざるをえない。……ひとたび法規であるとされるときには、学校管理
> 権を主張する当局者の指導要領内容にかんする行政解釈が教師に課されるということを
> 防止しえず、教育課程行政が真に専門的な指導助言に徹することなく、法的規制を主と
> する方向に走りやすい。よく、従来の学習指導要領の内容は拘束力に幅があるうえ各教
> 科各学年について見れば僅かなのだと言われるが、法規説はそれを"行政解釈"の可能
> な法的存在にしてしまうところに根本の問題を持つわけである[18]」。

　この指摘は、近年、教育委員会によって学校現場における「日の丸・君が
代」の一律の取り扱いが強制され、一連の訴訟へと展開したことを予期して
いたかのようでもある[19]。また、2006年の教育基本法の改正以降には、教科
書検定改革や道徳の教科化などによって、教育内容への行政の介入が著しく
強化されている（第5章及び第17章を参照）。現に今、判例上の大綱的基準説
が、有権解釈として通用していく中で、国家の教育内容への介入にうまく歯
止めをかける機能を果たしてきたのかが真剣に問われるべき状況にある。学

---

18) 兼子・前掲注6）384頁。
19) 参照、新教育基本法法制研究特別委員会ワーキング・グループ「資料・紹介解説『日
　の丸・君が代』訴訟の争点」日本教育法学会年報41号161頁（有斐閣、2012年）。

校制度的基準説の相対的な説得力が大きくなっているように思われる。

第13章
「不当な支配」の禁止(2)
──教育委員会の権限の限界

1. 学校制度的基準説と教育委員会の権限

(1) **教育委員会と校長の権限の限定解釈の必要性**　第12章で見たように、「不当な支配」の禁止条項は、行政組織や企業組織のような単純な上命下服の関係を、学校の管理権者と学校との関係や学校内部の校長と教師との関係においては否定し、たとえ上級機関や上司による命令であっても、それが教育内容の決定等の教育遂行に関する学校・教師の権限の独立性を一定程度以上に損なう場合には、それを違法とするものである。それゆえ、教育委員会や校長の権限の限界がどこに設定されるべきなのかが問われねばならない。

具体的には、教育委員会については、地方教育行政の組織及び運営に関する法律（以下、地方教育行政法とする）において、「教育委員会は、当該地方公共団体が処理する教育に関する事務で、次に掲げるものを管理し、及び執行する」と定められ、初等中等教育段階の公立学校の管理を行う教育行政機関としての位置付けが与えられている[1]。そして、教育委員会の管理権には、「学校の組織編制、教育課程、学習指導、生徒指導及び職業指導に関すること」（地方教育行政法21条5号）や「教科書その他の教材に関すること」（同条6号）という教育内容・方法に関連する事項が含まれ、さらに、それらに関する教育委員会規則の制定権も定められている（同法33条）。また、公立学校内部での各機関の法令上の権限を確認すると、「教諭は、児童の教育をつかさどる」（学校教育法37条11項）とされるのに対して、「校長は、校務をつかさどり、所属職員を監督する」（同条4項）とされている。

しかし、これらの教育委員会の管理権や校長の監督権が、教育内容の決定

1）公立学校は、それを設置する地方公共団体によって管理されるものであり（学校教育法5条）、地方公共団体内部においては、公立学校の管理権は、一般行政とは独立した教育行政機関である教育委員会に配分されている（地方教育行政法21条）。

等の教育の遂行にどの程度及びうるものなのかについては、文言上は明らかではない。それゆえ、教育委員会や校長の法令上の権限は、「不当な支配」の禁止条項との関係においてどの程度の限定解釈に服するべきなのかが問われねばならない。本章においては、教育委員会の権限の限界について検討し、次章においては、学校内部の権限関係の問題として校長の権限の限界について検討する[2]。

⑵　**学校制度的基準説と教育委員会**　　教育委員会の権限の限界について、第12章で紹介した学校制度的基準説からの帰結はかなり明確である。教育の内的事項に関しては、学校制度的基準の範囲を超えて、学校・教師に対して法的拘束力を有する規律を及ぼすことは許されないという理解は、国の教育行政機関の権限についてだけでなく、教育委員会や校長の権限についても同様に当てはめられるべきものである。

したがって、同説においては、所管教育委員会の公立学校管理権については、一般的に、「各学校の教育自治権が厳存」することを前提とした「教育条件整備作用であり、かつ各学校運営における現場的条件整備を学校設置者単位に総合調整する意味合いの働き」であると位置付けられる[3]。その上で、「教育課程編成権は学校教師集団に有るのであって、教育課程・学習指導・生活指導にかんする教委の学校管理権は、指導助言権にほかならない」[4]と限定的に条理解釈されることになる。

2.「日の丸・君が代」裁判の下級審裁判例

⑴　**教育委員会の具体的命令発出権？**　　これに対して、最高裁は、先述のとおり、旭川学力テスト事件判決[5]において、教育の内容に関する国の権限については「不当な支配」の禁止条項との関係で全国的な大綱的基準の設定の範囲内で行使できるという限定解釈を明らかにした。しかし、現在のと

2）教育委員会や校長の権限について、本章と次章で言及できなかった論点も含めて、教育法学の観点から詳細に分析するものとして、安達和志『教育と教育行政の法理論』（エイデル研究所、2021年）の特に第一部と第二部を参照してほしい。
3）兼子仁『教育法〔新版〕』（有斐閣、1978年）478頁。
4）兼子・前掲注3）482頁。
5）最大判1976（昭51）・5・21刑集30巻5号615頁。

ころ、最高裁は、教育委員会や校長の権限については直接には判断を示していない。

　そこで、下級審の裁判例に目を転じると、近年のいわゆる「日の丸・君が代」裁判の一連の下級審判決において、教育委員会については、公立学校の教育内容に関して国よりもかなり踏み込んだ権限を行使できるとするものが見られる[6]。例えば、2011年3月10日の東京高裁判決[7]において、教育委員会の権限について次のような判断が示されていた。

　　「確かに、教師の創意工夫の尊重等は、教育委員会による介入との関係においても考慮すべきであり、各学校における教師の創意工夫の余地を全く奪うような細目的事項について、教育委員会が基準を設定し、指示を与えるなどすることは、『不当な支配』に当たることがあり得るというべきである。しかしながら、国の教育行政機関が法律の授権に基づいて普通教育の内容及び方法について遵守すべき基準を設定する場合には、各地方の実情に適応した教育を行わせるのが教育の目的及び本質に適合するとの観念に基づき、現行教育法制における重要な基本原理となっている教育に関する地方自治の原則を考慮しなければならないことから、その内容が必要かつ合理的であると認められるだけでなく、大綱的な基準にとどめられなければならないとされるのに対し、地方公共団体の設置する教育委員会が当該地方公共団体内における教育の内容及び方法について遵守すべき基準を設定する場合には、そのような考慮は不要であるというべきである。むしろ、教育委員会は、教育に関する地方自治を担う機関として設置されているものであり、その管理執行権限に基づき、国の教育行政機関との対比において、より細目にわたる事項についても、教師の創意工夫の余地を残しつつ、必要かつ合理的な範囲内で、基準を設定し、一般的指示を与えるなどすることができ、特に必要であれば具体的な命令を発することができると解すべきである。」

　この東京高裁判決の判示によれば、教育委員会は、国の機関である文部科学大臣とは異なり、「不当な支配」の禁止条項との関係を考慮しても、学校に対する管理権の行使として、教育内容や方法の決定に関して詳細なところまで介入でき、「特に必要な場合には」学校に対して具体的な命令を発出で

6）2012年の段階までの「日の丸・君が代」裁判の主たる争点について、下級審判決から最高裁判決までの判断内容を整理したものとして、新教育基本法法制研究特別委員会ワーキング・グループ「資料・紹介解説『日の丸・君が代』訴訟の争点」日本教育法学会年報41号161頁（有斐閣、2012年）を参照。
7）東京高判2011（平23）・3・10判時2113号62頁。

きるという。

　ここでは、一応は、教師の創意工夫の尊重等を考慮して、教育委員会が各「教師の創意工夫の余地を全く奪うような細目的事項」まで決めることは「不当な支配」に該当しうるとされている。もっとも、教育というものの性質上、完全に現場の教師の裁量を否定するなどということはほとんどありえない。そして、実際、「日の丸・君が代」裁判の一連の事件においては、教育委員会が、通達を通じて、校長に対して、卒業式や入学式等における「日の丸」の掲揚や「君が代」の斉唱の仕方について具体的に指示し、教職員に起立と斉唱を命じることを求めたが、一連の下級審判決においては、このような詳細にわたる命令をも適法と判断されている。

　そうなると、この判示によれば、教育委員会は、自らの政策的判断に基づいて「特に必要」であると言いうる限りで、教育内容や方法を詳細にわたるまで決定し、それを学校に実施させる権限を有するということになろう。要するに、教育委員会の権限行使については、実質的には、「不当な支配」の禁止条項との関係をほとんど考慮する必要がないかのような判断が示されているのである。

　(2)　**最高裁判例の踏襲？**　　このような考え方は、繰り返し確認してきたように「不当な支配」の禁止条項のそもそもの意義を十分に踏まえたものとは言えないものであり、学校制度的基準説の立場とも異なるものである。もっとも、一つ気になるのは、少なくとも表面上は、上記の裁判例の理解が旭川学力テスト事件最高裁判決に依拠しながら導き出されている点である。下級審判決における教育委員会の具体的命令発出権に関する判示は、旭川学力テスト事件最高裁判決の次の判示を参照したものと思われる。

　　「市町村教委は、市町村立の学校を所管する行政機関として、その管理権に基づき、学校の教育課程の編成について基準を設定し、一般的な指示を与え、指導、助言を行うとともに、特に必要な場合には具体的な命令を発することもできると解するのが相当であるから、旭川市教委が、各中学校長に対し、授業計画を変更し、学校長をテスト責任者としてテストの実施を命じたことも、手続的には適法な権限に基づくものというべく、要するに、本件学力調査の実施には手続上の違法性はないというべきである。
　　もっとも、右のように、旭川市教委による調査実施行為に手続上の違法性はないとしても、それが地教行法五四条二項による文部大臣の要求に応じてされたという事実がそ

の実質上の適法性の問題との関連においてどのように評価、判断されるべきかは、おのずから別個の観点から論定されるべき問題であり、この点については、四で検討する。」

　近年の裁判例は、少なくとも最高裁判例を踏襲するという限りでは正当な判断と評価せねばならないということになるのであろうか。結論から言えば、そうした点からも、近年の裁判例の理解は説得力を欠くと言わざるをえない[8]。近年の裁判例は、表面的には旭川学力テスト事件最高裁判決の判断内容に依拠しているように見えるが、その依拠の仕方は恣意的なものである。

3.　最高裁判例から見る下級審裁判例の問題点

(1)　**旭川学力テスト事件最高裁判決の射程**　　下級審の裁判例の第一の問題点は、旭川学力テスト事件最高裁判決の射程を見誤っている点にある。確かに、最高裁は、教育委員会が、学校に対して「特に必要な場合には具体的な命令を発することもできる」と述べていた。しかし、この部分は、教育委員会の権限には、教育内容の決定に関して詳細にわたるまで学校に具体的な命令を発することも含まれる、という解釈を根拠付けるものではない。第一に、最高裁は、旭川市教育委員会による学力調査実施行為の手続的適法性と実質的適法性とを区別して論じており、教育委員会には「特に必要な場合」には何らかの具体的命令を発出する権限が法令上与えられているという意味で、旭川市教育委員会が学校に対して学力調査実施に関連する具体的な命令を発出したことが手続上は適法だと述べたに過ぎない。「不当な支配」該当性という最高裁が言うところの実質的適法性の判断は、別個に検討されるべきこととされていた[9]。

　そして、「不当な支配」の禁止条項が、教育内容の決定・実施に関する教師・教師集団の権限の独立性の確保を要求するものである以上は、教育内容

---

8)　同じく近年の裁判例のこうした理解を批判するものとして、市川須美子「最高裁学テ判決と『日の丸・君が代』強制」獨協法学81号横1頁（2010年）横13-15頁；西原博史「学習指導要領の解釈における教師の裁量権と『不当な支配』：七生養護学校事件を手がかりに」早稲田社会科学総合研究13巻3号41頁（早稲田大学社会科学学会、2013年）47-49頁；安達・前掲注2）63-65頁を参照。
9)　参照、市川・前掲注8）横14頁。

に関する教育委員会の具体的命令発出権の射程は、実質的適法性の問題である。しかし、最高裁判決においては、実質的適法性の審査については、国の権限の行使に関してのみ行われ、教育委員会の権限行使に関しては行われなかった。したがって、最高裁判決の上記の引用部分は、教育内容に関して教育委員会がどの程度の権限を有するのかについて明らかにしたものではない。

もっとも、こうした理解に対して、最高裁が国の権限の行使やその行為の実質的適法性のみを問題にしたのは、当該事案においては、教育委員会の権限行使については実質的にも適法であることを暗黙の前提にしていたからであるとの反論が提起されうる。しかし、仮にそうした暗黙の前提があったとしても、それによって根拠付けられうる教育委員会の権限の射程はかなり限定されたものであることに留意せねばならない。

旭川学力テスト事件で問題になった教育委員会の具体的な権限行使は、行政調査の一種とみなされた学力調査の実施に必要な限りで、「各中学校長に対し、授業計画を変更し、学校長をテスト責任者としてテストの実施を命じたこと」であった。また、最高裁は、学力調査が、試験という形をとっていても、あくまで行政調査であり、教育活動そのものとは性格を異にするものであったことを強調していた[10]。そうすると、最高裁は、仮に当該事案における教育委員会の権限行使の実質的適法性を暗黙の前提にしていたとしても、教育委員会による行政調査と学校における教育活動とを区別した上で、前者のために具体的な命令が発出されたことについて判断したにすぎない。したがって、上で引用した部分は、教育委員会が、行政調査に関して具体的命令を発出しても実質的に適法であるということを根拠付けうるものかもしれないが、学校における教育活動そのものと不可分の教育内容の決定・実施に関して詳細にわたって具体的な命令を発出しても実質的適法性の面において問題はないというところまでをも根拠付けうるものではない。

---

[10] 最高裁は、「学力調査としての試験は、あくまでも全国中学校の生徒の学力の程度が一般的にどのようなものであるかを調査するためにされるものであつて、教育活動としての試験の場合のように、個々の生徒に対する教育の一環としての成績評価のためにされるものではなく、両者の間には、その趣旨と性格において明らかに区別があるのである」と述べていた（旭川学力テスト事件判決・前掲注5））。

(2) 「不当な支配」の禁止と教育の地方自治　　以上のように考えると、教育委員会の権限が、教育内容の決定・実施に関して、どの程度の射程を有するのかについては、最高裁が示した「不当な支配」該当性の判断枠組みに即して改めて画定されるべきということになろう。しかし、この点でも、裁判例における解釈は、旭川学力テスト事件最高裁判決の判断内容を十分に理解した上でのものとは言い難い。これが裁判例の第二の問題点である。

　上記のとおり、最高裁の判断枠組みに従うと、「不当な支配」該当性の判断には、まずは教育内容の決定・実施に関する各機関の法令上の権限の限定解釈が必要とされる。この点で、最高裁は、教育内容の決定に関する国の権限を教育課程の全国的な大綱的基準の設定の範囲に限定する解釈を示していた。これに対して、上記の裁判例においては、「不当な支配」の禁止条項との関係を考慮しても、教育委員会の具体的命令発出権には大綱的基準の設定の範囲という限定を付す必要はないとされていた。この決定的な根拠とされたのが教育の地方自治の原則であったが、この判断が「不当な支配」の禁止条項の意味を十分に理解したものとは言えないことは、これまでの叙述から明らかである。

　旭川学力テスト事件最高裁判決によれば、「不当な支配」の禁止条項は、教育内容の決定・実施に関する教師・教師集団の権限の独立性を確保するためのものである。教育の地方自治の原則は、「不当な支配」の禁止をより十全にするためのものではあるが、それに代替できるものではない。このことは、最高裁判決において、「不当な支配」該当性の判断の中で地方自治の原則が一つの考慮要素とはされているものの、教育の地方自治の原則それ自体との関係については、判決の別の箇所で改めて判断されていたことからもうかがわれる。「不当な支配」の禁止条項の法的効果と、教育の地方自治の原則の法的効果とは、あくまで別個のものと認識されていたのである。

　それにもかかわらず、近年の裁判例のように、教育の地方自治の原則に基づいて、教育委員会の具体的命令発出権が教育内容にも原則的に及ぶかのように解釈することは、教育委員会の権限行使については「不当な支配」の禁止条項との関係を考えなくてよいとするに等しい。旭川学力テスト事件最高裁判決においては、国の権限行使の「不当な支配」該当性が争点となってい

ために、その判断の過程で教育の地方自治の原則を副次的に考慮することも意味があったと言いえよう。しかし、上記の裁判例のように、教育委員会の権限行使の「不当な支配」該当性の判断において、教育の地方自治の原則を持ち出し、教師・教師集団の権限の独立性を過度に相対化しようとすることは恣意的であると言わざるをえない[11]。

4. 最高裁判例から考える教育委員会の権限

(1) **教育委員会の独自の権限の可能性**　旭川学力テスト事件判決に即して考えると、「不当な支配」の禁止条項との関係で、教育委員会の権限の射程が「許容される目的のために必要かつ合理的」な範囲にとどまるものかどうかについては、国の権限の射程に関して検討されたのと同様に、教育内容の決定・実施に関する学校・教師の権限の独立性が十分に確保されているのかどうかを第一の考慮要素とすべきである。そうすると、教育委員会が教育内容の詳細までを決定し、学校に対して具体的命令を発出しうるとは言いえない。それが教育委員会にできるならば、教師は、教育内容の決定・実施に関しても行政組織の末端に属する一般の公務員と同じく原則的に上司の命令に忠実に従う義務を負い、いかなる意味においても独立の権限を確保されているとは言いえなくなってしまう。

もっとも、旭川学力テスト事件最高裁判決に従えば、教育委員会は、国とは別個に、教育内容については指導助言の範囲を超える権限行使を全く認められないという解釈しかありえないわけでもない。というのも、国には「教育の機会均等の確保と全国的な一定水準の維持という目的のために必要かつ合理的と認められる大綱的な」教育課程の基準の設定が認められるとされたが、そこでは上記のとおり主たる考慮要素ではないものの、教育の地方自治の原則も考慮して、あくまで全国的な大綱的基準であることが意識されていたからである。

ここには、教育委員会が、教育の地方自治の担い手として、あくまで学校・教師の権限の独立性を確保することと矛盾しない範囲で、国とは別個の権限

---

11) 同旨、市川・前掲注**8**）横14頁。

を行使しうる余地を見出すこともできるであろう。問題は、教師の権限の独立性を十分に確保した上で教育委員会に認められる独自の権限とは何かということである。

(2) **教育委員会制度の趣旨**　この点については、最高裁は沈黙しているが、そもそも教育委員会が、どのような形で学校・教師と関わっていくと想定されていたのかということを考慮して推論することは許されよう。教育委員会制度がどのような趣旨の制度として日本に導入されたのかについては、1948年の教育委員会法（現在は廃止）の立案に関わった当時の文部省関係者による解説書・教育法令研究会『教育委員会：理論と運営』[12]においてわかりやすく解説されている。

教育委員会法においては、「この法律は、教育が不当な支配に服することなく、国民全体に対し直接に責任を負つて行われるべきであるという自覚のもとに、公正な民意により、地方の実情に即した教育行政を行うために、教育委員会を設け、教育本来の目的を達成することを目的とする」（1条）と定められていた。この目的規定からは、同法が、1947年の教育基本法に「不当な支配」の禁止条項が設けられたことの意義、すなわち、教育内容の決定・実施に関する教師ないし教師集団の権限の独立性の確保ということの意義を踏まえて制定されたものであることを読み取りうる[13]。

同書においては、こうした教育委員会法の趣旨を踏まえ、「不当な支配」の禁止条項との関係を強く意識し、教育委員会の権限の射程に関して解説が加えられていた。教育委員会法において教育委員会が管理する事務として挙げられていた「教科内容及びその取扱に関すること」（49条3号）について、次のように解説されていたのである。すなわち、戦後の新教育とは、「児童生徒を直接対象としている現場の事情によって、構想し実践していかなくてはならない」という観点に立つものであり、「教科内容」＝教育課程の編成とは、「実際教育の現場で構成して行く営み」として、文部省の学習指導要領の基準によりつつも、「それぞれの地方の特性に応じて作られる」もので

---

12)　教育法令研究会『教育委員会：理論と運営』（時事通信社、1949年）。
13)　参照、教育法令研究会・前掲注12)22-23頁、35-36頁。

あるという。さらに、「その取扱」＝「構成せられた教科内容（教材構成）を
いかに取上げ、いかに実行するか即ち学習指導法、学習効果の判定等は各教
師の責任において行われる」[14)]というのである。ここでは、教育課程の編成
や教育の実施については、原則的に、学校現場と各教師の責任に属するもの
であることが確認されていたと言えよう。

　そして、これに続けて教育委員会の権限とその限界について、次のように
述べられていた。

> 「以上のように教科内容及びその取扱いという仕事は、現場の教師の責任ではあるが、
> 教育は日進月歩するものであり、これらについて不断の研究と指導が必要である。又各
> 学校を包含する地縁的な一つの共同社会のもつ関連性は児童の社会人としての育成に不
> 可欠な客観的要件である。ここに地方公共団体を単位に設けられた教育委員会が、その
> 地方の教育の必要を反映し、その地方の教育に指導力を発揮して行く任務があり、その
> 限りにおいてカリキュラムの構成や学習活動について教育委員会が、地方的な一定基準
> を定めたり、学校間の甚だしい差等を均衡化し、又有能な研究機能と指導力を発揮し
> て『統括力または行政的権力をもたぬ感激と指導を供與（ママ）』することは極めて必要なこと
> である。ただ、教育内容については、十分現場の創意と工夫を認め、教育行政が限界を
> 超えて徒らな干渉にわたらぬ様十分注意することが必要である。」[15)]

教育委員会の権限は、「教科内容及びその取扱」という面では、具体的な
指揮命令にわたらず、地方的な大枠の基準の設定や指導・助言にとどまるべ
きものであると限定的に解釈されていたのである。

　(3)　**地方的な大綱的基準の設定**　　教育委員会制度は、1956年に教育委員
会法に代えて、地方教育行政法が制定されたことで、委員の公選制から首長
による任命制への変更などの大きな改革を加えられることになった。しかし、
公立学校の管理機関としてのその権限に大きな変更はない。それゆえ、地方
教育行政法上の教育委員会の管理権に含まれる学校の教育課程等に関する権
限についても、「不当な支配」の禁止条項との関係で、教育委員会法の下に
おけるのと同様の限定解釈がなされるべきである。

　すなわち、最高裁判決に従えば、教育委員会にも教育内容に関して国とは

---

14) 教育法令研究会・前掲注**12)**129‐130頁。

15) 教育法令研究会・前掲注**12)**130頁。

独自の権限を認める余地が見出されうるとしても、それは「不当な支配」に該当しない限りで、教育の地方自治を踏まえて各地方に特有の課題や特色に対応し、学校間の甚だしい差などを均衡化するという目的のために「許容される」ものであり、教育委員会は、その目的達成に必要な限りで教育内容に介入する権限を認められるということになろう。そうであるならば、教育委員会に認められるのは、教育課程の地方的な大綱的基準の設定という程度のものであるはずである。教育委員会については、全国的な大綱的基準の設定という国の権限を超えて教育内容に関与することを認められるという立場を採用したとしても、地方的な大綱的基準の設定の範囲を超えて、学校に具体的命令を発出するような場合には、その行為は学校・教師の権限の独立性を損なう「不当な支配」に該当し、違法であると考えるべきである[16]。

---

16) 同旨、西原博史「第16条」荒牧重人・小川正人・窪田眞二・西原博史編『新基本法コンメンタール 教育関係法』（日本評論社、2015年）61頁、65頁（「教育内容に関わる基準を設定するにあたっては、地方教育委員会も教師による創意工夫の余地を十分に保障した大綱的なものしか設定できないと考えるべきである」）。

「不当な支配」の禁止(3)
──学校内部における権限配分

1. 学校内部の組織改革

(1) **戦後教育改革法制における学校の内部組織**　戦後教育改革期においては、教育権の独立の理念を具体化した「不当な支配」の禁止条項の効果を通じて、教師が上命下服の階層組織における統制に服することなく、自主的に教育を実施できることを確保することが目指された。この点は、学校内においても貫徹されることが狙われ、教師は、法令上、戦前・戦中とは異なる位置付けを学校内において与えられることになった。

1941年の国民学校令は、国民学校には学校長と訓導を必置とし（15条1項）、それぞれの権限に関しては、「学校長ハ地方長官ノ命ヲ承ケ校務ヲ掌理シ所属職員ヲ監督ス」（16条2項）とし、「訓導ハ学校長ノ命ヲ承ケ児童ノ教育ヲ掌ル」（17条2項）とするものであった。当時には、各学校の校長は、一般の行政組織の末端に属する機関の長として、地方長官の指揮命令に服し、教師は、上司たる学校長の指揮命令の下において職務を遂行し、教育内容に関しても独立の権限を認められる存在ではなかった。

これに対して、戦後の1947年に制定された学校教育法においては、「校長は、公務を掌り、所属職員を監督する」（旧28条3項、現37条4項）と定められ、「教諭は、児童の教育を掌る」（旧28条4項、現37条11項）と定められた。この規定振りは、国民学校令と似たものであるが、「学校長ノ命ヲ承ケ」という文言が削除されていたことには留意せねばならない。学校教育法の立案過程においては、当初は同様の文言が入れられていたが、最終的にはその文言は削除されて、学校教育法案が帝国議会に提出されたようである[1]。

---

1) 名古屋大学教育学部教育行政及び制度研究室・技術教育学研究室『学校教育法成立史関係資料』（1983年）に各種の草案が収録されており、条文案の変遷を確認できる。

教育権の独立を狙って「不当な支配」の禁止を規定した当時の状況と併せて考えれば、ここに教師がもはや校長の指揮命令に服することなく独立に教育内容を決定する権限を有する者であることが十分に意識されていたことを読み取ることができる。そして、学校の内部では、校長を「校務を掌り、所属職員を監督する」職とするほかには教職員同士の階層制は採用されず、「教育」の担い手たる「教諭」もすべて対等な存在とされた。戦後教育改革期に採用された学校の内部組織は、こうした鍋蓋型を特徴とするものであった。

その後、1974年の学校教育法改正において、「教頭」の職が法律上に規定され、1975年の学校教育法施行規則改正において、教務主任や学年主任などの主任制が導入された。しかし、「教育」の主たる担い手である「教諭」は法律上各自対等な存在であり続けてきた。

(2) **学校内部組織への階層制の導入**　ところが、2007年に、学校教育法が、2006年の教育基本法の改正を受ける形で改正され、従来の鍋蓋型の組織が大きく変革されることになった。2007年の改正においては、新たな職として「副校長」、「主幹教諭」、「指導教諭」を置くことができるとされたのである（37条2項等）。副校長は、「校長を助け、命を受けて校務をつかさどる」とされた（同条5項）。また、主幹教諭は、校長、副校長、教頭を助け、「命を受けて校務の一部を整理し、並びに児童の教育をつかさどる」とされ（同条9項）、指導教諭は、「児童の教育をつかさどり、並びに教諭その他の職員に対して、教育指導の改善及び充実のために必要な指導及び助言を行う」とされた（同条10項）。これは、従来と異なり学校の内部組織を高度に階層化するものであり、学校を行政組織や企業組織により近いものに変えるものである。主幹教諭と指導教諭という「教育」を主な職務とする職にも、新たに階層的な仕組みが採用されたのである。

2007年改正を経ても、「教育」を担うという「教諭」の職務内容に変更はなく、「主幹教諭」が校長の命を受けるのは校務の整理に限られ、「指導教諭」が他の教員の教育指導に当たる権限も命令的なものではなく、指導・助言であることからすると、教育内容決定に関する「教諭」の権限の独立性は維持されていると解釈されるべきである。しかし、それにもかかわらず、各教師が日常的に職務を遂行する環境が高度に階層化されたものになってしまった

ことを考えると、教育内容の決定も含めて、事実上、学校が全面的に上命下服の論理で運営されることになってしまう可能性は十分にあるだろう。

例えば、2008年の学習指導要領の改訂以来、各学校においては、「校長の方針」の下、「道徳教育の推進を主に担当する教師」（道徳教育推進教師と呼ばれる）を中心に全教師が協力して道徳教育を推進するため、全体計画と年間指導計画を作成するものとされている。階層化された学校組織においては、校長の意を受けた主幹教諭や指導教諭が「道徳教育推進教師」に当てられ、その方針や指示に事実上他の教員が従わざるをえないという状況も十分に生じうるであろう。

このようにして「教育」を担う者の対等性を大きく揺るがしかねない状況が生まれている。学校内部の教師・教師集団の独立性が法的にはどの程度保障されるべきなのかについて、改めて確認しておくことが重要である。

2. 学校制度的基準説と学校の内部関係

(1) **全校的な教育内容の決定と個別的な教育内容の決定**　　学校内部の権限配分については、教師・教師集団による「教育」の遂行に関する権限行使に対して、校長の所属職員を監督する権限がどの程度及びうるのかが問題になる。この点については、全校的な教育内容の決定と各教師の個別的な教育内容の決定を区別して考える必要がある。各学校で実施される教育内容には、各学校単位の教育課程の編成や学校行事の実施など全校的に単一の決定をもって実施されるべき内容と、各クラスでの授業内容を典型として教師による個別的な決定を原則として実施されるべき内容が含まれるからである。

(2) **全校的な教育内容決定と職員会議**　　まずは学校制度的基準説の立場を確認すると、全校的な教育内容の決定については、職員会議が「学校教師集団の教育上の正式組織として教育条理上に根拠をもつ」[2]ものとして重視されることになる。学校の運営において、教育の内的事項について全校的に決定していく際には、その全校的な決定が、「教育をつかさどる」個々の教師の権限を束ねたものとなる必要があり、そのためには、校長を含む学校教

2）兼子仁『教育法〔新版〕』（有斐閣、1978年）454頁。

師集団の会議体たる職員会議に、全校的に決定されるべき教育の内的事項の審議・決定権が認められねばならない。職員会議の審議・決定に服する事項には、各学校の教育課程編成、指導要録作成、教育校務分掌、生徒懲戒処分などの全校的な教育内容の決定が広く含まれる[3]。それにもかかわらず、校長がそうした事項について、一存的に決定し、その決定を職務命令をもって個々の教師に遵守させるということを行った場合には、それは、学校教師集団の権限の独立性を損なう「不当な支配」に当たるものとして違法と評価されねばならない。

　職員会議については、長らく法令上の明文の位置付けが与えられていなかったが、2000年の学校教育法施行規則の改正において、各学校には、「設置者の定めるところにより、校長の職務の円滑な執行に資するため、職員会議を置くことができる」(48条1項等)とされ、「職員会議は、校長が主宰する。」(同条2項等)と定められた。この趣旨について、文部(科学)省は、職員会議が、「学校の管理運営に関する校長の権限と責任を前提として、校長の職務の円滑な執行を補助するものとして位置付けられるものである」ことを明確にしたとの通知を発した[4]。さらに、後には、職員会議の運用においては、校長の他に議長を立てることや、挙手・投票などによって校長の権限を実質的に制約することも許されないとしている[5]。

　このように職員会議を単純に校長の補助機関と位置付け、その運用上においても構成員の合議体として機能させることを禁止する立場は、学校制度的基準説の立場からすれば、やはり職員会議を校長の一存的な決定の伝達機関と化す点において、学校教師集団に認められるべき権限の独立性を損なう「不当な支配」を帰結するものであると批判されることになろう[6]。

---

3)　兼子・前掲注2)454-456頁。
4)　文部省「学校教育法施行規則等の一部を改正する省令の施行について(通知)」文教地第244号(2000年1月21日)。
5)　文部科学省「校内人事の決定及び職員会議に係る学校内の規程等の状況について(通知)」26文科初第424号(2014年6月27日)。
6)　こうした文部(科学)省の立場は、学校制度的基準説ほど広くではなくとも、学校・教師に一定の範囲における権限の独立性が認められるべきであると考える限り、批判されるべきでものである。参照、米沢広一『憲法と教育15講〔第4版〕』(北樹出版、2016年)192頁。

(3) **個別的な教育内容決定と校長**　さらに、学校制度的基準説において
は、校長が、各教師による個別的な教育の遂行に対してどのような関与をな
しうるのかについても、「不当な支配」の禁止条項との関係で、「教育をつか
さどる」教師の権限の独立性を確保するために、かなり限定的に考えられる
ことになる。すなわち、校長の「所属職員を監督する」権限の実質的な内容
に関して、「各教師の教育活動をはじめ学校教育の内的事項については、指
揮命令権ではなく教育専門的な指導助言権が『監督』の具体的権限内容であ
ると解しなければならない（教育活動にたいする指揮命令＝職務命令は教育基
本法一〇条一項に違反することになる）。」[7]と解釈されるのである。こうした
ことから、校長は、各教師による授業内容編成権、教科書使用裁量権、補助
教材選定権、教育評価権、生活指導権、懲戒権等の行使を尊重するべきこと
とされる[8]。

3. 「日の丸・君が代」裁判の下級審裁判例

(1) **一般的な行政組織と同じ上命下服の関係?**　これに対して、現在の
ところ、最高裁は、学校内部の権限関係については直接には判断を示してい
ない。そこで、また下級審の裁判例を参照すると、「不当な支配」の禁止条
項との関係は、ほとんど意識されていないようである。「日の丸・君が代」
裁判の一連の裁判例においては、次に引用するように、教育委員会、校長、
教師の間にも一般的な行政組織と同じ上命下服の関係が当てはまることを当
然視するかのような判断が示されている。

　「本件通達は、〔「地教行法23条５号に基づく都教委の教育課程に関する管理権限に基
づいて」——引用者〕都教委から都立学校の校長に対する職務命令として、権限ある職
務上の上司から発せられたものであり、その内容は、学校教育法（平成19年法律第96号
に基づく改正前のもの）51条及び76条が準用する28条３項により校長の職務に関するも
のであり、日の丸の制式並びに君が代の歌詞及び楽曲が我が国の国旗の制式並びに国歌
の歌詞及び楽曲であることは慣習法として法的に確立していたところ、国旗及び国歌に
関する法律が制定された上、新学習指導要領で既に規定されていた国旗・国歌条項に基

---

7) 兼子・前掲注**2**）418頁。
8) 兼子・前掲注**2**）416-439頁。

づく都立学校の卒業式及び入学式等における上記の国旗としての日の丸の掲揚及び国歌としての君が代の斉唱等の具体的取扱いを命じていたのであって、同一内容の現行学習指導要領の国旗・国歌条項に根拠を有し、その意味内容自体は明確であり、合理性が認められるから、そこに重大かつ明白な瑕疵がない限り、法的義務が生ずることとなり有効である。

　もとより、本件通達の名宛人は校長であって、教職員ではない。したがって、本件通達から直ちに被控訴人らが主張するように入学式、卒業式等の式典において、被控訴人らが国旗に向かって起立すること、国歌を斉唱すること、及び国歌斉唱の際ピアノ伴奏をすることという法的義務を負うものでないことは明らかである。しかし、本件通達は、都教委が本件通達に基づく校長の職務命令の発令を予定し、同職務命令に違反した教職員に対し条件付きで懲戒処分の実施を予告する意思を確定的に示しているので、教職員は、本件通達と事実上連動する校長の本件職務命令によって、それに重大かつ明白な瑕疵がない限り、国旗に向かって起立すること、国歌を斉唱すること、及び国歌斉唱の際ピアノ伴奏をすることという法的義務を負うに至るというべきである。」[9]

　このように、近年の裁判例においては、教育委員会と学校との関係、さらには、学校内部の校長と教師との関係についても、一般的な行政組織における上級機関と下級機関との関係と同様のものと考え、教育委員会ないし校長からの職務命令の違法性についても、それがたとえ卒業式や入学式等における「日の丸・君が代」の取り扱いという教育内容に関するものであっても、一般的な行政組織内部における職務命令の違法性の審査と同じく、「重大かつ明白な瑕疵」の有無という上級機関の判断を原則的に尊重する緩やかな基準で審査されるべきものとされているのである。

　こうした判示は、教育委員会の学校管理権の行使について、「不当な支配」の禁止条項の意義をほとんど省みない近年の裁判例の動向を反映したものとも言えよう。しかし、前章において検討したように、こうした近年の動向は、学校制度的基準説の立場からはもちろん、最高裁判例の立場から見ても批判されるべきものである。

4. 最高裁判例から見る学校内部における権限配分

(1) 学校の教育課程編成のあり方　　前章で検討したように、旭川学力テ

9）東京高判2011（平23）・1・28判時2113号30頁。

スト事件最高裁判決[10]の趣旨に従えば、学校の教育課程については、文部科学大臣は、全国的な大綱的基準の設定を行い、これを受けて、教育委員会は、その所管に属する公立学校のために地方的な大綱的基準を設定することを認められるが、文部科学大臣も、教育委員会もそれぞれそうした範囲を超えて教育内容に介入することについては、「不当な支配」に該当するものとして禁止されている。したがって、各学校は、教育行政機関が設定した全国的ないし地方的な大綱的基準に準拠しながら、教育機関として具体的に教育課程を編成する独立の権限を配分されているということになる。

　それでは「不当な支配」の禁止条項の意義に関する最高裁判決の趣旨に鑑みながら、さらに学校教育法上の教諭や校長の権限規定の趣旨を踏まえて、教育課程編成に関する学校内部での権限配分のあり方を考えると、どうなるであろうか。学校教育法上の諸規定の趣旨については、上記のとおり、まずは戦前・戦中の学校内部の各機関の法令上の権限と対比して、戦後の「教育」を担う「教諭」の権限は、校長の指揮命令に服することなく、独立に行使されると想定されていた点が重要であろう。

　こうした学校内部における権限の配分に関する法令上の規定振りの戦前・戦中からの変化も反映して、文部省関係者による比較的初期の解説書では、学校の教育課程編成については、法形式上は校長による「最終的」な決定に服するが、その決定が「関係教員の研究・立案・討議に基づ」くことが前提にされていた[11]。他にも、戦後教育改革期に文部省が教師の手引書として作成した『新教育指針』においては、教師自身が実践を通じて民主的な修養を積む必要があるとされて、「学校の経営において、校長や二三の職員のひとりぎめで事をはこばないこと、すべての職員がこれに参加して、自由に十分に意見を述べ協議した上で事を決めること、そして全職員がこの共同の決定にしたがひ、各々の受け持つべき責任を進んではたすこと――これが民主的なやり方である」[12]と述べられていた。

　こうした記述からは、学校における教育課程編成については、最終的な校

10）最大判1976（昭51）・5・21刑集30巻5号615頁。
11）安達健二『校長の職務と責任（Ⅰ）』（第一公報社、1952年）122頁。
12）文部省『新教育指針』（文部省、1946年-1947年）52-53頁。

長の権限行使に先立って、慣例上、職員会議が教師集団の意思を集約する重
要な役割を果たすべきであると理解されてきたことがうかがわれる。最高裁
判決の趣旨を踏まえれば、最低限、こうした教育課程編成のあり方が求めら
れるであろう。

　⑵　**全校的な教育内容の決定のあり方**　　それでは、教育課程編成以外の
全校的な教育内容の決定・実施に関してはどのように考えるべきであろうか。
この点については、原則的には学校の教育課程編成のあり方と同様に考える
ことができる。すなわち、実質的には職員会議を通じて各学校単位の教師集
団の意思が十分に反映されることが必要である[13]。したがって、学校行事等
の全校的な教育の内容が、教師集団の意思を反映して決定された場合には、
各教師はその決定に従って集団的に学校行事などを実施しなければならなら
ず、原則的にはその進行を阻害する行為を差し控えなければならない[14]。

　もっとも、だからと言って、全校的教育活動の場面では、各教師には個別
的な裁量が全く認められないということにもならない。全校的な教育活動の
場面においても、各学校単位の教師集団によって全校的に決定されるべきこ
とは、あくまで各教師が集団としてとるべき教育活動の内容・方法である。
たとえ学校行事などの全校的な教育活動の場面であったとしても、個々の教
師は、子どもたちに、教師集団としてのみ向き合えばすむわけではなく、必
然的に一教師としても向き合うことになるのであり、完全に教師集団に埋没
するわけではない。そうならば、個々の教師は、全校的な教育活動において
も、やはり個別的にどのように子どもたちに教師として向き合うのかを決定
できなければならない。

　したがって、全校的な教育活動においては、集団的に実施されるべき全体

----

[13]　同旨、世取山洋介「東京高等裁判所平成20年㈱第1430号損害賠償請求控訴事件（『君
　　が代』嘱託再雇用拒否事件）に関する意見書」法政理論42巻1号（2009年）115頁、
　　144頁；安達和志『教育と教育行政の法理論』（エイデル研究所、2021年）65‐67頁。

[14]　ただし、教育委員会などの教育行政の介入によって実質的に決定されてしまうとか、
　　校長が教師集団の意見を省みないというように、全校的決定のあり方に瑕疵がある場
　　合には、個々の教師は、その従うべき全校的決定を観念できず、どのような行動をと
　　るべきかについては自らの職責に鑑みて各々が判断すべきことになる。一連の「日の
　　丸・君が代」訴訟に関連しては、2003年に東京都教育委員会が発出したいわゆる
　　10.23通達以降に実施された各学校の卒業式・入学式が、まさにこうした状況であった。

の進行を阻害する行動は禁止されるとしても、全体の進行を妨げない範囲において、各教師が個別的に子どもたちにどのように向き合うのかについては各教師の権限に属するものと考えるべきである。もちろん、具体的な全校的教育活動の場面で、どこまでが集団として全体の決定に従うべきところで、どこからが個別的に子どもたちに向き合っているところであると考えるべきなのかは、当該教育活動の内容や性質によって異なるものであり、事例ごとに個別具体的に検討する必要がある。

(3)　**個別的な教育内容の決定のあり方**　　これに対して、個別的な教育内容の決定については、どのように考えるべきであろうか。各学校で編成された教育課程に基づき、教師・教師集団は具体的な教育活動を実施する権限を法令上与えられている。個々の教師が、それぞれの担当授業などの教育活動の内容を決定・実施する権限を有することは法令の規定振りから明らかである。問題は、こうした個別的な教育活動の内容に関して、校長が所属職員を監督する権限の行使として、どの程度の職務命令を個々の教師に対して発しうるのかである。

この問題に関しても、文部省関係者の比較的初期の解説書を参照してみると、例えば、安達健二『校長の職務と責任（Ⅰ）』においては、学校教育法旧28条3項（現37条4項）の校長の所属職員の「監督」に関して、「専ら教員が当たるべき日々の教育の実施については、教員そのものにできるだけ自主性をもたせることが教育の振興上必要なこととされていることからしても、積極的にこうせよああせよというような指揮はできない」と解説されていた[15]。さらに、天城勲『学校教育法逐条解説』においても、子どもの人格を対象にする極めて弾力性のある教育という仕事の性質を考えれば、「かかる職務をつかさどる教諭の自主性と自発性は十分に尊重されなければなら」ず、校長の職務権限の行使には事前または事後の指揮監督を含むとしつつも、「教育計画の樹立とその実施という点では教諭に対する関係は、むしろ助言、指導といつた関係がその実体と考えられよう」と説明されていた[16]。

戦前・戦中の法令上の権限関係とは対照的に、学校教育法上の教師の「教

---

15)　安達・前掲注11)123頁。

育」に関する権限は、もはや上司たる校長の指揮命令に服して行使されるべきものではなくなった。そして、最高裁判決によれば、「不当な支配」の禁止条項は、教育内容の決定・実施に関する教師の権限の独立性を確保するものであった。そうすると、学校内部の権限配分も、教師の権限の独立性と整合的に解されねばならない。上掲の比較的初期の文部省関係者による解説は、こうしたことを考慮したからこそ、学校内部の校長と教師の関係を、一般的な行政組織内部の上司と部下の関係とは異なるものとして位置付けたものと思われる[17]。

　最高裁判決の趣旨に依拠したとしても、学校教育法の教諭の「教育」権限は、各学校の教育課程にもとづき、個別的な教育活動の内容を決定・実施する権限を原則的に各教師に独立的に付与したものと解釈されるべきである。したがって、校長は、教師の教育活動が一方的に特定の観念を子どもに教え込むものである場合などの例外的な状況を除いて、個別的な教育活動の内容については、教師に職務命令を発出する権限を有しないと解される。

16）天城勲『学校教育法逐条解説』（学陽書房、1954年）129頁。

17）もちろん、比較的初期の文部省関係者による解説がすべて説得力を有するというわけではない。例えば、安達健二は、校長による事後的な監督には、教師による教育が違法ではなくとも「不当又は不能率」な場合の代替的な方法の指示も含まれるとしたが（安達・前掲注11）124頁）、「不当な支配」の禁止条項の趣旨を踏まえれば校長にそうした権限を認めることはできない。

Part Ⅲ

教育法学の視点から教育問題を考える

第15章

どのような場合に「不当な支配」の禁止条項が持ち出されるべきなのか？
——朝鮮高校就学支援金不指定事件を考える

考察の対象

　全国に点在する朝鮮高級学校（以下、朝鮮高校）は、2010年のいわゆる高校授業料無償化の制度化以来、文部科学大臣（以下、文科大臣）によって、その対象として指定されず、この不指定処分の違法性がいくつかの裁判で争われてきた。地裁段階においては不指定処分を違法とした判決が一件あったが[1]、高裁段階においては、いずれの裁判においても、裁判所は処分を適法と判断した[2]。そして、最高裁は、実質的な判断を示すことなく、上告を退け、処分を適法とする判決を確定させた[3]。

　裁判において、国側は、不指定処分の理由の一つとして、朝鮮高校については、在日本朝鮮人総聯合会（以下、朝鮮総聯）から人事や教育内容などの面で強い影響を受けていることから、その関係が教育基本法16条1項で禁止される「不当な支配」に当たる疑念があり、それゆえに、文科大臣は、法令に基づく運営という点で適正を欠く疑いがあると判断したという主張を展開した[4]。裁判所は、こうした文科大臣の判断は合理的であり、尊重されねばならないと述べ、不指定処分を適法と判断した。

　しかし、朝鮮にルーツのある生徒たちが通う民族学校が、在日朝鮮人の民

1）大阪地判2017（平29）・7・28 LEX/DB25448879。
2）例えば、大阪高判2018（平30）・9・27 LEX/DB25449762；東京高判2018（平30）・10・30 LEX/DB25449831など。また、一審判決の分析として、中川律「朝鮮高校就学支援金不指定事件を考える」法学セミナー757号64頁（日本評論社、2018年）を参照。
3）「広島朝鮮学校も敗訴決定」朝日新聞2021年7月30日朝刊33面。
4）同様のことは朝鮮学校への自治体独自の補助金の停止措置の理由としても持ち出されてくるようになっている。参照、誰もが共に生きる埼玉県を目指し、朝鮮学校への補助金の支給を求める有志の会「朝鮮学校補助金停止問題に関する知事答弁等に関する見解」（2018年7月30日）。

族団体と深い関わり合いにあることは当然ではないのか。これが違法ならば、宗教系私立学校が、深い関わり合いにある宗教団体から強い影響を受けることもまた問題視されるのであろうか。朝鮮高校就学支援金不指定事件は、どのような場合に「不当な支配」の禁止条項が持ち出されるべきなのかについて深く考えさせるものである。

1.「不当な支配」の禁止とは

　「教育は、不当な支配に服することなく、この法律及び他の法律の定めるところにより行われるべきものであり、……」。これが教育基本法16条1項の該当部分である。現在の教育基本法は2006年に全面改正されたものであるが、「不当な支配」の禁止条項は戦後教育改革期の1947年に制定された旧教育基本法10条1項から受け継がれたものである。

　戦後教育改革期には、戦前の国家主義教育への強烈な反省に基づき、教育は行政や官僚、政党などの外部からの干渉から独立していなければならないという意味において教育権の独立をいかに確保するのかが大きな課題になった。第3章や第12章で詳しく論じたように、「不当な支配」の禁止条項は、この課題への対応として定められたものである。以下、簡単に復習しよう。

　「不当な支配」の禁止条項については、次の二つの点に特に留意する必要がある。第一に、その禁止とは、現場の教師たちの教育内容の決定に関する権限の独立性を侵す外部的な干渉を「不当な支配」として排除するものである。戦前のように国家の論理をもって教育が歪められることを防ぐために、専門職として教育の論理を貫く責任を負う学校の教師ないし教師集団の権限の独立性を確保することが狙われたのである。第二に、「不当な支配」の禁止条項は、その禁止の名宛人として、政党や労働組合などの行政以外の主体も想定するものであるが、国家主義教育への反省という点から教育行政などの公権力機関を最も警戒すべき名宛人として念頭に置くものである。

　こうした理解は、典型的には、例えば、教育基本法の立案に文部大臣として深く関与した田中耕太郎の当時の著書において確認できる。すなわち、教師は、公務員としての立場にあろうとも、「上級下級の行政官庁の命令系統の中に編入せらるべきものではない」とされ、旧教育基本法10条1項は「教

育は一方不当な行政的権力的支配に服せしめらるべき」ではなく、「教育者自身が不羈独立の精神を以って自主的に遂行せらるべき」ことを示すものとされたのである[5]。その後、旭川学力テスト事件判決[6]において、こうした理解は最高裁によっても確認された。すなわち、「不当な支配」の禁止条項については、教師の創意工夫の余地を確保すべく、特に行政権力による教育への介入に警戒すべきことを趣旨とする条項であるとされ、国の行政機関による教育内容への介入は全国的な「大綱的基準」の設定の範囲内でのみ許容されるという一定の歯止めをかける解釈が示されたのである。

こうした展開を踏まえ、学説においては、教育の自主性の保障のために、「教育行政による法的拘束力をもつ教育支配は、その制度的強さからして、定型的に『不当な支配』に当たると解さなければならない」とされ、他の外部の主体による教育支配に関しては、「法的拘束力によらない事実上の支配で制度的・恒常的でない以上、各個別に教育の自主性を侵す『不当な支配』に当たるか否かを判定すれば足りる」という考え方が採られるようになった[7]。

2.「不当な支配」の主体と客体

さて、以上の理解を踏まえると、朝鮮総聯との関係が「不当な支配」に当たる疑いがあるとして朝鮮高校を授業料無償化の対象外とした処分は極めて疑問と言わざるをえないものである。

第一に指摘すべきは、「不当な支配」の禁止は誰の行為に向けられた禁止規範なのか、という点である。それは「不当な支配」を行う側、すなわち、「不当な支配」の主体の行為に向けられたものである。それゆえ、「不当な支配」の禁止の有無が問われる場面において問題になるのは、「不当な支配」の主体の行為の違法性であり、「不当な支配」を受けた側、すなわち、「不当な支配」の客体の行為の法的評価ではない。

そうすると、試みに朝鮮総聯が朝鮮高校に対して「不当な支配」を及ぼしていると仮定したとしても、違法行為として問題にされるべきは朝鮮総聯の

5）田中耕太郎『新憲法と文化』（国立書院、1948年）104-105頁。
6）最大判1976（昭51）・5・21刑集30巻5号615頁。
7）兼子仁『教育法〔新版〕』（有斐閣、1978年）294頁。

行いであって、朝鮮高校の行いではない。朝鮮高校の側に法令に基づく運営という点で適性を欠くところはないはずである。

3. 行政の裁量？

　第二に指摘すべきは、行政には「不当な支配」の存否の判断に関して裁量が認められ、裁判所は、その行政の判断を原則的に尊重するべきなのかどうか、という点である。一連の裁判の中で一つの地裁判決を除いてすべての判決において、裁判所は、朝鮮高校を授業料無償化の対象外とした行政の処分の適法性を認めたが、それらの判断の共通の特徴として、行政には「不当な支配」の存否の判断に関して裁量が認められると判示したことを挙げることができる。そうだからこそ、裁判所は、朝鮮総聯の何らの具体的行為も「不当な支配」に該当するものとして特定されていないにもかかわらず、人事や教育内容などの面で朝鮮高校に影響を及ぼしているという一部の新聞報道や公安調査庁の調査のみに基づき「不当な支配」の存在が疑われるという行政の判断を尊重すべきであるとしたのである。

　しかし、行政に「不当な支配」の存否の判断に関して裁量が認められるとは到底考えることはできない。というのも、「不当な支配」の禁止条項は、行政などの公権力機関が現場の教師や教師集団の権限の独立性を損なうことを特に警戒するものであるのに、行政が、ある学校の運営について外部からの「不当な支配」を受けている疑いがあるとして、その運営のあり方に口を出す裁量を認められるとするならば、かえって行政による学校の教育内容や運営への介入を大幅に許す結果になるからである。一連の裁判において唯一行政の処分を違法と判断した大阪地裁判決においても、「『不当な支配』の判断が文部科学大臣の裁量に委ねられるべきものとすることは、上記の裁量的判断を通じて教育に対する行政権力による過度の介入を容認することになりかねず、同項の趣旨に反することになる」と判示されているが、このような理解こそが採られるべきである[8]。

　さらに、一般的に裁判所が行政の裁量を認めるのは、専門的判断や現場的

8）前掲注1）。

判断が必要で一概に合法とか違法とか判断できない場合、つまり、行政の判断の性質上、その適法性に関して司法判断になじまない場合である。しかし、「不当な支配」の存否の判断はそのような性質のものではない。これまで裁判所は、行政や政治家による教育現場への介入の「不当な支配」の該当性を判断してきたのであり[9]、その判断は司法判断になじまないものではない。

　こうしたことを考慮すると、一連の裁判においても、裁判所は、朝鮮総聯の何らかの具体的な活動が「不当な支配」に該当するのかどうかを証拠に照らして判断できたはずである。これをせずに、ただ疑わしいことを示す一部の報道や公安調査庁の調査があるというだけで行政の判断を尊重すべきであるとしたことには大きな疑問符が付く。

4. 私立学校の自主性

　第三に指摘すべきは、朝鮮高校という民族学校が、それと深い関わり合いにある朝鮮総聯という民族団体から強い影響を受けることが「不当な支配」に該当すると考えられるべきなのか、という点である。この点は、他の民族学校や宗教系私立学校にも関係する問題であり、より広く私立学校とはどのような性質のものと考えられるべきなのかに関連する[10]。

　私立学校法1条では、「この法律は、私立学校の特性にかんがみ、その自主性を重んじ、公共性を高めることによつて、私立学校の健全な発達を図ることを目的とする」と定められている。今ここで注視すべきは私立学校の自主性である。この趣旨について同法制定当初の解説書を紐解いてみると、「私立学校は、国公立学校と異なって私人の創設したものであり、従つて、独特の建学の精神や学風を持つており、これを他から妨害されることなく、自由に発展させることが第一に必要である。この点からよい伝統や学風を破壊しないよう行政上にもその自主性を認めてこれを尊重してゆくことが必要

---

9) 旭川学力テスト事件最高裁判決（前掲注 **6** ））；深川商業高校事件控訴審判決（東京高判1975（昭50）・12・23判時808号57頁）；七生養護学校事件控訴審判決（東京高判2011（平23）・9・16LEX/DB25472532）。

10) 朝鮮高校は、法律上は私立各種学校（学校教育法134条1項）であり、学校教育法1条の「学校」である私立学校ではないが、本章の論述の限りでは同様に考えてよい。

である」という[11]。そして、自主性の尊重は、私立学校に対する行政官庁の監督権の制限により、無用な干渉が行われないようにした点に法制度上の具体化を見たのだと解説されている。私立学校とは、第一に、独特の建学の精神や学風をもつという特性を有し、第二に、その特性が害されないように、私立学校の自主性が保たれ、特に行政などの公権力機関からの無用な干渉に晒されないようにしなければならないものなのである。

5. 親の教育の自由

　さらに、第11章で論じたように、私立学校の自主性は、単に法律上の制度であるだけでなく、憲法上の基礎を有するものである。というのも、親は、憲法上、自身の子どもを教育する自由を有し、その重要な一要素として、私立学校を選択する自由を保障されると考えられているからである。

　どのような教育を与えるのかは、子どもの生き方に大きな影響を与える。仮に国家が親に私立学校を選ぶことを認めず、あるいは私立学校の教育内容を大幅に規制し、自主性を認めないという場合には、その意図は国家が斯くあるべしとする生き方を子どもたちに画一的に教え込もうとするところにあると見るべきである[12]。また、子どもにとって、アイデンティティの確立の前提として、教育を通じて自らと親密な関係にある親やその所属する民族・宗教の文化や価値観を享受できることは有益なことである[13]。親にとっても教育を通じて自らの生き方を子どもに伝えうることは人生において大きな位置を占めるものである[14]。親の教育方針が、たとえ多くの人々にとって「なんだか変わっているなあ」と思うようなものであっても、子どもの利益を明らかに損なうものでなければ尊重されるべきである。

　こう考えると、親が、自らの教育方針に基づき、民族学校や宗教系私立学

---

11) 福田繁・安嶋彌『私立學校法詳説』（玉川大學出版、1950年）19頁。

12) 参照、中川律「合衆国の公教育における政府権限の限界」憲法理論研究会編『憲法学の最先端』（敬文堂、2009年）117頁、125頁。

13) *See* MEIRA LEVINSON, THE DEMANDS OF LIBERAL EDUCATION 56-57 (Oxford University Press, 1999).

14) *See* WILLIAM A. GALSTON, LIBERAL PLURALISM 101-108 (Cambridge University Press, 2002).

校を選択できることが保障され、その前提として、独特の建学の精神や学風に基づく私立学校が存在し、その自主性が保たれていなければならない。

　民族学校や宗教系私立学校にとって、その母体である民族団体や宗教団体と深い関わりを保つことは、その独特の建学の精神や学風の維持にとって不可欠であり、そうした外部の団体とどのような関係を取り結んでいくかについては民族学校や宗教系学校が判断すべき問題であり、行政はその判断にいたずらに口を出すべきではない。こう考えることが、私立学校の自主性を尊重し、親の教育の自由を保障するということの意味である。

　したがって、朝鮮高校が、朝鮮総聯とどのような関わり合いを築くのかについても、朝鮮高校の判断に任されるべきである。朝鮮高校がその自主性を損なわれていると訴えてもいないのに、行政が干渉するのであれば、それこそが民族学校としての朝鮮高校の自主性を損なうものであり、行政による朝鮮高校に対する「不当な支配」であると言うべきものである[15]。

今後の課題

　朝鮮高校を授業料無償化の対象外とした文科大臣の処分は、その経緯から[16]、朝鮮民主主義人民共和国と関係のある在日朝鮮人の民族学校だからという理由で行われたことが強く疑われるものであり、一部の政治家が自らの支持者の好感を得るために社会的な偏見に晒されている少数者集団を攻撃した事例である疑いが極めて強い。国は、差別を覆い隠すために、「不当な支配」の禁止条項を本来の趣旨を曲げてでも持ち出してきたと言わざるをえない。裁判所がこうした国の主張を認めてしまうことは差別を追認するものである。裁判所は、国側が持ち出す「法的論理」の裏側に潜むマイノリティへの敵意[17]に真摯に目を向けなければならない。

---

15) 参照、成嶋隆「『不当な支配』論による〈不当な支配〉」世界916号225頁（岩波書店、2019年）。

16) 参照、李春熙「司法は行政による差別を追認するのか」法学セミナー757号55頁（日本評論社、2018年）。

17) 参照、福嶋敏明「トランプ大統領による入隊禁止令と司法」時の法令2063号41頁（2018年）44頁。

第16章

道徳教育の限界はどこなのか？
──教育勅語問題を考える

考察の対象

　2017年3月31日に、当時の安倍晋三内閣は、当時の民進党議員からの質問主意書に対して、「学校において、教育に関する勅語を我が国の教育の唯一の根本とするような指導を行うことは不適切であると考えているが、憲法や教育基本法（平成十八年法律第百二十号）等に反しないような形で教育に関する勅語を教材として用いることまでは否定されることではないと考えている」という内容を含む答弁書を閣議決定した[1]。

　なるほど、歴史の授業において、大日本帝国憲法下の教育のあり方を理解するために、「教育ニ関スル勅語」（以下、教育勅語）を「教材として用いる」ことには何ら問題はない。もっとも、これだけのためにわざわざ閣議決定を行ったとは考えにくい。むしろ、この答弁書は、道徳教育において、教育勅語を「教材として用いる」ことを含意していると読まれるべきであろう。

　しかし、特に国公立の学校において、教育勅語を道徳教育の教材として用いることにはやはり問題がある。というのも、それは、国家が道徳教育に関与する際の憲法上の限界を踏み越える疑いが強いからである。果たして、その限界とはどこに設定されるべきなのであろうか。

1. 教育勅語の内容

　教育勅語は、前年に公布されていた大日本帝国憲法の施行約1カ月前の1890年10月30日に、明治天皇が教育の根本方針を示すために当時の文部大臣に与えた言葉とされるものである。もっとも、実際の起草者は、憲法の起草

1）「衆議院議員初鹿明博君提出教育勅語の根本理念に関する質問に対する答弁書」内閣衆質193第144号（2017年3月31日）。

にも関わった井上毅と明治天皇の侍講であった元田永孚であった[2]。

　教育勅語の内容は三段構成になっており（以下のフリガナは筆者）、一段目は、「朕惟フニ我カ皇祖皇宗國ヲ肇ムルコト宏遠ニ……」から始まる。ここでは、天皇の祖先による深く厚い徳を備えた国の建設以来、臣民は心を一つに忠孝を尽くしてきたので、素晴らしい国として存続してきており、こうした「國體ノ精華」を教育の根本に据えなければならないと述べる。

　これに続き、二段目では、天皇の臣民たる者の道徳として、「爾臣民父母ニ孝ニ兄弟ニ友ニ夫婦相和シ朋友相信シ恭儉己レヲ持シ博愛衆ニ及ホシ學ヲ修メ業ヲ習ヒ以テ智能ヲ啓發シ德器ヲ成就シ進テ公益ヲ廣メ世務ヲ開キ常ニ國憲ヲ重シ國法ニ遵ヒ一旦緩急アレハ義勇公ニ奉シ以テ天壤無窮ノ皇運ヲ扶翼スヘシ」と述べられ、平時から戦時まで道徳心をもって天皇の国家のために尽くすべきこととされる。

　そして、三段目では、この臣民としての道徳的なあり方＝「斯ノ道」こそが「皇祖皇宗ノ遺訓」であり、時代や場所を問わない普遍的なものとして、天皇は、皆がこれを大事にして、身につけることを望むのであるという。

　要するに、教育勅語は、「國體ノ精華」、すなわち、日本が万世一系の天皇によってずっと統治され、忠孝の徳を備えた臣民によってずっと支えられてきた道徳的に優れた国であるという観念を根本に据えて、日本の教育が行われていかなければならないと説くものである。教育勅語は、その内容からして、日本の教育の「唯一の根本」たるべきことを自ら宣言するものである。

2.　教育勅語体制

　さて、こうした内容をもつ教育勅語にはどのような問題点があるのであろうか。第一の問題点は当時の教育のあり方を見ることで明らかにできる。教育勅語の発布以降、日本ではそれを根本に据えた教育の体制がだんだんと強められていった[3]。一片の文書が発布されただけでは、全国の子どもたちに臣民たる者の道徳を身につけさせることはできない。教育勅語は、それを実

　2）教育勅語の成立の経緯に関しては、海後宗臣「教育勅語成立史の研究」『海後宗臣著作集第十巻』（東京書籍、1981年）5頁を参照。

　3）参照、森川輝紀『近代天皇制と教育』（梓出版社、1987年）第一章。

効化する教育勅語体制を必要とした[4]。

当時は道徳の授業のことを修身と呼んだが、修身はすべての科目の筆頭に位置付づけられ、そこでは国定教科書を通じて教育勅語に言う臣民たる者の道徳が教えられた[5]。また、全国の学校では、子どもたちは、教育勅語の奉読（声に出して読み上げること）や暗唱・暗写が求められた。さらに、教育勅語は、全国の学校に下賜された天皇皇后の肖像写真である御真影とともに、「それらの『存在』そのものが最も深刻で且つ核心的に作動した」[6]と言われる。すなわち、子どもたちは、国家の祝祭日であった三大節（四方拝・紀元節・天長節）には学校儀式に参加し、校長が厳粛に教育勅語を奉読し、有り難い訓話を授けるのを聞いた。また、1930年代には、学校の校地内に御真影と教育勅語を厳重に保管する奉安殿が建てられるようになり、子どもたちは、登下校時に奉安殿に最敬礼を求められるようになった。

教育勅語の示す道徳は、学校教育のあらゆる側面に覆いかぶさるものになっていった。子どもたちは、臣民たる者、天皇の国に尽くすことを第一に考えるという生き方をすべきである、と教え込まれる体制の中に没入させられていった。

こうした教育のあり方が、思想・良心の自由を保障する日本国憲法の下で許されるものではないことは言うまでもない。子どもたちに教育勅語の内容を効果的に身に付けさせようとするならば、それを実効化する体制が必要とされる。教育勅語を道徳の教材とすることには常に教育勅語体制の再来の危険性が潜んでいる。

3. 顕教と密教

さらに、当時において、教育勅語が国家統治のあり方の全体の中で、どのような役割を託されていたのかにも注目する必要がある[7]。ここに第二の問

4）以下については、佐藤秀夫「解説」佐藤秀夫編『続・現代史資料8　教育：御真影と教育勅語Ⅰ』（みすず書房、1994年）3頁を参照。

5）修身の国定教科書の内容の変遷については、海後宗臣「道徳教材の一〇〇年」『海後宗臣著作集第六巻』（東京書籍、1981年）633頁を参照。

6）佐藤・前掲注4）32頁。

7）参照、島薗進『国家神道と日本人』（岩波新書、2010年）。

題点がある。哲学者の久野収によれば、当時の日本の国家は、「天皇の権威と権力が、『顕教』と『密教』、通俗的と高等的の二様に解釈され、この二様の解釈の微妙な運営的調和の上に」[8]、成り立っていたという。「顕教とは、天皇を無限の権威と権力を持つ絶対君主とみる解釈のシステム、密教とは、天皇の権威と権力を憲法その他によって限界づけられた制限君主とみる解釈のシステムである」[9]。

これに続けて、久野は当時の教育について次のように述べる。

　「天皇は、国民にたいする『たてまえ』では、あくまで絶対君主、支配層間の『申しあわせ』としては、立憲君主、すなわち国政の最高機関であった。小・中学および軍隊では、『たてまえ』としての天皇が徹底的に教えこまれ、大学および高等文官試験にいたって、『申しあわせ』としての天皇がはじめて明らかにされ、『たてまえ』で教育された国民大衆が、『申しあわせ』に熟達した帝国大学卒業生たる官僚に指導されるシステムがあみ出された。」[10]

当時においては、「学問」と「教育」は分離され、「顕教」＝「たてまえ」の世界で生きるべき一般の人々が知るべきでないことは、初等・中等教育の段階では教えられないことも当然と考えられた[11]。

そして、この「顕教」＝「たてまえ」の教典たることが、教育勅語の役割であった。当時の教育勅語を中核とした教育は、一般の人々にとってはあくまで義務として受けるべきものであり、徹頭徹尾、国家の統治の道具であった。こうした教育観を前提にする教育勅語を道徳の「教材として用いる」ことは、日本国憲法26条の掲げる権利としての教育と相いれないと言わねばならない。

4. 国家の中立性

以上のような分析に対しては、教育勅語には親孝行とか公共のために奉仕

8）久野収「日本の超国家主義：昭和維新の思想」久野収・鶴見俊輔『現代日本の思想』（岩波新書、1956年）117頁、132頁。参照、島薗・前掲注7）177-179頁。

9）久野・前掲注8）132頁。

10）久野・前掲注8）132頁。

11）堀尾輝久『天皇制国家と教育』（青木書店、1987年）61-64頁；森川・前掲注3）7-8頁、20-21頁。

するとか現在にも通用する日本の伝統的な道徳が示されており、こうした道徳を教えるためには良き教材になるはずである、という反論を予想できる。最後にこうした反論に対して、少し理論的に再反論しておきたい。これによって教育勅語の第三の、そして、もっとも重大な問題点が明らかになる。

日本国憲法13条は、「すべて国民は、個人として尊重される」と定める。これは、国家が、一人ひとりの個人を、尊厳ある独立した人格として平等に扱わなければならないことを意味するものである。それでは、国家は、どのような場合に一人ひとりを「個人として尊重」していないことになるのであろうか。それは、国家が、人としてのよき生き方に関するある特定の考えを、本来的に優れたものであるとか、多くの人々が信じているものであるという理由で、その特定の考えを優遇し、あるいはそれに反する考えを抑圧する場合である。なぜなら、個々人は、それぞれ自分自身がよいと考えるさまざまな生き方をしているからである。休日には、哲学書を読んで、静かに内省するのがよき人生だという人もいれば、テレビを見ながらビールを飲んでゆっくりすることこそよき人生だという人もいる。個々人は皆、どれほど明確に説明できるのかに関しては程度の差こそあれ、どのようなものが人生に価値を与えるのかに関して、何らかの観念を抱いており、それに従って生きているのである[12]。

こうした状況において、一人ひとりを「個人として尊重」しようとしたら、国家は、そうした様々な考えに対して中立であらねばならない。国家は、よき生き方に関するある特定の考えに立脚し、それを正当化の理由にして活動することを禁止される。こうした意味で、日本国憲法の下においては、国家は中立性を要求されるのである[13]。

---

12) *See* Ronald Dworkin, A Matter of Principle 191 (Oxford University press, 1985)〔邦訳〕ロナルド・ドゥオーキン／森村進・鳥澤円訳『原理の問題』（岩波書店、2012年）258-259頁).

13) こうした考え方は、リベラリズムという政治哲学的な立場に基づくものである。参照、阪口正二郎「『リベラリズム憲法学と国家の中立性』序説」法律時報72巻12号97頁（日本評論社、2000年）；W.キムリッカ／千葉眞・岡崎晴輝訳者代表『新版 現代政治理論』（日本経済評論社、2005年）315-318頁；中川律「国家の中立性概念の意味と意義：教育を題材に」憲法問題29号90頁（三省堂、2018年）。

　この国家の中立性という考え方に従って、国公立の学校における道徳教育のあり方を考えてみると、その内容次第で許される場合と許されない場合があることに気がつく。例えば、日本が民主主義の政治制度である以上は、個々人は市民として公共的な問題に関心をもち、政治的な物事を批判的に考察しようとする精神を身に付ける必要がある。こうした精神を涵養する道徳教育はもちろん許される。なぜなら、この場合には、よき生き方に関する特定の考えに依拠することなく、民主主義の政治制度がきちんと機能するのに必要な道徳的性質を身に付けさせるためという中立的な理由に基づき、国家はその活動を正当化できるからである[14]。

　これに対して、教育勅語の示す道徳教育の内容はどのような理由に基づいて正当化されているのであろうか。それはまさに、市民たる者の道徳であると同時に、人としての正しい生き方だから身に付けなければならないものであった。上記に引用したように、教育勅語では、親孝行や家族の良好な関係、友人関係、博愛、勤勉、公共奉仕、天皇の国家への奉仕など、私生活から社会生活、国家への奉仕にまで至る徳目が切れ目なく一繋がりのものとして提示されている。ここに典型的に表現されているように、教育勅語は、公私の境界を設けず、個人の生き方を国民道徳の中に埋没させるものである。かつて政治学者の丸山眞男は、教育勅語の発布を評して、「日本国家が倫理的実体として価値内容の独占的決定者たることの公然たる宣言であつた」[15]と述べた。まさにそうであるがゆえに、教育勅語は、国家の中立性に反するものであり、個人の尊重を定める日本国憲法の下においては、国公立の学校の道徳の教材としては許されないものである。

今後の課題

　日本国憲法の下においては、教育勅語は、道徳教育の教材として、その居場所を見出すことはもはやできない。もっとも、これは戦後の日本の教育の出発点を確認したに過ぎない。教育勅語が用いられなければ道徳教育には何

14）参照、中川律「市民教育の憲法論」法律論叢94巻2・3合併号253頁（明治大学法律研究所、2021年）272-274頁。

15）丸山眞男『増補版 現代政治の思想と行動』（未来社、1964年）15頁。

の問題もない、ということにはもちろんならない。本章の分析からも明らかなように、国家が道徳教育に関与しようとするときには、常に日本国憲法の中核をなす考え方との矛盾を生ずる可能性がある。

　2006年の教育基本法の改正や2015年の道徳の教科化によって、再び国家が道徳教育への関与を強めようとしている（第5章を参照）。民主主義の政治制度においても、いわんやそうだからこそ、道徳教育は今日においても大切である。日本国憲法の下における道徳教育は、大切だからこそ、そして、教育勅語という歴史的経験を有するからこそ、国家の都合によって濫用されることが諌められ、個人の尊重に立脚して、最高度の慎重さをもって進められなければならない。

第17章

教科書は政府見解を伝達する道具なのか？
——教科書検定制度改革を考える

考察の対象

　2015年 4 月 6 日、文部科学省は2016年度から使用される中学校教科書の検定結果を公表し、翌日の各紙はこれを一面で一斉に報じた[1]。この時の検定結果の特徴の一つとして、社会科の教科書において政府見解を反映する記述が増えたことが報じられた。例えば、竹島と尖閣諸島について、従来は記述がない教科書も多かったが、この時には全教科書で取り上げられ、その多くで「日本の固有の領土」とする政府見解が記述されたという。

　また、検定意見が付され、政府見解を加筆して合格した教科書もあると伝えられた。戦後補償について国家間の賠償問題はすでに解決済みという見解や、従軍慰安婦について軍や官憲による強制連行の事実を直接に示す資料は発見されていないという見解、さらには東京裁判について裁判を受諾しており、異議を述べる立場にないという見解が、それぞれ加筆されたという。

　当時の下村博文文部科学大臣は、竹島と尖閣諸島に関する記述の増加に関しては、「自国の領土について正しく教えるのは当然のこと。教科書に明確に記述されたのは大きな前進だ」と評価し、政府見解の加筆を求めた検定意見に関しては「歴史には光と影の部分があり、バランスよく教えることが必要。記述の改善が図られたのではないか」と述べたという[2]。

　もっとも、この時の政府見解の記述の増加は、前年の2014年 1 月に教科書検定制度の一部が変更されたことに起因するものであり、政府が意図的に生じさせた結果と言いうるものである[3]。果たして、このように、教科書を、政府見解を伝達するための道具かのようにしてしまうことに問題はないので

---

1 ）朝日新聞、読売新聞、毎日新聞、産経新聞、東京新聞、北海道新聞の2015年 4 月 7 日朝刊 1 面を参照。
2 ）東京新聞2015年 4 月 7 日朝刊 3 面。

あろうか。後述のとおり、最高裁判決に依拠して考えても、教科書検定制度を通じた教育内容への介入には、憲法上、法律上の限界があるとされてきた。したがって、教育法学の視点からは、少なくとも、政府見解を教科書に反映させる現在の仕組みが、国家による教育内容への介入の限界を踏み越えるものとなっていないのかどうかについて検証する必要がある。

1.　教科書検定制度の基本的な仕組み

　教科書検定制度の基本的な仕組みを確認すると、学校教育法上、小中高の学校では文部科学大臣の検定済み教科書を使用しなければならず（学校教育法34条1項等）、この規定を根拠に文部科学大臣は教科書検定を行う権限を有するとされる。もっとも、文部科学大臣の権限は、大学教員等の専門家で構成される教科用図書検定調査審議会における学問的、教育的な専門的審査を経た答申に基づき行使される（同法34条5項、同法施行令41条）。

　また、教科用図書検定調査審議会における審査は、教科用図書検定基準に基づき行われる（教科用図書検定規則3条）。検定基準においては、教育基本法・学校教育法に定められた教育目的・目標や、教育課程の大綱的な基準とされる学習指導要領との適合が一般的な条件とされ、そのほか、各教科の個別の条件も定められている（義務教育諸学校教科用図書検定基準等を参照）。教科書検定制度においては、学習指導要領は、そこに含まれる内容を過不足なく取り上げていることなどを求められるものであるため、教科書の内容面に関する基準として機能することになる。

2.　政府見解を反映させる仕組み

　先述のとおり、2015年の検定の際に政府見解の記述が増加したのは、2014年1月に教科書検定制度を一部変更したことの影響によるものであった。まず、竹島と尖閣諸島に関する記述が増加したことに影響を与えたのが、中学校社会科の学習指導要領解説の改訂である（2014年1月28日）。地理的分野を

　3）近年の教科書検定制度の改革の全体像と評価に関しては、中川律「教科書検定制度に関する考察」日本教育法学会年報44号51頁（有斐閣、2015年）を参照。

例にとると、当時の学習指導要領（2008年3月）には、「『領域の特色と変化』
については、……北方領土が我が国の固有の領土であることなど、我が国の
領域をめぐる問題にも着目させるようにすること」と記載されていた。この
部分について、従来の学習指導要領解説においては、北方領土については、
日本固有の領土であること、不法に占拠するロシアに返還を求めていること
を理解させる必要があることなどが記載されていた。しかし、竹島について
は、韓国との主張の相違の存在を理解させる必要があることにのみ触れられ、
尖閣諸島については記述されていなかった。

　これに対して、改訂後の学習指導要領解説においては、竹島については、
日本固有の領土であり、不法に占拠する韓国に「累次にわたり抗議を行って
いる」ことを、尖閣諸島については、「我が国の固有の領土であり、また現
に我が国がこれを有効に支配しており、解決すべき領有権の問題は存在して
いないこと」を理解させる必要があると改められた。

　学習指導要領解説は、検定審査の実質的な基準である学習指導要領の内容
を文部科学省がより詳しく説明したものに過ぎず、それ自体が合否を左右す
る基準であるわけではない。しかし、学習指導要領の内容を過不足なく拾う
ことが教科書に要求される以上は、検定当局である文部科学省による詳細な
解説の事実上の影響力は極めて大きい。

　次に検定意見を通じた政府見解の加筆要求については、社会科に関する個
別の検定基準の改定が与えた影響である（2014年1月17日）。それによって、
「閣議決定その他の方法により示された政府の統一的な見解又は最高裁判所
の判例が存在する場合には、それらに基づいた記述がされていること」とい
う条件が新設された。この条件は、政府見解や最高裁判例とは異なる記述が
ある場合に検定意見を通じて加筆を求めるものだという。

　以上をまとめると、政府は、その具体的な特定の見解を社会科の教科書に
記述させたい場合には、学習指導要領解説の内容を改訂すればよく、また、
政府と異なる見解が記述されているときに政府の立場も記述させたい場合に
は、社会科の個別の検定基準を根拠に検定意見を付ければよいということに
なる。現行の教科書検定制度においては、政府見解を教科書に反映させる仕
組みが周到に整えられていると言いうるであろう。

　しかし、これまでの最高裁判決を前提とすれば、教科書検定制度を通じて国が教育内容に介入することにも限界があるはずである。以下、二つの最高裁判決を見ることにしよう。

3.　国による教育内容への介入の限界

　第10章で詳述したように、国による教育内容への介入の限界については、旭川学力テスト事件最高裁判決[4]をまずは確認すべきである。最高裁によれば、国は、確かに「必要かつ相当と認められる範囲において、子どもに対する教育内容を決定する権能を有する」とされる。しかし、国政上の意思決定は政治的な要因に左右されるものであり、「党派的な政治的観念や利害によって支配されるべきでない教育にそのような政治的影響が深く入り込む危険」を考慮すると、教育内容への「国家的介入についてはできるだけ抑制的であることが要請され」、「子どもが自由かつ独立の人格として成長することを妨げるような国家的介入」は憲法13条、26条に違反するという。

　また、最高裁は、こうした憲法解釈を前提に、教育への「不当な支配」の禁止条項（旧教育基本法10条1項・現16条1項）を教育行政による教育内容への介入の限界を画するものと解釈した。国が教育内容の遵守すべき基準を設定する場合にも、教師による創意工夫の余地を残すこと等を考慮して、「教育における機会均等の確保と全国的な一定の水準の維持という目的のために必要かつ合理的と認められる大綱的なそれにとどめられるべきもの」であると判示したのである。そして、最高裁は、当時の学習指導要領については、詳細に過ぎ、法的拘束力をもつと考えるのは適切ではないものが幾分含まれるが、「全体としてはなお全国的な大綱的基準としての性格をもつ」とし、適法と判断した。要するに、判例によれば、国は全国的な「大綱的基準」を設定する限りで教育内容への介入を認められるのであるから、教育内容の詳細に立ち入り、教えるべき具体的な内容を決定する権限をもたないのである。

4）最大判1976（昭51）・5・21刑集30巻5号615頁。

4.　教科書検定制度を通じた教育内容への介入の限界

　次に第一次家永教科書検定事件最高裁判決[5]を見てみよう。最高裁は、旭川学力テスト事件最高裁判決の判示に明示的に依拠して、教科書検定制度が、国による教育内容への介入の憲法上の限界を踏み越えるものではないのかについて検討した。そして、最高裁は、教科書検定制度の目的は教育内容の正確性、中立・公正性、全国的な一定水準の確保にあるとし、検定制度の実際の仕組みがそうした要請に応えるものであり、「その審査基準である旧検定基準も、右目的のための必要かつ合理的な範囲を超えているものとはいえず、子どもが自由かつ独立の人格として成長することを妨げるような内容を含むものでもない」とし、当時の検定制度については、憲法26条と旧教育基本法10条に違反しないと判断した。

　こうした判断において、最高裁は、少なくとも次の二つのことを黙示的に前提にしていたと思われる。一つ目は、教科書検定制度を通じた教育内容への介入は、教育内容の「大綱的基準」との適合性を審査する限りで認められ、詳細な教育内容を教科書に反映させるものに至る場合には憲法26条と旧教育基本法10条に違反するという考えである。この点は、何よりも第一次家永教科書検定事件最高裁判決が、基本的に旭川学力テスト事件最高裁判決の考え方に依拠したものであることから読み取り得るものである。旭川学力テスト事件最高裁判決に依拠する以上は、第一次家永教科書検定事件判決においても、最高裁は、国による教育内容への介入は全国的な「大綱的基準」の設定の限りで許容されるとの考えを共有していたはずである。このことは、最高裁が当時の検定基準について、「必要かつ合理的な範囲を超えていない」と特段の説明なく簡単に判断したことからも窺われる。つまり、当時の検定基準も、全国的な「大綱的基準」を設定する学習指導要領との適合性を求めるものである以上、それが教育内容への介入だとしても、その正当化に特段の説明を要しないと考えられたのではないかということである。

　二つ目は、教科書検定制度を通じた教育内容への介入は、「学問的、教育

　5）最判1993（平5）・3・16民集47巻5号3483頁。

的な専門技術的判断」であると言いうる限りで正当化されるという考えである。第一次家永教科書検定事件最高裁判決は、教科書検定制度の実際の仕組みが、その制度目的に奉仕するものだから、国による教育内容への介入として正当化されるという論理を中心に組み立てられていた。そして、最高裁は、最後に検定処分の違法性を判断する文脈において、文部大臣（当時）の検定権限の行使の実際が、専門家で構成される教科用図書検定調査審議会の答申に基づく「学問的、教育的な専門技術的判断」であるとの認識を示していた。教科書検定制度の目的が教育内容の正確性、中立・公正性、全国的な一定水準の確保にあるならば、その達成のためには、文部（科学）大臣の権限行使は、時の政府の党派的な意図とは切り離された学問的・教育的な根拠に基づくと言いうる必要があろう。最高裁は、実際の制度の仕組みが「学問的、教育的な専門技術的判断」を噛ませるものであることを念頭に置きえたからこそ、それを教育内容への介入として正当化しえたのである。

5.　政府見解反映の仕組みの問題点

　以上を踏まえれば、現行の政府見解を反映させる仕組みは明らかに問題点を抱えたものである。第一に、学習指導要領解説の改訂により、詳細な政府見解を取り扱うべき内容として書き込み、教科書の記述に事実上の影響を与えることは、教科書検定制度を国の欲する詳細な教育内容を教科書に反映させる仕組みとして機能させるものである。そうした運用は全国的な「大綱的基準」との適合性を審査しているものと言うことはできず、教科書検定制度を通じた教育内容への介入の限界を踏み越えるものである。

　もっとも、この評価に対しては、学習指導要領解説は、学習指導要領と異なり、法的拘束力を有しない単なる解説文書だから、教科書の記述内容に事実上の影響を与えたとしても、それは執筆者・出版社が自主的に判断した結果であり、具体的な政府見解の記述を強制したわけではないとの反論もあろう。しかし、現状において、検定当局には、検定意見により教科書の内容に修正を求める広い裁量が認められ、教科書の執筆者・出版社はまず何よりも検定に合格することを目指さねばならない。このことを考えると、教科書の執筆者・出版社は、実質的な検定基準である学習指導要領の内容を検定当局

自身が説明した解説には、従わざるをえないであろう。法的に強制していないから問題ないとは言えないはずである。

　第二に、政府見解の記述を求める検定基準については、それを根拠にした検定意見が「学問的、教育的な専門技術的判断」とは言えないという問題がある。教科書に政府の立場とは異なる見解の記述がある場合に、単に政府見解を加筆せよと求めることは機械的な判断であり、そこに「学問」や「教育」が介在する余地はない。この検定基準を根拠とした検定意見も、教育内容への介入の限界を踏み越えるものである。

　もっとも、この検定基準に関しては、政府見解とは異なる見解が記述されている場合にバランスをとることを狙うものであり、たとえ機械的な判断になるとしても、記述の中立・公正性に資する妥当なものだとの考えもありえよう。しかし、政府見解が欠けている場合にだけ加筆させるということは、政府見解だけが記述され、それとは異なる見解が欠けている場合には特に問題とは判断されないということである。つまり、この検定基準は常に政府見解を支持する側にとって満足のいく結果だけを生み出すものである。常に一方の側にのみ有利に働く基準が、中立・公正性に資するとは考ええない。

今後の課題

　結局、現行の教科書検定制度の政府見解を反映させる仕組みをごまかしなしに正当化しようとすると、教科書の内容は国が自由に決めるという考えを採用する以外にはないように思われる。教科書を国にとって都合の良いことを子どもたちに教え込むためのものと考えるのである。しかし、この考えは、戦前・戦中の教科書国定制を基礎付けていたものであり、戦後には、教育を受けることが個人の権利であるとされたことによって否定されたはずである。

　そもそも教科書検定制度は、戦前の国定制の否定の上に、教科書が子どもの教育を受ける権利を充足するものとなるように、民間の教科書執筆者の創意工夫に期待するものであった。教科書検定の制度設計にあたっては、国による教育内容への介入を統制し、民間の教科書執筆者の「自由」を確保する仕組みが整えられるべきであった。現行の教科書検定制度には原点に立ち返った根本的な見直しが求められている[6]。

6）参照、兼子仁『教育法〔新版〕』（有斐閣、1978年）221-222頁、386-399頁。

第18章

教育委員会制度にはどのような意義があるのか？
──教育委員会制度改革を考える

考察の対象

　憲法26条は、教育を受ける権利を保障し、国家に教育制度を整備・運営する義務を課すものである。もっとも、具体的にどのような教育制度を選択するのかについては、立法府である国会に裁量が認められる。したがって、憲法が特に禁止するようなものでない限り、具体的に選択された教育制度が直ちに憲法違反であると評価されることはない。

　とは言え、教育法学において議論すべきことがこれに尽きるわけではない。最高裁判決によれば、憲法26条の背後には、個々人が「自己の人格を完成、実現するために必要な学習をする固有の権利を有する」という観念が存在するという[1]。直ちに憲法違反とは言えなくとも、具体的な教育制度がそうした個々人の人格の完成に奉仕する仕組みとしてふさわしいのか、その運営はいかなるものであるべきなのかを問うことはできる。こうした制度論も、教育を受ける権利の実際上の保障のあり様を見る上で重要なものである。

　こうした観点から注目すべきなのが、2014年6月13日に国会で成立した地方教育行政の組織及び運営に関する法律（以下、地方教育行政法とする）の一部改正法（平成26年法律第76号（2015年4月1日施行）；以下、同法の改正前を旧法、改正後を新法とする）である。新法は、地方教育行政の要である教育委員会の組織・運営に関して、地方公共団体の首長との連携強化を目的に、従来よりも首長の関与を強めたものである。これほどの大改正は、1956年の同法の制定以来はじめてのものである。そこで、本章においては、そもそも教育委員会制度にはどのような意義があると考えるべきなのかを踏まえて、新

---

1 ）旭川学力テスト事件最高裁判決（最大判1976（昭51）・5・21刑集30巻5号615頁）。

法の下における教育委員会制度の運用のあり方について考える。

1. 地方教育行政法の改正内容

　地方教育行政法は、地方公共団体の教育に関する行政事務の管理・執行の権限を首長と教育委員会とに配分するものである。首長は、大学、私立学校、教育予算などの教育に関する事務の一部を管理・執行する権限を与えられている（旧法24条、新法22条）。教育委員会は、その他の公立学校の管理や教員人事など教育行政事務を広く一般的に、首長の指揮・監督を受けることなく、複数の委員によって構成される合議体として独立して意思決定を行い、管理・執行する権限を与えられている（旧法23条、新法21条）。これは、一般的に首長が地方公共団体の行政事務の執行権限をもつことに対する例外である（地方自治法148条）。

　さらに、こうした仕組みがうまく機能するように、教育委員会の委員は、当該地方公共団体の首長によって議会の同意を得て任命されるものの、任期内においては、心身の故障や職務上の義務違反などごく限られた事由でしか罷免されないという強い身分保障が与えられ、任命権者である首長からの独立性が確保されている（旧法及び新法4条、7条）。こうした基本的な仕組みは、一般行政からの教育行政の独立と呼ばれ、新法でも変更されていない。

　それでは、新法は、教育委員会への首長の関与をどの点において強めたのであろうか。第一は、組織面である。旧法は、教育委員会の代表者である教育委員長と、教育委員会の指揮監督の下に日常的な事務を司り、事務局を統括する教育長という二つの役職を置き、いずれも教育委員会が委員のうちから互選すると規定するものであった（旧法12条、16条、17条）。これに対して、新法においては、教育長は、従来の二つの役職の双方をかねる職として、「教育委員会の会務を総理し、教育委員会を代表する」者と位置付け直され、首長が議会の同意を得て直接に任命する者へと変更された（新法4条、13条。以下、新教育長とする）。

　第二に、首長には、新たに国の教育振興基本計画を参酌して、当該地方公共団体の教育・学術・文化の振興に関する「総合的な施策の大綱」を「総合教育会議」における「協議」を経て定める権限が与えられた（新法1条の3。

以下、「大綱」とする）。新教育長及び委員は、その職務遂行上、「大綱」に則って教育行政の運用が行われるように「意を用いなければならない」(新法11条8項、12条)。

第三に、首長は、新たに自らと教育委員会とで構成される「総合教育会議」を設け、「大綱」作成の際の「協議」や教育条件の整備・教育振興の重点施策などに関する「協議」「調整」を行うものとされた。「調整」が成った事項については首長も教育委員会も「尊重義務」を負う（新法1条の4)[2]。

さて、以上のように、新法においては、首長による教育行政への関与が強められたとするのであれば、改正後の教育委員会制度の運用は、いかなるものであるべきなのであろうか。これに答えるために、原点に戻って考えてみたい。そもそも、なぜ、教育委員会制度は、一般行政からの教育行政の独立を制度原理としているのであろうか。

2.　教育委員会制度の意義

日本において教育委員会制度が採用されるようになったのは、戦後教育改革期の1948年に制定された教育委員会法においてである。その後、1956年の地方教育行政法の制定により、教育委員会法は廃止され、教育委員会制度は、委員の公選制から任命制への変更を含む大きな制度変更を経験した。もっとも、上記のように一般行政からの教育行政の独立という中心的な制度原理は今日まで維持されている。

この制度原理の意義については、教育委員会法の制定当時に文部省が発行した解説書『教育委員会委員の必携』において次のように説明されていた。

　「真理と平和を目ざす新たな教育理念は、教育を政争の具に供することなく、直接人間性の開発を目的としたもので、教育の自主性を宣言したものというべきである。……元来教育と政治はその理念において相一致すべきものであるが、政治は現実には勢力関係として営まれ、妥協性をその特徴とする。これに反して教育は常に未来を展望し未来に備えることがその現在ともいうことができるので、いっそう理想主義的性格を有する。このような教育の理念とこの特殊な性格から見て教育をあらゆる不当な支配から守り育

2）その他の主な変更点として、新法では文部科学大臣による教育委員会への緊急時の
　　関与のあり方が改められた（50条）。

てることが必要であり、中央集権制度や官僚制度の下になめた苦い経験を省みて、教育の自主性を制度的にも機能的にも保障する措置が講ぜられなければならない。教育委員会は原則として知事又は市町村長の下に属するものではなく、その地方の最高且つ自主独立の教育行政機関である。」[3]。

　教育行政は、教育が「不当な支配」に服することなく、自主的に行われるためには、一般行政から独立したものでなければならないというのである。これはどのような理由に基づくものなのであろうか。

　ここに言う「不当な支配」の禁止という概念は、1947年の旧教育基本法10条1項に規定されていたものである（第12章を参照）。同条は、「教育」と「教育行政」の区別を前提に、1項で「教育は、不当な支配に服することなく、国民全体に対し直接に責任を負つて行われるべきものである」とし、2項で「教育行政」の役割をその教育に必要な諸条件の整備・確立にあるものと定めるものである。これは、教育機関たる学校・教師による教育内容・方法に関する決定の自主性を確保しつつ、教育行政などを通じた公権力による教育機関への過度の介入を抑制するという考え方に基づくものである。この「不当な支配」の禁止に関する考え方は、2006年の改正後には現行の教育基本法16条1項に引き継がれている。

　こうした教育の自主性の要請を根拠付ける考え方としては、おおよそ次の二つの考え方が提示されてきた（第10章を参照）。一つ目は、公権力が教育内容に関与することへの根本的な不信である。党派的な特定の価値観を子どもたちに植え付けるため学校教育制度を時の政府に利用させないようにするには、専門職たる現場の教師の裁量に教育は任されるべきである。二つ目は、自律性を担保された専門職たる教師から教育を受けることによって、はじめて子どもは自らの教育を受ける権利を充足されるという考え方である。子どもは、教育の場面でそのニーズに適切に応じる教師との応答的な関係性を保障されねばならず、そのために教師は公権力による支配から職務遂行上独

3）教育法令研究会編「教育委員会委員の必携」民主教育研究所編『いま、読む「教育委員会法の解説」』（民主教育研究所、2013年）55頁、72-73頁（初出は、教育出版株式会社、1948年）。また、参照、鈴木英一『教育行政：戦後日本の教育改革3』（東京大学出版会、1970年）408-434頁。

立性を保って権限を行使できなければならない。

　一般行政からの教育行政の独立は、こうした教育の自主性をより強固にするための仕組みである。すなわち、教育の自主性は、「不当な支配」の禁止の法的効果として、「教育」と「教育行政」の区別により、後者が前者に過度に介入することを防ぐことで確保されねばならない。しかし、「教育行政」による「不当な支配」の危険性を可能な限り除去するには、「教育行政」自体が、教育の自主性の考え方を理解し、そのための教育条件の整備のみを自己の行動原理とすることができなければならない。そして、そのためには、「教育行政」をその時々の党派的な圧力や政治的な多数決主義から免れさせることが不可欠であり、だからこそ、それらの影響を不可避的に受ける「一般行政」から独立させる必要がある。つまり、一般行政からの教育行政の独立という仕組みは、「教育行政」の任にあたる者が、教育を受ける権利を充足するための制度の運用を担う者として、「一般行政」とは異なる自己の任務を自覚し、きちんと職責を全うするための制度的な条件として採用されたものなのである。

3. 新しい教育委員会制度の運用のあり方

　こうしたそもそもの意義を踏まえれば、新しい教育委員会制度においても、首長と教育長との教育行政事務の配分の基本的なあり方が旧法から変更されておらず、一般行政からの教育行政の独立が維持されている以上、連携の強化の名の下に、安易に首長の教育行政への関与を強めることは本末転倒であろう[4]。首長は、新法上の新たな権限を行使する際には、あくまで上記の教育行政の特性を十分に理解した上で、教育への「不当な支配」を帰結することがないように慎重さを求められる。

　実際に、首長への教育委員会の従属が許されないのは、新法の規定から確

4）本節以下の記述については、日本教育法学会新教育基本法制研究特別委員会内に設けられた地方教育行政法改正案の分析のためのワーキング・グループにおける議論から多くの示唆を得た。参照、新教育基本法法制研究特別委員会ワーキング・グループ「資料解題 教育再生実行改革および地方教育行政法・学校教育法・国立大学法人法改正について」日本教育法学会年報44号160頁（有斐閣、2015）167頁以下。

認できる。まず、新教育長については、第一に、教育委員会の「会務を総理」するとは言っても、例えば、内閣における内閣総理大臣のように当該合議体の構成員の任免権を有するわけではなく、教育委員会の中では原則的に他の委員と同等の権限をもつにすぎない。第二に、日常的な事務執行に関しても、旧法の教育委員会による「指揮監督」の文言はなくなったが、執行権者は教育委員会である以上、その合議の結果を受けて職務を遂行する者であることに変化はない。第三に、首長による直接任命になったとは言え、その強い身分保障は従来と同様であり、首長の定める「大綱」に関して服務上「意を用いなければならない」ことについても訓示規定と解されている[5]。したがって、新法の下においても、首長が任命権を有する新教育長が、教育委員会を迂回し、首長の意を受けて教育行政を実質的に支配するようなことは、その権限の濫用であると言わねばならない。

　また、首長に「大綱」作成権が与えられたことについては、このことが首長に、教育委員会の所管に属する事務を管理・執行する権限を与えたものと解釈されてはならないとの注意規定が設けられた（新法1条の3第4項）。したがって、首長は、「大綱」作成のための「総合教育会議」の場を、自己の政策的主張を教育委員会の事務執行に強引に反映させる場として利用してはならない。「大綱」には、あくまで対等な立場の教育委員会との「調整」「協議」が成ったもののみを記載すべきあり、そうでないものを書き込んでも、法的には無意味である。

　さらに、「総合教育会議」については、「調整」が成ったものにのみ、首長と教育委員会に「尊重義務」が課され（新法1条の4第8項）、「協議」が行われたにすぎない事項には尊重義務はない。これは、どうしても「調整」が必要なものに「調整」に服する事項を限定する趣旨である。すなわち、学校施設の改築計画など大きな予算措置が将来的に必要となるような首長と教育委員会の権限が互いに強く関連する場面でのみ「調整」が行われるということである。こうした場面以外にまで「尊重義務」を課すと、首相と教育委員

5）文部科学省「地方教育行政の組織及び運営に関する法律の一部を改正する法律について（通知）」26文科初第490号（2014年7月17日）。

会が互いの権限を侵害し、法の趣旨に反することになる。また、双方の事務を円滑にするための「調整」であり、一種の計画であることを考えると、諸事情により、教育委員会が「調整」の成ったとおりに事務執行をできなかったとしても、直ちに「尊重義務」違反とはならないと解される。したがって、そうした場面で、首長が、新教育長や委員を、罷免事由たる「職務上の義務」違反に当たるとして罷免することは違法である。

今後の課題

　本章における考察を踏まえれば、首長が、その「大綱」作成権限や新教育長の任免権の行使、「総合教育会議」における「協議」「調整」を通じて、あたかも新教育長を首長の補助機関かのように位置付け、教育委員会を単なる諮問機関かのように扱い、一般行政に教育行政を従属させるような実態を作り出すことは厳に慎まれなければならない。

　しかし、こうした実態が作り出されてしまう危険は常にあり、すでに大阪府などの一部自治体では旧法下でもそのような危険があったと言われている[6]。そうなると、今後の地方教育行政には、首長と教育委員会が連携して、そうした事態を防ぐために上記のような点に留意した総合教育会議の内規を整備することなどによって、一般行政からの教育行政の独立を実質的に確保する慣行を形成することが求められていると言いうるであろう。

　昨今、いじめや体罰問題への対応の不味さが批判されたことは言うに及ばす、教育委員会は、かなり以前から機能不全に陥っているとの批判を受けてきた。しかし、だからといって、一般行政からの教育行政の独立の意義を考えれば、その不要を説くことは容易にはできない。むしろ、教育を受ける権利を充足するために教育への「不当な支配」を防ぐ制度上の工夫として、教育委員会制度の運用はどうあるべきかを問い直すことが求められている。

　6）谷口聡「教育振興基本計画」日本教育法学会編『教育法の現代的争点』(法律文化社、2014年) 78頁、81-82頁；また、一般行政に教育行政を従属させることの政策的意図については、髙橋哲「支配体制づくりとしての教育行政改革」さいたまの教育と文化70号40頁 (さいたま教育文化研究所、2014年) を参照。

第19章

政治教育の仕組みはどうあるべきか？
——18歳選挙権を考える(1)

考察の対象

　2015年6月17日に公職選挙法が改正され、これにより、公布から一年後の2016年6月19日には、選挙権年齢は18歳以上に引き下げられ、これ以降、選挙では、18歳と19歳の若者も投票し、そこにはもちろん高校3年生や大学1、2年生も多く含まれることになった。

　こうした中で注目を集めているのが、学校における政治教育のあり方である。現役の高校生やついこの間まで高校生であった若者が新たに有権者となったのだから、今まで以上に学校では政治教育の充実が図られるべきであると言われる一方で、政治教育が濫用されぬように学校教育の「政治的中立性」が厳正に保たれなければならないとも言われる[1]。そこで本章では、学校における政治教育の仕組みはどうあるべきなのかについて考える。

1. 政治教育の意義

　まずは政治教育の意義を確認する。「政治教育」と題された教育基本法14条は、その一項で、「良識ある公民として必要な政治的教養は、教育上尊重されなければならない」と定めるものである。この規定は、2006年の改正以前の旧教育基本法8条1項が、現代的な表現に改められて、そのまま引き継がれたものである。

　旧教育基本法の立案に関わった文部省関係者による1947年制定当初の解説書・教育法令研究会『教育基本法の解説』（国立書院、1947年）によれば[2]、ここに言う「良識ある公民として必要な政治的教養」とは、「第一に、民主

　1）文部科学省「高等学校等における政治的教養の教育と高等学校等の生徒による政治的活動等について（通知）」27文科初第933号（2015年10月29日）。

　2）以下、同書からの引用・参照については、本文中の（　）で頁数を示すことにする。

政治、政党、憲法、地方自治等、現代政治上の各種の制度についての知識、第二に現実の政治の理解力、及びこれに対する公正な批判力、第三に、民主国家の公民として必要な政治道徳及び政治的信念など」（115頁）であるという。本項は、「第一に、このような政治的教養を養うことは、学校教育においても、社会教育においてもこれに努めなければならないこと、第二に、教育の行政面では、そのような政治的教養を養うことができるような条件を整えること」（115頁）を意味するものであるという。

　憲法は、教育を受ける権利（26条）を保障し、その権利を充足するために、教育基本法は、教育の目的を個人の「人格の完成」と「平和で民主的な国家及び社会の形成者として必要な資質」の育成にあるとする（1条）。個人の「人格の完成」にとって政治の仕組みを理解し、それに効果的に参加できることは重要であろう。また、憲法が採用する民主主義の政治制度は、現実の政治を批判的に考察する能力を備えた個人に支えられることが不可欠であるが、そのような個人の能力は自然と育つものではなく、教育を通じて獲得されるものである。政治教育は、個人にとっても民主主義の政治制度にとっても重要なものである。

2. 教育の「政治的中立性」

　教育基本法は、いかなる政治教育でもよしとしているわけではない。教育基本法14条2項は、「法律に定める学校は、特定の政党を支持し、又はこれに反対するための政治教育その他政治的活動をしてはならない」と政治教育の限界を定めるものである。これが一般に教育の「政治的中立性」の要請と呼ばれるものである。もっとも、より正確には、14条2項は、その文言から明らかなように、党派的な政治教育を禁止するものであり、いかなる政治的立場に対しても中立でなければならないということを要請するものではない。そもそも、上掲の『教育基本法の解説』によれば、尊重されるべき政治教育とは、民主政治という一定の政治的立場を前提とするものであり、日本の戦前・戦中に見られた全体主義国家における政治教育の否定に、その意義が見出されるべきものである（111-114頁）。

　こうしたところから、学校は、例えば、朝のホームルームにおいて、子ど

もたちを前にして、教師に「A党はとってもよい考え方なので絶対に支持すべきだ」というような発言をさせることは禁止される。もっとも、党派的な政治教育の禁止から教師にどのようなことが求められるのかについては、より突き詰めて考えてみる必要がありそうである。例えば、ある重要な歴史的事実の有無やその評価について、A党とB党で見解の違いがあるが、B党の見解には明らかに学問上の説得力がないという場合にも、教師は、A党とB党の見解の双方を紹介しなければならないのか、あるいはA党とB党の見解の相違について学問上の説得力の観点から批評することを控えるべきなのか。より端的に言えば、仮にB党が「第二次世界大戦中にホロコーストはなかった」と主張する場合に、教師はこれを他の見解と同等に取り上げるべきなのか。どのような基準によって、教師による具体的な教育活動が、党派的な政治教育として禁止されるのかについて判断すべきなのであろうか。

　この点は、そもそも、なぜ党派的な政治教育が禁止されるのかを考察することで明らかにされるべきであろう。『教育基本法の解説』によれば、その理由は、個人の「人格の完成」と「平和で民主的な国家及び社会の形成者として必要な資質」の育成という「学校教育本来の目的を達成するため」（115頁）であるという。

　先に見たように、政治教育の意義の一つは、戦前・戦中の全体主義的な政治教育の否定に見出されるものである。「全体主義における政治教育においては、政治的批判力を養うことより、何よりも一定の政治体制への協力的行動に導き入れることを目途とする」（111頁）のであり、戦前・戦中には日本の政治教育は、「国家の現実政策に無条件に服従させることが唯一の目的とされた」（112頁）。こうした教育は、まさに無批判に一定の生き方や政治的な考え方を正しいものとして受け入れさせ、個人から理性的な思考力を奪う教化（indoctrination）と呼ぶべきものである。これが学校教育本来の目的を阻害することは明らかであろう。旭川学力テスト事件判決[3]において最高裁が述べたように、「殊に個人の基本的自由を認め、その人格の独立を国政上尊重すべきものとしている憲法の下においては、子どもが自由かつ独立の人格

3）最大判1976（昭51）・5・21刑集30巻5号615頁。

として成長することを妨げるような国家的介入、例えば、誤つた知識や一方的な観念を子どもに植えつけるような内容の教育を施すことを強制するようなことは、憲法二六条、一三条の規定上からも許されない」のである。

　党派的な政治教育は、こうした全体主義国家における政治教育と同質のものと言いうる。「特定の政党を支持し、またはそれに対して反対するための政治教育」とは、「計算の基礎となる数学の理論を教えないで、計算問題の答だけを教えて、それをうのみさせ」[4]ようとするのと同じく、理性的な思考過程を経ずに子どもたちに特定の政党の支持または不支持に至るように特定の観念を植え付ける教化である。教化は、個人が自分で自分の生き方を決めることを困難にし、民主主義の政治制度を支える市民の批判力を損なうものである。それゆえに、党派的な政治教育は、学校教育本来の目的を阻害するものとして禁止される。したがって、先に挙げたような具体例についても、それが子どもたちの理性的な思考力を奪う教化となっていないかという基準でもって、禁止される党派的な政治教育に当たるのかを判断するべきである。教育基本法においては、戦前・戦中の経験から、政治教育が国家による教化に堕する危険性に常に警戒すべく、党派的な政治教育の禁止というその限界が明記されたものと解すべきである。

3. 教師の教育の自由

　それでは政治教育の意義と限界を踏まえた学校教育の仕組みとは、どのようなものであろうか。教師の教育の自由は、学説上、そうした仕組みとなりうるものとしても提唱されてきたと言いうる。第10章において見たように、教師の教育の自由は、教師が、憲法13条、26条ないし23条を根拠に、教育の内容について一定程度を決定・実施する独立した権限を認められ、その分、文部科学省などの公権力による教育内容への介入は限界付けられねばならないという考え方である。こうした考え方は、上掲の旭川学力テスト事件判決において、最高裁によっても一定程度認められているものである。

　教師の教育の自由は、政治教育の領域でも極めて重要なものとされてき

4）鵜飼信成「政治的中立の政治性」世界104号114頁（岩波書店、1954年）118頁。

た[5]。先述のとおり、党派的な政治教育の禁止は、戦前・戦中の全体主義的な政治教育の経験に照らして、教育が国家の論理に基づき時の政府に都合よく利用されるということが二度と起こらないように明記されたものである。学校教育を導くべきは、子どもたちの教育的必要を周りの大人たちが受容し、それに応答する関係性を保障する教育の論理でなければならない[6]。政治教育においてもまず警戒すべきなのは、国家の論理によって、教育の論理が歪められることである。

教師は、こうした場面でも教育の論理を貫きうると期待される存在である。なぜなら、教師は、一定の専門知識と能力を訓練によって獲得した教育の専門職であり、自らの職責にかけて教育の論理以外では動かないことを行動原理とする者だからである。さらに、子どもたちは、そうした専門職たる教師との日々のコミュニケーションを通じて創意工夫が凝らされた政治教育を受けることからこそ、自らの学習要求を充足されることになる。教師は、国家の論理の侵入への防波堤となり、その職責にかけて、子どもたちの教育的必要を充足する政治教育を実践できるように、政治教育の領域でもその教育内容を一定程度決定・実施する独立した権限を認められるべきである。

こうした理解に対しては、むしろ警戒すべきは、個別の教師によるいわゆる「偏向教育」であり、教師を信用せよということでは何も問題は解決していないと言われるかもしれない。確かに、教師は無条件に信用できるわけではないし、間違いを犯すこともある。しかし、それでも、個別の教師による党派的な教化を警戒して、教師の行いを全面的に公権力による統制に服せしめ、教育行政には「偏向教育」を厳しく取り締まる権限が認められるべきであるという考えには与することはできない。

こうした考えは、結局は、公権力による教育内容の決定を全面的に認めるものであろうが、その権限が濫用された場合の影響をまったく考慮に入れていない。その影響は、個別の教師による党派的な教化とは比べものにならな

5）代表的文献として、勝田守一・堀尾輝久「国民教育における『中立性』の問題」堀尾輝久『現代教育の思想と構造』（岩波書店、1971年）383頁。

6）参照、世取山洋介「堀尾教育権論の"継承と発展"」人間と教育65号104頁（民主教育研究所、2010年）。

いくらい大きい。個別の教師による党派的な教化が行われた場合には、その
教師は、同僚教師や保護者、あるいは子どもたち自身によって問題点を指摘
されれば、反省の上、自ら授業を見直すかもしれないし、やむをえない場合
には行政による指導や処分によって是正されることもありうる。しかし、公
権力による党派的な教化は、その規模の面では全国や少なくとも一地方にま
で及び、さらに法令に基づき行われることから、形式的には法的な正当性を
もち、現場の教師や保護者による異議などによっては是正される見込みはほ
とんどない。むしろ現場の教師が従わない場合には処分されることになるで
あろう。唯一残された道は、司法の場で、その違憲・違法性を問うくらいで
あろうが、それを実際に現場の教師が実行することにはかなり高いハードル
がある。公権力によって党派的な教化が形式的には法令上の権限行使として
行われた場合には、効果的にそれを是正する方法はほぼないのである。だか
らこそ、公権力による教育内容への介入を限界付け、教育の論理を貫徹しよ
うとする必要があり、そうした意味で、政治教育の仕組みとしても、教師の
教育の自由には大きな意義があるのである。

今後の課題

　戦後の政治教育をめぐる政治の動きを振り返ってみると、1940年代末以降
にまず問題にされたのが、現場の教師の「偏向教育」と、それを主導したと
言われた日本教職員組合の活動であった。その対策とされたいわゆる教育二
法の制定により[7]、公立学校の教師は、学校外も含めて政治活動を国家公務
員並みに制限されることになり、特定政党を支持させる等の教育を教職員組
合等を利用して教唆・扇動することが犯罪とされた。さらに、1960年代末に
かけては、当時の文部省は、今度は高校生の政治活動を問題視し、学校の内
外にかかわらず高校生による政治活動を禁止する通知を発出した[8]。教師と

7）教育公務員特例法の一部を改正する法律及び義務教育諸学校における教育の政治的
　中立の確保に関する臨時措置法。教育二法の制定の背景や経緯に関しては、鈴木英一
　『教育行政：戦後日本の教育改革3』（東京大学出版会、1970年）55-119頁、374-408
　頁を参照。

8）文部省「高等学校における政治的教養と政治的活動について」文初高第483号（1969
　年10月31日）。

学校の子どもたちは政治的に無色の者であることを推奨され、必然的に学校での政治教育は不活発なものにとどめられた。

　こうした動きの一方で、国は、学習指導要領や教科書検定などの仕組みを通じて教育内容への介入を強めてきた。子どもたちは、政治的に無色であれとされ、自らの好む色の選び方を教えられることなく、時の政府は、その好む色に子どもたちを染めうる方途を広げてきた。

　18歳選挙権を迎え、この状況は変わり、政治教育の活性化が図られることになるであろうか。表面上はそう言われている。しかし、残念ながら、2006年の教育基本法改正以降の教育政策の動向は、「政治的中立性」の名の下に、公権力による教育内容・方法への介入を強めるものである。教科書検定での政府見解の取扱いしかり、道徳の教科化しかりである。公権力によって政治教育が恣に利用される危険がむしろ強まっている。本章においては教師の教育の自由の意義を強調したが、これに加えて、政治教育がその意義を十分に発揮するためには、それを支える教育制度全体のあり方が、政治教育のあるべき仕組みという観点から改めて批判的な検証に晒されるべき状況が生まれているように思われる。

第20章

高校生の政治的活動はどの程度自由であるべきか？
——18歳選挙権を考える⑵

考察の対象

　2015年の公職選挙法の改正を受けて、現在では、選挙において、高校生を含む18歳以上の市民が有権者とされることになった。こうしたことを背景に、文部科学省（以下、文科省とする）は、高校生の政治的活動に関して、1969年に発出した通知（以下、旧通知とする）[1]を見直し、新たな通知（以下、新通知とする）[2]を発出した。

　旧通知においては、高校生の政治的活動は「教育上望ましくない」ものとされ、学校の内外を問わず、学校が生徒の政治的活動を制限、禁止、指導の対象にするのは「当然」であるとされていた。新通知においては、こうした従来の見解が見直され、高校生の政治的活動が部分的に解禁されたとも言われた。しかし、詳しく見ると、必ずしも高校生の政治的活動に好意的な内容ばかりではないようである。

　政治的活動は、憲法21条で保障された集会、結社、言論の自由などの憲法上の権利の行使であり、たとえ高校生であってもむやみに一般社会にはない特別な制約を課されるべきではない。そこで、本章においては、高校生の政治的活動はどの程度自由であるべきなのかという観点から、文科省の新通知に問題はないのかについて考える。

---

1 ）文部省「高等学校における政治的教養と政治的活動について」文初高第483号（1969年10月31日）。
2 ）文部科学省「高等学校等における政治的教養の教育と高等学校等の生徒による政治的活動等について（通知）」27文科初第933号（2015年10月29日）。

1.　旧通知の見直し

　なぜ、旧通知は18歳選挙権を受けて見直されることになったのであろうか。それは、おそらく、旧通知において「生徒の政治的活動が望ましくない理由」とされたことが、現在では表立っては通用しなくなったからである。その理由とは、要するに、未成年者であり、未発達な高校生は、政治的な判断力や社会経験に乏しいので、国家・社会、あるいは本人や他の生徒のために政治的活動に関わるべきではないというものである。

　しかし、こうした考えは、18歳選挙権を迎えた現在では改められざるをえない。日本国憲法においては、「公務員の選挙については、成年者による普通選挙を保障する」（15条3項）とされているところから、公職選挙法においては、有権者は、政治的な意思決定の面において十分な判断能力を有する成年者であることが前提にされている。現在、高校生は、法律上は、政治的な意思決定の面において、18歳を迎えていれば十分な判断力を備えた者とみなされ、18歳未満であっても、もうすぐ成年者とみなされるほど成熟していると考えられるべき存在なのである。

　こうした者たちに対して、政治的な判断能力や社会経験が不十分だという理由で政治に関わることを正面から否定することはもはやできない。それゆえ、旧通知は見直され、新通知においても、こうした理由で高校生の政治的活動を制約できるとの考えは、少なくとも表面上は姿を消したのであった。

2.　新通知の意味

　それでは、新通知においては、高校生の政治的活動にどのような位置付けが与えられたのであろうか。結論を先取りすれば、実際には高校生の政治的活動に関して、「新通知は旧通知と規制の広範性においてほとんど変わるところはなくなるであろう」[3]と指摘されている。

　新通知においては、「今後は、高等学校等の生徒が、国家・社会の形成に

　3）新教育基本法制研究特別委員会ワーキング・グループ「資料解題 18歳選挙権と政治教育：教育の「政治的中立性」の批判的検討」日本教育法学会年報45号153頁（有斐閣、2016年）167頁〔世取山洋介執筆部分〕。

主体的に参画していくことがより一層期待される」とされ、「満18歳以上の生徒が選挙運動をできることに伴い、高等学校等は、これを尊重することとなること」や「放課後や休日等に学校の構外で行われる選挙運動や政治的活動は、家庭の理解の下、生徒が判断し、行うものであること」という点が留意事項として挙げられている。こうした点を見ると確かに姿勢が改められたようでもある。

　しかし、新通知においては、学校は、教育基本法14条2項により「政治的中立性」の確保を求められ、生徒を教育する公的な施設であり、校長は、「必要かつ合理的な範囲内で、在学する生徒を規律する包括的な権能を有する」ことを考慮すると、「高等学校等の生徒による政治的活動等は、無制限に認められるものではなく、必要かつ合理的な範囲内で制約を受けるものと解される」とも言われている。そして、学校は、学校の内外における高校生の政治的活動に関して、制限又は禁止し、あるいは適切に指導を行うことが必要だとされるのである。

　こうした新通知の考え方に基づいて、学校がどの程度の制約をできると想定されているのかについては、文科省が発表したQ＆Aから読み取ることができる[4]。新通知においては、一応は、学校内と学校外において高校生の政治的活動への制約のあり方が異なるものと想定されている。学校内については、Q＆Aでは、「選挙運動、政治的活動、投票運動は構内では禁止する」と学校が校則等で定め、生徒を指導することも、状況等を踏まえれば「不当なものではない」とされている。学校は、学校内においては生徒の政治的活動を一律に禁止することもできると想定されている。

　また、学校外については、新通知においては、「生徒が政治的活動等に熱中する余り、学業や生活などに支障があると認められる場合、他の生徒の学業や生活などに支障があると認められる場合、又は生徒間における政治的対立が生じるなどして学校教育の円滑な実施に支障があると認められる場合」には、適切な指導が求められるとされている。こうした場面の例として、

4）文部科学省「『高等学校等における政治的教養の教育と高等学校等の生徒による政治的活動等について（通知）』に関するQ＆A（生徒指導関係）」https://www.mext.go.jp/a_menu/shotou/seitoshidou/1366767.htm（2022年9月29日最終アクセス）。

Q&Aでは、「政治的活動等に没頭して夜遅くまで頻繁に電話やメールをすることが続き」、結果として本人や集会への参加の誘いを受けた他の生徒の学業に影響が出ている場合や、「特定の政策に賛成するグループと反対するグループとがある中で、学校内に対立が持ち込まれた結果」、学校の運営に支障が生じる場合などが挙げられている。学校は、学校外の生徒の生活に深く立ち入って、望ましくないと考える場合には活動の制限や禁止を含めて指導できると想定されている。

　これらの想定は、生徒を規律する学校の「包括的権能」について、学校に対して、その内外を問わず、高校生の政治的活動の制約の要否を判断するかなり広範な裁量を認めるものであるとの理解を前提にしなければ成り立ちえない。こうした学校の「包括的権能」に関する理解は、旧通知の時代と実質的にはほとんど変わらないと言わねばならない。果たして、新通知において、こうした帰結が導き出されるのは、高校生にどの程度の政治的活動の自由が認められるべきなのかついて、かなり問題のある理解に依拠しているからであると思われる。

3.「政治的活動」

　新通知の一つ目の問題点は、学校が注視すべきものとして「政治的活動」の定義が示されていることである。新通知においては、「政治的活動」について、「特定の政治上の主義若しくは施策又は特定の政党や政治的団体等を支持し、又はこれに反対することを目的として行われる行為であって、その効果が特定の政治上の主義等の実現又は特宁の政党等の活動に対する援助、助長、促進又は圧迫、干渉になるような行為をすることをいい、選挙運動を除く」と定義されている。これは、デモや集会、団体の結成、ビラ配り、街頭演説など政治に関わる多種多様な活動を広く包摂する定義である。

　まず浮かぶ疑問は、なぜ、高校生の様々な活動の中から、「政治的活動」だけを括り出しているのかということである。違法又は暴力的な「政治的活動」への参加を禁止すべきとされているが、それは「政治的活動」に限らずどのような活動にも言いうることである。高校生が「政治的活動」に熱中しすぎるのがいけないとも言われるが、部活やバイト、バンド活動、ゲームな

ど熱中しすぎる活動はいくらでもある。学校外の活動によって学校内で生徒間に対立が生じるのがいけないのであれば、好みの音楽の話しも学校ではできないことになる。「政治的活動」だけが特に問題にされる理由はない。

　また、学校が、生徒の活動について、とにかく「政治的活動」の定義に当たるということで、ひとまとめにして制限や禁止を含む指導の対象にできるかのようにされていることも問題である。なぜなら、「政治的活動」には、上記のように各々性質を異にする多種多様な活動が含まれ、それらへの規制の必要性や合理性は活動の性質に応じて個別的にしか判断できないからである。それにもかかわらず、例えば、先のQ&Aの例のように、学校が、校則で学校内では「政治的活動」を一律に禁止するとか、学校外での「政治的活動」には一律に届出が必要だとすることもできるのであれば、それはもはや、「政治的活動」の制約に関しては、合理性や必要性を問う必要はないと宣言しているのも同じである。「政治的活動」の定義に当たるというだけで規制できるとするのであれば、あまりにも短絡的である。

4. 学校による制約の根拠

　二つ目の問題点は、学校による制約の根拠である。確かに、授業の妨害になる発言や授業時間中に校内を歩き回るなど本人や他の生徒の学校における学習活動に実質的な支障を生じさせる場合のように、学校は、説得的な根拠を提示できれば生徒の政治的活動を制約できる。しかし、新通知で挙げられた根拠は、説得的ではないものが多い。

　まずは、「学校は、教育基本法第14条2項に基づき、政治的中立性を確保することが求められること」が挙げられている。これはあたかも、学校内には政治的に「偏った」考えが持ち込まれてはならないことを意味し、例えば、放課後に学校内の教室で生徒が特定の政策を批判する集会を行うことも禁止されるかのような印象を与えるものである。しかし、教育基本法14条2項は、第19章でも触れたように、学校内における一般的、抽象的な政治的中立性を要請するものではない。それは、学校が主体となって党派的な政治教育や政治的活動を行うことを禁止するものである。それゆえ、学校の教育活動以外の場面において、高校生が政治的活動を行うこととは無関係な条項であり、

その制約の根拠にはならないのである。

　また、高校生が学校外で政治的活動に熱中しすぎて、学業に支障が出る場合も挙げられている。これは、旧通知が見直された理由を見失っていると言わざるをえない根拠である。旧通知が見直されたのは、高校生は、政治的な意思決定の面においては十分な判断能力を有する大人であるとみなされるからであった。それは放課後や休日にどの程度の時間や労力を政治的活動に割くのかについても自分で判断できることを意味する。それにもかかわらず、学校が学校外の高校生の政治的活動に細かく口を出して、制限や禁止の対象にできるとすることは、未だ高校生を子ども扱いしていることになる。確かに、教師として、本人のために「少し控えたほうがいい」と言うこともあるであろう。しかし、大人に対するアドバイスである以上は、本人の意思に反して「やめなさい」とは言いえないはずである。

　新通知においては、これら以外にも説得的とは言いえない根拠が挙げられ、必要以上に高校生の政治的活動を制約することが学校に求められている。

5.　校長の包括的権能

　三つ目の問題点は、学校の校長は、学校の設置目的を達成するために、「必要かつ合理的な範囲内で、在学する生徒を規律する包括的権能を有する」ことに基づいて、学校の内外を問わず、高校生の政治的活動を制約する広範囲な裁量を認められるかのようにされていることである。確かに、判例上も、学校の校長は、そうした包括的権能を持つものとされており[5]、場合によっては学校には生徒の活動を制約する広範な裁量が認められなければならないこともありうる。しかし、学校は、どのような状況においても同じように広い裁量が認められると考えることは不合理である。きちんと考慮されるべき事項に目を向ければ学校に認められる裁量の広さは、状況に応じて変化するものと考えるべきである。

　第一に、高校生の政治的活動の性質を考慮しなければならない。政治的活動に含まれる活動は、集会の自由や結社の自由、言論の自由など憲法上の権

---

5 ）昭和女子大事件最高裁判決（最判1974（昭49）・7・19民集28巻5号790頁）。

利の行使として強く保護されるものである。学校は、仮にバイク免許の取得などの学校外の高校生の一般的な活動を制約する広い裁量を認められるとしても、政治的活動の制約に関してはより慎重に検討しなければならない。

　第二に、高校生が被る制約の強さも考慮しなければならない。制約の強さの面においては、例えば、デモへの参加に届出制を採るとしても、単に届け出るだけではなく、デモの内容や形態によっては参加をしないように指導することも含まれるのであれば、それは実質的に許可制と同じであり、その採用には一層の慎重さが求められる。

　第三に、不利益の大きさも考慮せねばならない。教師が口頭で指導するだけの場合と、最終的に停学や退学などの大きな不利益のある処分が控えている場合とでは、学校に求められる慎重さは異なるはずである。

　第四に、政治的活動の場面も考慮すべきである。新通知においては学校内と学校外とが区別されているが、学校内はもちろん、学校外の活動に関しても学校に広い裁量が認められるかのようである。しかし、学校が、就学時間中の学校内で時間割どおりに行動するのを求めるのと同じように、放課後の学校外で時間割を定め、例えば、テレビは1日2時間までと要求できるとは考ええない。また、学校内であっても、授業中に認められる教師の広い教育的裁量が、休み時間や放課後に関しても同様に認められるとは考えるべきではない。学校内外の様々な場面を区別して、学校の裁量がどの程度の広さで認められるべきなのかを考慮せねばならないのである[6]。

今後の課題

　学校は、高校生の政治的活動に制約を課す際には、活動の性質・場面、制約の根拠やその態様・程度を適切に考慮せねばならない。こうした視点を踏まえると、新通知においては、各学校にとって参考になることはほとんど述べられていないと評価せざるをえない。結局、新通知において、指導の対象として特に「政治的活動」に注視すべきとされるのは、高校生が政治に関わ

6）詳しくは、中川律「アメリカの公立学校における生徒の憲法上の権利」法学研究論集22号1頁（明治大学大学院法学研究科、2005年）を参照。

るとろくなことにならないという観念を引きずっているからではないのかと疑われる。

　生徒にどう向き合うのかについて、学校や教師に独立した裁量が認められるのは、学校の都合で生徒を管理できるようにするためではない。学校における教育活動には、教師と生徒が人格的に触れ合うことから構築される関係性が不可欠であり、これを確保するために必要な権限だから、そのような独立した裁量が認められるのである。したがって、学校や教師は生徒との関係性を壊すような裁量の行使をしてはならない責任を負う。

　そうすると、一方で、各学校においては、政治的活動に関する生徒指導のあり方の決定に、教師たちの考えが適切に反映されるべきである。校長が、教育委員会の意向を受け、独り決めするのでは、生徒と教師の関係性は損なわれてしまう。他方で、教師も、生徒に一方的に「政治的活動はだめだ」と言うだけでは責任を果たしたことにはならない。それではやはり生徒との関係性は壊れてしまう。生徒に十分に説得的な説明を提示することが、教師の責任である[7]。

7）参照、安原陽平「生徒の政治的自由・教師の政治的自由」法学セミナー738号55頁（日本評論社、2016年）59頁。

第21章

子どもの憲法上の権利は、教師による教育評価をどのように限界付けるのか？
――教師の教育の自由の限界を考える

考察の対象

　教育法学では、学校における子どもへの教務上の個別的処遇決定（入学・進級決定、単位認定、教育評価文書〔指導要録・通信簿・調査書〕の作成・発給など）は、学校教育措置と呼ばれ、「在学関係および生徒等の学習権保障の基本にかかわる学校教育上の法的措置」[1]であるとされてきた。こうした学校教育措置は、教師が、教科教育や生活指導などにおいて、子どもの活動や振る舞いに現れる社会性を評価することを起点とする場合があり、そのことが子どもの憲法上の権利との緊張関係を生じさせることがある。

　例えば、指導要録や調査書に公共心・公徳心などに関する評価や所見が記載される場合や、学校内外における子どもの政治的表現活動が生活指導の対象となり、あるいは儀式的行事において国旗に正対した国歌の起立斉唱指導が行われ、それらが教育評価文書の記載内容を左右する教育評価に結び付く場合などを想定できる。また、2015年には、道徳が新たに「特別の教科」として位置付けられることになった（第5章を参照）。これは、実質的には、従来は主に教科の外で行われていた子どもの社会性を対象にした教育評価を教科の領域に本格的に持ち込むことを意味するものであり、子どもの憲法上の権利との緊張関係がより強く意識されなければならない状況を生じさせるものであった[2]。

1）兼子仁『教育法〔新版〕』（有斐閣、1978年）442頁。
2）従来も、子どもが信教の自由を理由に教育課程の一部拒否を主張する場合のように、教科教育の領域において学校教育措置と子どもの憲法上の権利との衝突が全く問題になってこなかったわけではない。例えば、中村英「公教育の一部拒否の自由」日本教育法学会編『教育法の現代的争点』（法律文化社、2014年）32頁を参照。

　そうすると、たとえ学校の教師・教師集団には、憲法上、教育の自由が保障され、教育評価の場面においても独立した裁量が認められねばならないとしても、それは、子どもの憲法上の権利との関係で限界があるとも考えねばならない。そこで、本章においては、子どもの社会性を対象にした評価を中心に、子どもの憲法上の権利が、教師による教育評価を起点とした学校教育措置を、どのように限界付けるのかについて考える。

1. 憲法上の権利への制約

　子どもの社会性評価を起点とした学校教育措置については、それが、いかなる意味において憲法上の権利の制約と捉えうるのかがまずは問題になる。そもそも学校教育措置は、非違行為に対する懲戒処分とは異なり、たとえ不利益的なものであっても、子ども・生徒に対する制裁的意味はないものとされるからである。

　確かに、原級留置きやその累積による退学処分については、その不利益性の大きさから憲法上の権利に対する制約を看取しうる。だが、そうした大きな不利益が問題になるのは、主に高等学校段階以降であり、その段階においても子どもの社会性に対する教育評価と憲法上の権利との緊張関係が問題になるのは、ほとんどが生活指導や特別活動の場面であろう。そうした場面における通信簿や指導要録におけるマイナス評価が単位不認定や原級留置きなどの子どもの法的な地位に直接に影響を与える措置に結びつくことは稀である。そのように考えるならば、学校教育措置については、たとえば進学を希望する学校の入試資料となる調査書へのマイナス評価の記載のように、公正な入学試験を受ける権利などの他の権利・利益と結びついたときにはじめて、評価の対象となった憲法上の権利行使への制約を観念しうることになり、その限りで違憲性を訴訟で争いうることになる。

　しかし、通信簿や指導要録における社会性評価の実際上の子どもへの影響力を考えるとき、それらが憲法上の権利への制約を構成しないと考えることは妥当ではないと思われる[3]。まず、指導要録については、通常は調査書へ

3）西原博史『学校が「愛国心」を教えるとき』（日本評論社、2003年）137頁。

の評価記載に際して原簿として使用されることを考えると、そこでの記載事項は調査書と同様に進学や就職の際に子どもの法的利益に大きな影響を与えうるものである。また、通信簿については学校教育において学校の権限に基づいて発行され、子ども・生徒・親に教育評価として通信されることが予定された唯一の文書であり、その内容が指導要録や調査書に反映されると受け取られるものであろう。そして、「調査書に響くぞ」という文句に象徴されるように、子どもの日常の行動に対してあたかも懲戒処分代替的に教育評価が威嚇的に用いられる可能性が現実には存在する。それゆえ、子どもの社会性に対する教育評価を含む学校教育措置については、たとえそれ自体には法的な不利益効果が伴わなくとも、子どもにある行動をすること（あるいはしないこと）を求める事実上の強制力が伴い、その行為が憲法上保護されるものである場合には、憲法上の権利への制約が存すると考えるべきである。

2.　思想・良心・信仰の内容を基準にした教育評価の禁止

　子どもの憲法上の権利との緊張関係という観点からは、そもそも教育評価のあり方として憲法上禁止されていると考えねばならないものがある。第一に、子どもの思想・良心の自由（19条）や信教の自由（20条）との関係で、子どもが特定の内容の思想や良心、信仰をもつ（あるいはもたない）ことを基準にした教育評価は禁止される。教育評価が最終的に子どもの法的利益に影響を及ぼし、その行動を事実上拘束する力がある以上は、思想や良心、信仰の内容を基準にした教育評価は、①その内容を理由にした不利益取り扱いに該当し、②事実上の強制力を背景に特定の思想や良心、信仰の内容を子どもに教え込むものとなるからである。

3.　思想・良心・信仰の内容を推知させる事実記載の禁止

　調査書においては、子どもの思想や良心、信仰の内容そのものではなく、その行動面に着目した事実に関する評価であっても、その事実記載が子どもの思想や良心、信仰の内容を推知させる場合には、憲法19条や20条により禁止される。調査書は、特に高校入試においては出身中学から進学を希望する高校に送付され、入学試験の際の重要な基礎資料の一部となる。そして、入

学試験を受ける生徒の側には、公正な入学試験を受けうるという意味での期待権が保障される[4]。それゆえ、入学試験の公正さの阻害要因となる事柄を調査書に記載してはならず、そこでは厳正な思想中立性が要求される。麹町中調査書事件判決[5]において、最高裁は、「校内において麹町中全共闘を名乗り、機関紙『砦』を発行した」、「大学生ML派の集会に参加している」などの記載内容について、客観的な事実記載にとどまり、思想や良心の内容を推知させないと判示した。しかし、その記載内容は、生徒の思想内容を推知させるに十分であったというのが、学説上の一般的な評価である。

4. 思想・良心・信仰に基づくとみなすべき外部的行為に対する評価の禁止

　学校において、いわゆる「踏み絵」を評価基準とすることが憲法19条や20条との関係で禁止されることには異論はないであろう。これと同じく、たとえ外部的行為に着目した評価でも、客観的に見て特定内容の思想や良心、信仰に基づくものとみなすべき外部的行為を行うかどうかを基準にした評価は、その内容を基準とした教育評価として禁止される。

　例えば、子どもが「日の丸・君が代」指導に際して国旗に向かって国歌を斉唱する行為（以下、起立斉唱行為とする）を拒んだことに対して、特別活動や公共心・公徳心などに関する指導要録の評価項目において、マイナス評価を与えることが許されるのかということが問題になる。最高裁は、起立斉唱行為について、一般的・客観的に見て、「慣例上の儀礼的な所作」であるが、「国旗や国歌に対する敬意の表明の要素を含む」ものだとしている[6]。そうすると、起立斉唱行為は、客観的に見て特定内容の思想や良心、信仰に基づくものとみなすべき外部的行為であり、起立斉唱行為の作為・不作為を評価基準とすることは禁止されると考えるべきであろう。

　また、この禁止は、子どもに対する特定内容の思想や良心、信仰の強制（教

4）奥平康弘「内申書裁判と教育裁量」法律時報53巻8号67頁（日本評論社、1981年）68-70頁。

5）最判1988（昭63）・7・15判時1287号65頁。

6）最判2011（平23）・5・30判時2123号3頁。

え込み）の禁止という観点からも導かれるものである。というのも、これを許すならば、学校は、将来的な不利益あるいは事実上の強制力を伴う教育評価という比較的ソフトな手段によって、国旗や国歌あるいはそれが象徴する国家に対する敬意という特定の観念を、子どもたちに教え込むことができるようになってしまうからである。

5.　教育的裁量と憲法上保護される行為を対象にした評価の限界

　憲法上禁止されるものに至らない社会性評価の場面においては、子どもの憲法上の権利と教師の教育的裁量との調整が必要となる。「学校教育措置は、生徒等にたいし教育専門的評価の総合にもとづく教育的処遇を決めるもので、まさに学校教師集団による教育自治権の行使であるため、そこには相当範囲における『教育的裁量権』が含まれている」[7]からである。それゆえ、裁判所は、一般的には、教育評価の違憲・違法性を審査する場合には、校則違反などを理由にした子どもの憲法上の権利行使に対する懲戒処分の違憲・違法性を審査する場合よりも、学校・教師にはより広範囲な裁量を認めるべきであるとされる[8]。それゆえ、教育評価は、その瑕疵が重大・明白である場合にのみ違憲・違法と判断されるという極めて緩やかな司法審査の枠組みを主張する論者もいる[9]。

　もっとも、憲法上の権利の行使に対する教育評価である場合には、必ずしもこうした一般論は妥当ではない。というのも、第一に、教育評価の事実上の強制力は、子どもの憲法上の権利に対する制約となりうるからである。神戸高専剣道実技履修拒否事件判決[10]において、最高裁は、単位認定に関連する教育評価の際に認められる学校の裁量権行使の相当性を、その判断過程に着目し比較的綿密に審査する枠組みを採用したが、そうした枠組を導く上

7）兼子・前掲注 **1**）443頁。

8）森田明「内申書裁判第一審判決の論点と意義」季刊教育法32号180頁（エイデル研究所、1979年）184-186頁；成嶋隆「内申書裁判最高裁判決をめぐって」ジュリスト919号63頁（有斐閣、1988年）66頁。

9）高橋和之「内申書の不利益記載と生徒の人権」昭和63年度重要判例解説18頁（有斐閣、1989年）19頁。

10）最判1996（平 8）・3・8民集50巻 3 号469頁。

では、教育評価が信仰に基づく剣道実技の拒否という憲法上保護される行為を対象にしたものであり、しかもその評価が原級留置き・退学処分という重大な不利益を帰結するものであった点を重視したものと思われる。教育評価が子どもの憲法上の権利に対する制約を構成する場合には、学校・教師の裁量権行使に対する司法審査は、より綿密に行われる必要がある。

　さらに、第二に、憲法上の権利行使に対する評価は、主に子どもの社会性に対する評価としてなされるものである。例えば、国語や理科、社会、算数・数学などの教科においてそこで習得すべき知識の理解を問う場合には、土台となる学問的知識との関係で、教育専門的な見地からの評価の枠組みがある程度確立していると言えよう。それゆえ、そのような知識の獲得を目指す領域においては、教育評価における教師の専門的な教育的裁量が広く認められるべきである。しかし、それらの領域とは異なり、子どもの社会性に関する評価は、むしろ、親の教育の自由との協働がより強く要請される場面であり、教師の恣意が働きやすい場面でもある。その分、学校・教師の裁量権行使にも慎重さが求められると考えるべきである[11]。

今後の課題

　教育評価において学校・教師に裁量が認められるべきなのは、専門性に裏打ちされた教師による教育評価が、子どもとの直接の人格的接触に基づいて行われる教育行為であるからである。しかし、現行の教育評価システムは、子どもと教師との直接の人格的接触という教育の核心部分を欠くという難点を有すると言われる[12]。すなわち、通信簿、指導要録、調査書という三つの文書からなる現行の教育評価システムの中で、教育評価としての最低限の実質を備えるのは通信簿のみであり、法令上学校に作成が義務付けられている指導要録及び調査書には、非開示性という特徴のゆえに教育評価としての実質が欠けているというのである。

　教育評価の場面において、子どもとの直接的な人格的接触を図りうるため

11）市川須美子『学校教育裁判と教育法』（三省堂、2007年）186頁。
12）蟻川恒正「内申書の記載内容と生徒の思想・信条の自由」憲法判例百選Ⅰ〔第5版〕（有斐閣、2007年）78頁、79頁。

には、なによりも子どもにその評価が開示される必要がある。それによって、子どもは自己に対する教師の要望を知り、それに応えうるのであり、教師の側もその子どもによる反応にさらに応答し、評価を日々更新していくことが可能になる。また、このような相互応答性があってはじめて子どもと教師との信頼関係が構築され、教師による恣意的な評価も防ぎうる[13]。

　現在、調査書を開示する地方公共団体もいくつかあり、さらに、指導要録の記載内容に関しても開示が認められるケースも出てきた[14]。その点で調査書も指導要録も請求があれば開示される方向が示されつつあると言いうるが、すべての地方公共団体が調査書を開示しているわけではない。また、指導要録については、最高裁が特に子どもの社会性評価に関わる記載内容に関して個人情報保護条例上の非開示情報に当たるとして全面開示を否定している状況にある[15]。そもそも制度上これらの教育評価文書が評価対象者に対する開示を前提に作成されるものでない点に問題がある。

　以上の現行の教育評価システムの難点に鑑みれば、少なくとも調査書と指導要録における子どもの憲法上の権利行使に対する評価記載について瑕疵があると疑われる場合には、学校・教師の教育的裁量権を尊重すべき根拠は乏しい[16]。むしろ、憲法上の権利への制約の審査という点においては、裁判所は、非開示性のゆえに恣意的な評価がなされた可能性が高いものとして、まずその評価の開示を学校に要求し、次に当該評価の妥当性を相当程度綿密に審査すべきであろう。

---

13) 奥平・前掲注 4) 70-71頁。
14) 市川・前掲注11) 209-214頁。
15) 最判2003（平15）・11・11判時1846号 3 頁。
16) 蟻川・前掲注12) 79頁。

新型コロナ危機は、学校教育の仕組みにどのような問題を提起するものであったのか？
──一斉休校後の学校再開を題材に考える

考察の対象

　新型コロナウィルスの感染症罹患者が増え続ける状況（以下、新型コロナ危機）の下において、日本全国において、2020年2月末から長いところでは5月末頃まで、初等中等教育段階の学校の臨時休業が続いた。子どもたちは、2ヵ月から3ヵ月もの間、学校において授業を受けることができなかった。

　旭川学力テスト事件判決[1]において、最高裁は、憲法26条の教育を受ける権利の背後に、「国民各自が、一個の人間として、また、一市民として、成長、発達し、自己の人格を完成、実現するために必要な学習をする固有の権利を有する」という観念の存在を確認した。この学習権の観念によって直ちに特定の施策を憲法違反であると判断できる場面は稀であるが、それでもなお、憲法26条は、教育施策が学習権の充足にとって望ましいものであるべきことを趣旨とするものである。

　最高裁も述べるように、学習権の承認は、学習が人間の成長・発達にとって必要なものであり、特に、子どもは、その学習要求に応じた教育を提供されなければ、人間としての成長・発達を遂げることを大きく妨げられてしまうという認識に根差すものである。このような認識は、1948年の世界人権宣言以来、国際社会において、教育への権利が承認されるようになったことの土台をなしてきた[2]。そこで本章においては、こうした学習権の基礎にある認識を踏まえ、一斉休校後の学校再開の時に生じた状況を題材に、新型コロナ危機が、学校教育の仕組みにどのような問題を提起するものであったのか

1）最大判1976（昭51）・5・21刑集30巻5号615頁。
2）Jean Piaget, *The Right to Education in the Modern World* in UNESCO ed., FREEDOM AND CULTURE 69, 75 (Columbia University Press, 1951).

について考える。

1.　学校再開後の課題

　一斉休校を経た学校再開後には、各学校は、当初計画の教育内容のうちで未実施のものも多いにもかかわらず、当初の予定よりも大幅に授業を実施できる期間が短いという状況に直面した。教育は、子どもの成長・発達に資するものでなければならず、そのためには、子どもの置かれた状況に応じて変化するその必要に適応する柔軟性を要求されるものである[3]。再開後の学校においては、どのような課題が浮上していたと考えるべきであろうか。第一の課題は、学校再開後の状況を踏まえてなお、速やかに子どもたちを通常の軌道に復帰させるにはどうすればよいのかということであった。国連子どもの権利委員会によれば、教育が、知識の詰め込みに偏り、競争を助長し、子どもに過度の負担をかける場合には、子どもの成長・発達は深刻に損なわれてしまう[4]。子どもたちに、ただ限られた時間の中で多くの内容をこなさせるというのではないならば、どのような策が必要とされていたのであろうか。

　第二の課題は、教育が、子どもと教師との受容的かつ応答的な関係性の構築によってはじめて成り立つということに関わる[5]。時間がないという状況は、そうした関係性の中で教育が行われることを困難にする要因である。また、休校中には、オンライン教育によって、学習面を補う試みもなされており、こうした試みを学校再開後にも教育方法の工夫として継続しようとすることも考えられる。しかし、子どもと教師との関係性の観点から、オンライン教育が、対面での教育に完全に代替しうるものではないことも指摘されており[6]、双方のバランスの取り方が十分に検討されるべきである。

3）これは国際人権法の領域で教育への権利を具体化する政策を嚮導すべきとされるいわゆる "4As" のうちの適応性（Adaptability）の原理の要請である。*See* CESCR (Committee on the Economic, Social and Cultural Rights), *General Comment No.13: The Right to Education (Art. 13)*, E/C.12/1999/10 para. 6.

4）*See* CRC (Committee on the Rights of the Child), *General Comment No.1 (2001) Article 29 (1): The Aims of Education*, CRC/GC/2001/1 para. 12.

5）世取山洋介「堀尾教育権論の "継承と発展"」人間と教育65号96頁（民主教育研究所、2010年）103-104頁。

　第三の課題は、子どもたちの置かれた状況によって休校の影響には差異があることにどのように対応するのかであった。2020年6月に、国連人権理事会の任命にかかる教育への権利に関する特別報告者が報告書を公表した。そこでは、新型コロナ危機に起因する休校が、特に社会的に弱い立場に置かれた子どもの学習や身体的・精神的健康など生活全般に対して、不均衡に重い悪影響を与えていることが指摘されていた[7]。学習の面においても、子どもが休校中に親や教師のサポートにより家庭学習を十分に行いえた場合と、経済的要因等によってそうではなかった場合では、学校再開後に子どもが直面する困難の度合いは大きく異なるものであったであろう。学校再開後には、こうした差異が学級内にあることを念頭に教育内容を構成できなければ、その差異はますます拡大し、特に社会的に弱い立場の子どもたちの成長・発達が阻害されることになってしまう。

　第四の課題は、子どもの成長発達にとって重要なのは教育的必要の充足だけではないということであった。例えば、児童の権利に関する条約（以下、子どもの権利条約）31条1項は、締約国に対して休息や余暇、遊びなどへの子どもの権利を承認することを求めるものであるが、これは、休息や余暇、遊びなどが子どもの成長・発達にとって不可欠だからである[8]。学校再開後には、これらの教育以外の側面にも十分に配慮されねばならなかった。

2. 文科省の指針の問題点

　さて、それでは政府の方針は、どのようなものであったのであろうか。当時、文部科学省（以下、文科省）は、学校再開後の子どもたちの「学習の遅れ」について、各学校が原則と特例の大きく分けて二つの対応を採りうることを通知していた[9]。原則的な対応は授業回数の捻出であった[10]。各学校は、例えば、時間割を工夫して、一回あたりの授業時間を短縮し、一日に実施でき

6）世取山洋介「新型コロナウィルス感染症の拡大と子どもの権利」法と民主主義549号34頁（日本民主法律家協会、2020年）35頁。

7）Report of Special Rapporteur on the right to education, *Right to education: impact of the COVID-19 crisis on the right to education,* 15 June 2020 para. 22-25.

8）CRC, *General Comment No. 17 (2013) on the right of the child to rest, leisure, play, recreational activities, cultural life and the arts (art. 31),* CRC/C/GC/17 para. 8.

る授業回数を増やすことや、土曜日授業の実施、夏休み等の長期休業期間の短縮、学校行事の簡素化などによって、当初の年間計画の教育内容を実施することを求められた。

　もっとも、原則的対応では間に合わないという場合に、二つの特例的な対応を認められていた[11]。第一に、各学校は、最終学年（小6、中3）以外については、学習指導要領の内容をすべて実施できるように、次年度や次々年度に一部の内容を繰り越して教育課程を編成し直すことを認められた。第二に、各学校は、当初計画の教育内容のうち、学校の授業で実施する内容を教師と子どもあるいは子ども同士の関わり合いが必要な内容や、実習などの学校でしかできない内容などに重点化し、それら以外の内容については家庭や社会教育施設における学習によって実施してもらうことを認められた。

　整理すれば、文科省の指針は、学習指導要領の内容をすべて実施することを前提に、各学校に対して、原則的に、それを遵守した当初の計画と同等の授業回数の確保を求め、特例的に、教育内容の次年度以降への繰り越しや、その一部の家庭や社会教育施設における実施を認める、というものであった。

　こうした文科省の指針については、上記の「1.」で言及した四つの課題への応答という観点からは多くの問題点があったと言わざるをえない。文科省の指針は、原則的に、休みを削って通常よりも短い期間かつ速い進度で教育内容を実施することを求めたものであり、子どもたちへの知識の詰め込みや過重負担になることが懸念されるものであった。しかも、通常よりも早く授業が進むとすれば、子どもと教師との受容的かつ応答的な関係性の維持はより難しくなり、それらは、学習面で休校中の負の影響をより大きく受けた

9）参照、髙橋哲「新型コロナウィルス臨時休業措置の教育法的検討（二）：学校再開後の子どもの『学びの保障』をめぐって」季刊教育法206号12頁（エイデル研究所、2020年）13-15頁を参照。

10）文部科学省「新型コロナウイルス感染症に対応した持続的な学校運営のためのガイドライン及び新型コロナウイルス感染症対策に伴う児童生徒の『学びの保障』総合対策パッケージについて（通知）」2文科初382号（2020年6月5日）。

11）文部科学省「新型コロナウイルス感染症の影響を踏まえた学校教育活動等の実施における「学びの保障」の方向性等について（通知）」2文科初265号（2020年5月15日）；文部科学省「学校の授業における学習活動の重点化に係る留意事項等について（通知）」2初教課5号（2020年6月5日）。

子どもたちにとっては授業についていくことをより難しくする要因ともなったであろう。個別的な補習が行われたとしても、すでに一杯に詰まったスケジュールにさらに加わるのであれば、子どもへの負担は増すばかりになってしまいかねない。

　さらに、特例的な対応について見ても、次年度以降への教育内容の繰り越しは、長期にわたり子どもたちに学習面で重い負担を課すことになる。教育内容の一部を家庭で実施してもらうという場合についても、そこではオンライン教育を積極的に活用することが想定されているが、それが子どもと教師との関係性にどのような影響を与えるのかについて十分な検討がなされていた様子は見られなかった。また、家庭において学校教育の一部を代替することは、子どもの成長・発達にとって不可欠な教育以外の必要が充足され難い状況を生じさせた可能性もある。子どもにとって、家庭は、休息や余暇、遊びへの権利を保障されるべき場でもある。家庭は、決して学校の延長と化すべきではない。

3.　AEWG の提言

　それでは何か代替案はなかったのであろうか。ここで一つ参考になるのが、短縮教育ワーキング・グループ（Accelerated Education Working Group　以下、AEWG）の提言である。AEWGは、国連難民高等弁務官事務所が主導して、多くの国や地域で短縮教育プログラム（以下、AEPという）を実践している国際組織（ユニセフやユネスコなど）によって組織されており、AEPの経験の蓄積と共有によるガイドライン等の作成を目的としている。AEPは、子どもたちが貧困や紛争などに起因して正規の学校教育を受けることができなかった場合に、その子どもたちに、年齢に応じた柔軟な教育プログラムを比較的短縮された期間で提供することで、基礎的な教育に相当すると認定された能力を獲得してもらい、年齢相当の正規の学校教育に合流させることを目指すものである[12]。

12）AEWG, *Guide to the Accelerated Education Principles* 7 (UNHCR, 2017). なお、本章で参照したAEWGの提言等はすべて次のウェブページにおいて入手できる。https://inee.org/covid-19/resources/accelerated-education, last accessed 30 Sep. 2022.

　こうした経験を踏まえ、AEWGは、新型コロナ危機の下において世界的規模で長期間の休校が続いたことを受け、学校再開後に子どもたちにどのような教育を与えることによって通常の軌道に復帰させるのかについての提言を公表した[13]。AEWGの提言は、子どもたちが受けた影響が様々であり、その様々な子どもたちの状況に応じて最も適切な教育的措置を特定せねばならないとするものである。そこで、提言においては、まずは、①子どもたちが新型コロナ危機以前に正規の学校に通っていたのかどうか、②通っていたとして休校の期間がどのくらいであったのか、③休校中に遠隔教育によってどのくらいの学習が可能であったのか、④子どもが固有の事情により学校再開後に特に困難に直面してはいないか、ということを考慮して、子どもたちの現に置かれている状況を適切に評価することが推奨されていた。そして、状況に応じて、学校の授業時間の延長、巻返しプログラム（Catch-up programs）、補習教育（Remedial education）、短縮教育プログラムを使い分けることが提言されていた。

　日本について言えば、子どもたちの多くは、もともと正規の学校に通っており、一年以内ではあるが、かなりの期間学校での教育を受けることができず、休校中に遠隔教育で代替できた部分はそれほど多くないという状況であったと言えよう。AEWGの提言に従えば、こうした状況においては、巻返しプログラムによる対応が適切であるとされる。これは、子どもたちが何らかの理由で教育が妨げられる以前には学校にきちんと通っていた場合に、未実施の教育内容を学ぶ機会を提供し、正規の教育システムに戻ることを助けるための短期間の移行期教育プログラムである。

　巻返しプログラムでは、圧縮カリキュラム（condensed curriculum）が使用される[14]。これは、通常のカリキュラムを圧縮し、読み書き算数の領域における必須の知識や技術に絞って編成し直したものである。読み書き算数に限らず、批判的思考や問題解決の力といった多様な科目領域に応用可能であり、対象の子どもの学年において必須の知識や技術の獲得を優先することに

---

13) AEWG, *COVID-19: Pathways for the Return to Learning,* 22 July 2020.

14) AEWG, *Guidance on Condensing a Curriculum,* 31 July 2020.

よって、未実施の内容の遅れを取り戻すことと、その学年で予定された内容の教育を前に進めることを両立させることを狙うものである。

今後の課題

　AEWGの提言は、限られた時間の中で、知識の詰め込みにならず、子どもたちをできるだけ速やかに通常の軌道に戻そうとするものであった。しかも、通常のカリキュラムよりも余裕が生まれることによって、子どもと教師との受容的かつ応答的な関係性の維持を可能にし、さらには、固有の事情で特に大きな困難に直面している子どもには、同時並行で補習教育を実施することも可能にするものであった。また、子どもに過剰な負担をかけることなく、休息や余暇、遊びの時間も確保できることになる。子どもの教育的必要の充足にとっての上記の「1.」で言及した四つの課題にかなりの程度で応答しうる提言であったと評価できる。

　これに対して、当時の文科省の指針は、学習指導要領の内容をすべて実施させることばかりを重視し、そもそも子どもの成長・発達のための学習権の充足という観点から学校再開後の教育のあり方を構想しようとしていたのか極めて疑わしいものであった。

　どうして、こうなってしまったのであろうか。その大きな要因の一つとして、状況の見誤りの可能性がある。新型コロナ危機は、短期間の休校を想定したインフルエンザなどの従来の感染症対応の延長線上で対応すればすむ規模のものではなかった。子どもたちへの影響ははるかに重大であり、この点をよく見極めた対応が必要であった。災害の多い日本においては、これを機会に様々な規模の不測の事態への対応のあり方をよく考えておくべきであった。しかし、文科省の対応は、あくまで通常時と同じ内容や分量の教育の実施を想定しており、子どもの置かれた状況をきちんと分析した上でのものとは考え難いものであった。

　それでは、文科省が新型コロナ危機の深刻さをきちんと受け止めることを阻んだ要因は何であったのであろうか。おそらくその要因の一つとして、学習指導要領の法的拘束力の主張への拘りに見られるように、国が学校教育の内容を統制する強い権限を行使している現状を変えたくなかったということ

が大きかったのではないかと思われる。

　しかし、本来、非常時に限らず、学習権の主体たる子どもの教育的必要は、各学校の教師たちが、目の前の子どもの要求を受容し、それに応答することによってしか充足されえない。そして、そのためには、各学校＝教師集団が、国や教育委員会といった教育行政からの独立性を保って、教育課程を編成・実施する憲法上の自由を保障されねばならない。教育行政による教育内容統制には限界があると考えるべきである。新型コロナ危機は、学校教育のあるべき仕組みとして、こうした憲法学ないし教育法学における古典的主張の意義を再び鮮明に浮かび上がらせたように思われる。

第23章

大学の自治とは、どのような考え方なのか？
──2014年改正学校教育法・国立大学法人法を考える

考察の対象

憲法23条は「学問の自由は、これを保障する」とのみ規定するが、「大学における学問の自由を保障するために、伝統的に大学の自治が認められている」[1]。2014年6月20日に、国会において、学校教育法及び国立大学法人法の一部改正法が成立した（平成26年法律第88号。2015年4月1日施行。以下、2014年改正法とする）。

2014年改正法に対しては、当時、国会審議の段階において、その廃案等を求める多くの声明や意見が発表された[2]。その理由は、大学の自治に深刻な悪影響を及ぼすというものであった。そこで、本章においては、2014年改正法のどこが問題とされたのかを見ることを手がかりに、大学の自治という考え方にどのような意義があるのかについて考える。

1. 改正内容と問題点

まず改正法の内容と問題点を確認しよう[3]。学校教育法には二つの改正が

1）ポポロ座事件最高裁判決（最大判1963（昭38）・5・22刑集17巻4号370頁）。
2）例えば、日本教育法学会、日本弁護士連合会、日本私大教連中央執行委員会、「若手」大学関係者有志、学校教育法改正に反対するアピール署名をすすめる会などによる多数の反対声明等が発表された。とりわけ、国立大学法人法反対首都圏ネットワーク事務局「学校教育法および国立大学法人法を改正する法案に反対します」（2014年5月7日付声明）は、大学の自治という観点から改正法の問題点をわかりやすく解説する。
3）本節の内容については、日本教育法学会新教育基本法法制研究特別委員会における光本滋（北海道大学）報告「改正学校教育法・国立大学法人法の分析」（2014年9月8日）から多くの示唆を得た。また、参照、新教育基本法法制研究特別委員会ワーキング・グループ「資料解題 教育再生実行改革および地方教育行政法・学校教育法・国立大学法人法改正について」日本教育法学会年報44号160頁（有斐閣、2015年）180頁以下。

あった。一つ目は教授会に関する規定の改正である。改正前においては、「大学には、重要な事項を審議するため、教授会を置かなければならない」（改正前93条1項）と定められ、従来、教授会は、典型的には各学部に設置され、教育研究面においては大学の実質的な審議・決定機関として機能してきた。教育課程編成や学生の単位卒業認定・身分取扱い、学部長選出、教員人事などについては、形式上は学長に決定権がある場合にも、実際には、教授会の決定内容が尊重されてきた。また、大学の経営面についても、広く教授会審議の対象とされてきた。従来は、こうした教授会の機能が国公私立を問わず大学の自治の中核をなすものと考えられてきた。

　これに対して、2014年改正法においては、同じく教授会は、必置機関とされたが、「重要な事項を審議するため」という文言が削除され（改正後93条1項）、その代わり、学長等が教育研究面に関する決定を行う際に「意見」を述べる機関として位置付けられた（93条2項柱書、3項）。さらに、学長が決定に際して必ず教授会の意見を聴かなければならない事項として法律上列挙されたのは、「学生の入学、卒業及び課程の修了」と「学位の授与」（93条2項1号、2号）のみであった。その他の事項については、教育研究に関する重要事項のうち学長が必要と定めた場合にのみ教授会の意見を聴かなければならない事項とされることになった（93条2項3号）。これら以外の教育研究面に関する事項については、教授会は広く審議した上で、「学長等の求めに応じて」意見を述べることができるに過ぎないものとされた（93条3項）。

　二つ目は副学長の権限規定に関するものである。改正前においては「副学長は、学長の職務を助ける」とされたところ（改正前92条4項）、改正後においては「学長を助け、命を受けて校務をつかさどる」と改正された（92条4項）。学長は、「校務をつかさどり、所属職員を統督する」権限を有するところ（92条3項）、改正後には、副学長が学長の命を受けてその限りで学長と同等の役割を演じることとされたのである。

　これら二点の改正は、学長のリーダーシップの強化のために行われたという。しかし、運用次第では、いたずらに学長のトップダウンでの運営のみがよしとされ、従来大学の自治の中核とされてきた教授会の自律的な機能が排除される可能性もあると指摘されたのである。

　国立大学法人法の改正点は主に二つであった。一つ目は、国立大学の学長選考に関するものである。現行法において、国立大学の学長の任命については、「国立大学法人の申出に基づいて、文部科学大臣が行う」と定められ（12条1項）、その「申出」は「学長選考・監察会議」の選考によって行われるものとされている（12条2項柱書）。学長選考・監察会議は、国立大学法人に設置される「経営協議会」の学外委員から選出された委員と、「教育研究評議会」の学長を除く学内構成員たる評議員から選出された委員の同数をもって構成される（12条2項1号、2号）。

　また、学長選考・監察会議における学長の選考は、「学長選考・監察会議が定める基準」（以下、学長選考基準）により行われ（12条6項）、学長の選考結果や学長選考基準などは遅滞なく公表されなければならないと定められている（12条7項）。2014年の改正時に導入されたのは、この学長選考基準による選考とその基準等の公表であった[4]。この点の改正の何が問題にされたのかというと、それは、学長の選考に学内の教職員の意向を反映させる仕組みが形骸化されてしまう可能性があるということであった。

　上記のように、国立大学法人の学長の選考については、学長選考・監察会議において行われるものとされており、形式上は、大学の一般の教職員が関与するものとはされていない。もっとも、従来から、多くの国立大学においては、学長選考・監察会議による選考に先立って、教職員によって学長候補者に関する意向投票が実施されており、学長選考・監察会議がその結果を実質上尊重するという慣例が成立してきた。

　しかし、2014年改正法によって新たに学長選考基準によって選考されると定められたことによって、その基準の内容次第では、例えば、実質的に元官

---

4) 2014年の改正時点では、学長の選考は、「学長選考会議が定める基準」によって行われると定められていた（2021年改正前の12条7項）。2021年の国立大学法人法の改正によって、「学長選考会議」は、現行法のとおり「学長選考・監察会議」に改められ、新たに、監事から学長の不正行為などの報告を受けた場合や学長の解任要件に当たる事態が疑われる場合に、学長に対して職務執行の状況について報告を求める権限を付与された（17条4項）。また、従来、学長と理事も学長選考会議の委員に加えることができるとされていたが（2021年改正前の12条3項）、2021年の改正時にはこの点も改められ、学長は学長選考・監察会議の委員にはなれなくなり、理事については教育研究評議会によって選出された場合にのみ委員になりうるものとされた（12条2項2号）。

僚や企業経営者しか学長の候補者になりえなくなり、学内の教職員が学長の候補者を立てることすら困難になるということにもなりかねないと懸念された。学長選考基準は、用い方次第では、学長選考・監察会議が学長選考に対する学内構成員の影響力を押しとどめるための盾ともなりうるものである。そうなれば、学内の教職員による意向投票を実質的に尊重するという従来からの慣例が軽視される結果を招くことになる。

　二つ目は国立大学法人に設置される「経営協議会」の委員についてであった。2014年の改正以前には、委員の総数の「二分の一以上」が学外者とされていたが（2014年改正前の20条3項）、これが「過半数」に改められたのである（20条4項[5]）。経営協議会は、大学の経営面の重要事項を審議する機関であり、2014年改正法は、大学の経営に対する地元の企業経営者などの学外者の意向の影響力をより強めようとするものであったと言いうる[6]。

　これら二つの改正点は、学長選考の透明性の確保等を理由に行われたという。しかし、やはり運用次第では、学長選考や大学経営に関する審議という大学の方向性を左右する重大な事柄に学内の教職員等の意思が反映されにくくなり、大学内部の構成員の意思をできるだけ平等に反映しようとする従来からの自治の慣行が損なわれる可能性があると指摘されたのである。

2. 学問の自由

　もっとも、こうした問題点の指摘は、必ずしも大学外の社会一般においては即座に納得を得ることができるものではないのかもしれない。従来の教授会の役割を縮減するかのような改正点は、経営組織内部の指揮命令系統を整えるという一般企業においては普通のことを明確にしただけである。また、国立大学法人がその経営に大学外の社会の意向を反映しやすくした改正点は、税金で運営資金の大部分を賄われている国立大学の社会的責任を果たす上で

5）2019年の改正において、大学総括理事が経営協議会の委員に加えられたことによって（現行法20条3項）、この経営協議会の委員の過半数を学外委員とする規定が20条3項から現行の20条4項に移された。

6）その他、2014年の改正時には、上記の新たな位置付けが与えられた副学長を、国立大学の教育研究に関する重要事項を審議するために設置される教育研究評議会の評議員とする改正も行われている（21条3項）。

望ましい。こう考える人も相当数いるであろう。結局、大学の自治の主張は、大学教員の既得権保護に資するものにすぎないのではなかろうか。この疑問を出発点に、学問の自由と大学の自治の意義を説いたのが、憲法研究者の高柳信一であった[7]。

　高柳によれば、憲法23条で保障される学問の自由は、大学における雇用関係上の雇用者の諸権能を、被用者たる教育研究者との関係で制限する効果を有するものである。一般企業であれば、雇用者は、被用者に対して職務命令権をもち、職務命令に違反した被用者には懲戒権を行使できる。しかし、大学の教育研究者は、憲法上、「専門職能的自由」を保障され、その業務内容である研究・教育の内容や方法については雇用者からの職務命令に服さない権利が「特別に」認められるという。どうしてこのように考えるべきなのか。

　教育研究者は、長い訓練を積んで得た専門職能を用いて、新たな知識の獲得のための営為に従事する専門職である。そして、このような職業としての特殊性を考慮すると、教育研究者は、自己の研究する学問領域の法則にのみ則って、それ以外の何ものにも拘束されずに研究・教育を遂行する職責を負い、それを全うできる環境に置かれねばならない。

　もっとも、研究者の多くは、大学という教育研究機関に雇われて、生活を支えられ、研究手段を提供されない限り、学問に従事することができない。もし、そうした雇用関係を理由に、雇用者が一般企業と同じく教育研究者に対して、職務命令権を行使できるならば、どうなるであろうか。教育研究者は、自らの学問領域の法則に反する行いを強いられた場合には、その職務命令に従って教育研究者としての職責を放棄するか、それとも職を辞し、学問研究の道を諦めるかのどちらかを選択することになろう。いずれにしろ、こうした環境においては、教育研究者は、教育・学問研究を遂行しえないことになる。それゆえに、教育研究者は、憲法上、「専門職能的自由」を保障され、それによって大学の雇用者の諸権能は「特別に」制限される必要がある。そうした仕組みがあってはじめて、教育研究者は、教育・学問研究を遂行でき、

7）本節の以下の記述は、高柳信一『学問の自由』（岩波書店、1983年）の特にⅡ章とⅣ章を参照。以下、同書からの引用・参照については、本文中の（　）内に頁数を示すこととする。

専門職としての社会的責任を果たしうるのである（61-82頁）。

3.　大学内部における自治

　さらに、高柳によれば、教育研究者がその専門職としての責任を果たすためには、大学は、「外に対し、また、その内部において、真理探究が可能であるような諸条件を確保しえなければならない」（124頁）。これを確保するのが大学の自治である。大学の自治とは、大学内部における自治＝「教員団の自律」と、大学の外部に対する自治＝「大学の自律」からなるものである[8]。このうち中核をなすのは「教員団の自律」である（82-97頁）。大学内部においては、法学部や医学部などの典型的には学部単位において、ある程度の専門性を共有した教員団が形成される。「教員団の自律」とは、教員の人事、研究の主題・方法の決定、教育課程編成などの研究教育業務については、教員団ごとの自律的な共同決定に基づいて遂行されるべきであるという考え方である。この理由は、学問共同体の同僚たるべき者の選出やそこにおける教育・学問研究の具体的なあり方については、学問分野ごとの法則・論理にのみ則って決定されなければ、大学は、学生や社会に対するその責任を果たしえないからである。それゆえ、教員団の共同決定は、大学の学長や理事会などの通常の企業組織では上位にある機関の指揮命令によって左右されるべきではない。こうした理解が、実際に日本の大学における教授会の自律的な機能を支えてきたのである。

　また、こうした学部教員団の自律を土台に、大学内部における自治は、全学レベルにおける大学の運営や大学経営への教員団の参与を要求するものとなる。大学は、典型的にはいくつかの学部から構成され、全体としては各学部教員団の「連合体」として観念されるべきものである[9]。そして、実際に、例えば、大学の学長の選出に教育研究者等の大学構成員が平等に関与する選挙制度や大学経営を担う理事会などの運営に教員団の代表としての性質を有

8）「教員団の自律」と「大学の自律」という言葉使いに関しては、松田浩「『大学の自律』と『教授会の自治』」憲法理論研究会編『憲法と自治』（敬文堂、2003年）113頁、115-119頁を参照。

9）蟻川恒正「国立大学法人論」ジュリスト1222号60頁（有斐閣、2002年）62頁。

する者が関与する制度などが構築されてきた。大学において「権限は、一般の官庁や企業体におけるように、上下の関係にヒエラルヒッシュに配分されるのではなくして、大学の諸構成要素の間に平等に配分・分有され」（94頁）ねばならないと考えられてきたのである。

4. 大学の外部に対する自治

外部に対する「大学の自律」とは、具体的には大学の研究財政上の自由を意味する（101-118頁）。大学における教育研究は、それを支える財政的裏付けがなければ遂行不可能である。もっとも、社会一般においては、金銭を支給する者は、支給条件を付し、受給者に遵守させることで、自らの目的を達成しようとする。しかし、こうした資金提供のあり方が大学にもそのまま当てはめられるならば、大学における教育研究も、各学問領域の法則に忠実であることは困難になる。それゆえ、大学は、「金銭の支配力」（113頁）を抑制し、大学外の国家・社会に対して、学問の論理と矛盾する条件を付されない資金の提供を求めることができなければならない。

また「大学の自律」は、大学と社会との関係を規律する観念でもある（125-126頁）。大学はもとより社会に奉仕すべきものである。しかし、それは非主体的に社会に追従することではない。大学は、その内部において学問の法則・論理にのみ則って研究・教育を遂行し、しばしば社会の既知の権威を批判し、新しい知識を切り開くことによってしか社会の期待に応ええない。「大学は自由にして独立の思考者としてのみ社会のサーヴァントたりうるのである」（126頁）。

今後の課題

2014年改正法に対する大学教員の危機感は、単に自らの既得権の剝奪を恐れてのものという評価によって説明しきることができるものではなかった。そこには、確かに大学が学問共同体たりうる制度的な条件が失われてしまうかもしれないという危機感があった。文部科学省は、2014年改正法を受けて各大学に内部規則の見直しを指導し、そこには必要以上に、例えば、学部長人事などの点で教授会の既存の役割を縮減し、国立大学の学長選考の際に学

内構成員の意向投票の影響力を弱めようとするかのような内容も含まれていた[10]。さらに、国公私立を問わず、各大学への文部科学省による財政権や許認可権を背景にした事実上の統制は、深刻なレベルですでに恒常化している。

　しかし、2014年改正法によって「大学の自治」に基づく大学運営が不可能になったわけではない。むしろ、学校教育法や国立大学法人法、私立大学法などの諸規定は、教授会の権限や大学を設置する法人の運営の仕組みを大掴みな枠で示すものにすぎず、大学内部の運営のあり方を薄くしか規律していない。大学の自治の意義に鑑みれば、この規律密度の薄さは、大学における「教育研究の特性」（国立大学法人法3条）に配慮して、具体的な運営のあり方を大学内部の慣習や規則における自律的な決定に委ねる趣旨のものと解するべきである[11]。今後の大学運営のあり方は、各大学がそれぞれいかなる内部的な慣習を形成するのかに拠ると考えるべきである。

　高柳は、アメリカ合衆国における大学の自治の発展の動因が、法形式上は大学理事会等がもつ権限を、教育研究者の専門職能人としての自覚の高まりに応じて教員団の自律的共同決定によって実質的に制限するという慣習の形成にあったことを強調する（179頁）。日本においても大学が学問共同体として存立することを望むならば、まずは従来からある教授会の自律的機能などの大学の自治を内部規則などで維持・拡充し、法形式上の学長や理事会の権限を実質的に制限する制度上の仕組みを慣習として少しでも定着させることに、今後の大学運営のあるべき方向性を見出すべきである。

---

10)　文部科学省「学校教育法及び国立大学法人法の一部を改正する法律及び学校教育法施行規則及び国立大学法人法施行規則の一部を改正する省令について（通知）」26文科高第441号（2014年8月29日）；文部科学省「内部規則等の総点検・見直しの実施について」事務連絡（2014年8月29日）。

11)　塩野宏は、国立大学法人法の規律密度の薄さを指摘し、それは「行政の裁量ではなく、大学の裁量という角度から捉えることのできる要素を含んでいると思われる」と述べる（塩野宏「国立大学法人法について」日本学士院紀要60巻2号67頁（2005年）79頁）。

第24章

憲法を改正すれば教育は良くなるのか？
──憲法改正による高等教育無償化論を考える

考察の対象

　「憲法を改正して、幼児教育から高等教育までを無償化する」という提案[1]に対しては、「法律の整備で対応できるので憲法を改正する必要はない」と応じることができる。憲法改正には膨大な時間や手間、お金がかかるので、必要がなければしないほうがよい。ましてや、憲法9条などの本丸の条文の改正のための地ならしとして、試しにやるようなものではない。

　こうした応答に対しては、「憲法に書き込むことによって教育の無償化がより確実になる」との反論を予想できる。しかし、そこまで強く賛同を得ることができるのであれば、それこそ法律の整備ですぐにでも実現できるのではないかとも思われる。さらに、教育の無償化も特定の目的を達成するための手段のはずであり、法律上の具体化のあり様次第では、その目的を裏切ることにもなりかねない。教育を無償化しようとする際には、憲法に書き込むことよりも、どのような教育制度の枠組みの中で具体化するのかについて、よく考えることの方に注力すべきではないかとも思われる。

　とにかく憲法を改正すれば、教育が良くなるという考え方には重大な見落としがあるのではないか。以下、高等教育の無償化を題材に考える。

1.　なぜ、憲法改正は不必要なのか？

　まずは、高等教育の無償化のために憲法改正は必要ないと言いうる理由に

1）例えば、日本維新の会は、2016年3月24日付の「憲法改正原案」において、幼児期から高等教育に至るまでの学校教育の無償を定める改憲案を発表している。また、自由民主党の憲法改正推進本部も、2018年3月26日付の「憲法改正に関する議論の状況について」において、改憲4項目の「条文イメージ（たたき台原案）」の一つとして、国が経済的な面における教育の機会確保のために教育環境の整備に努めることを定める改憲案を発表している。

ついて改めて確認しておこう。憲法26条1項においては、「すべて国民は、法律の定めるところにより、その能力に応じて、ひとしく教育を受ける権利を有する」と定められている。教育を受ける権利は、社会権たる性質を有すると言われ、子どもも大人も含め、個々人が、自らの成長・発達に必要な学習をする権利（学習権）を有することを踏まえて、国家に対して、学校教育施設を設けることなどによって積極的に教育条件の整備を進める義務を課すものと解されている。また、憲法26条2項においては、「すべて国民は、法律の定めるところにより、その保護する子女に普通教育を受けさせる義務を負ふ」とされ、「義務教育は、これを無償とする」と定められている。憲法上の要請である義務教育の無償の範囲については、学説上、授業料のみの無償を指すのか（授業料無償説）、それともその他の教科書や修学旅行費なども含めた修学にかかる一切の費用を指すのか（修学費無償説）という考え方の対立がある（第7章を参照）。判例上は、授業料のみの無償を意味するものと解されている[2]。

　さて、以上のように、憲法上、無償であることが明確に要請されているのは義務教育の部分だけである。そうするとやはり高等教育の無償化には憲法改正が必要なのかというと、そうではない。確かに、高等教育の無償化は憲法上の要請としては読み取りえないかもしれないが、禁止もされていない。実際、例えば、授業料無償説に立てば、義務教育段階でも教科書の無償までは憲法上の要請ではないが、現在では義務教育段階の教科書は無償で給付されている。これは義務教育諸学校の教科用図書の無償に関する法律と義務教育諸学校の教科用図書の無償措置に関する法律に基づく措置である。また、現在においては、所得制限付きではあるが、高等学校の生徒にも、支給限度額内において授業料に相当する金額が支給されている。これも高等学校等就学支援金に関する法律に基づく措置である。これらと同様に、高等教育の無償化についても法律の整備で実現できるはずである。むしろ、高等教育の無償化が、個々人の教育を受ける権利の充足のために国家の教育条件整備義務を果たす上で意義のあるものならば、憲法26条1項の趣旨に照らし、それを

2）教科書費国庫負担請求事件（最大判1964（昭39）・2・26民集18巻2号343頁）。

実現する法律の整備を積極的に進めるべきである。

　さらに、高等教育の無償化に関しては、1976年に発効した経済的、社会的及び文化的権利に関する国際規約〔A規約〕（以下、社会権規約）も重要である。社会権規約13条１項においては、締約国は「教育についてのすべての者の権利」を認めるとされる。そして、同条２項においては「この規約の締約国は、１の権利の完全な実現を達成するため、次のことを認める」とされ、同項(c)において「高等教育は、すべての適当な方法により、特に、無償教育の漸進的な導入により、能力に応じ、すべての者に対して均等に機会が与えられるものとすること」と定められている。日本政府は、1979年の日本の同条約の批准の際に、同項(c)の「特に、無償教育の漸進的な導入により」という部分には拘束されない権利を留保するとの宣言を行っていた。しかし、2012年には、この留保も撤回された。日本政府は、すでに、個々人の教育を受ける権利を充足するために、高等教育の無償化に向けて積極的に政策を進めるべき立場にあることを自ら宣言している。高等教育の無償化を進めることは憲法上禁止されていないどころか、むしろ、国際法上の要請でもある。高等教育の無償化を真剣に実現したいならば、現時点ですぐに法律の整備に向けて政策提言をすべきであり、憲法改正のような迂遠な手段に訴える必要はないと言わねばならない。

2.　何のための無償化なのか？

　それでは、高等教育の無償化を題材に、ともかく憲法を改正すればうまくいくという考え方に潜む欠陥について見ていこう。この点は要するに、取り組むべき課題の性質によっては、憲法改正を主張するよりも、どのような制度の中で具体化すべきなのかをよく考えることの方が重要になってくるということである。

　最初に確認すべきことは何のための高等教育の無償化なのかである。高等教育の無償化の目的として第一に挙げられるのは、教育を受ける権利の保障を実質的なものにすることであろう。先ほども見たように、憲法26条２項においては、「すべて国民は、法律の定めるところにより、その能力に応じて、ひとしく教育を受ける権利を有する」とされ、教育の機会均等が定められて

いる。高等教育についても、それを受ける機会がすべての個人に公正に開かれていなければならない。しかし、日本社会の現実を見ると、どうであろうか。近年では格差社会という言葉が人口に膾炙し、例えば、大学への進学についても家庭の経済力の格差が反映されているという[3]。そうすると、高等教育の無償化は、今まで経済的な理由で大学への進学を断念していた層にとっては高等教育を受ける機会を新たに開くものになるであろう[4]。

　もっとも、高等教育を無償化する目的はほかにもある。それは、個人が高等教育を受けることから得る利益に着目するのではなく、高等教育が社会全体にもたらす利益に着目する議論である。例えば、新自由主義の理論家として著名なミルトン・フリードマンは、政府が「高等教育の費用を負担するのは、高い能力と知的関心を備えた若者に教育を施せば社会や政治における指導力を身につけさせることができるので、他の人々にも利益をもたらすからである」[5]という。高等教育の無償化は、将来的に社会で活躍するエリート人材の育成のために主張されているのかもしれない。

　どちらの目的も政府の活動目的としては正当なものである。問題は、往々にして個人的な利益の追求と社会的な利益の追求とは矛盾するということである。エリート人材の育成という社会的な利益に基づく議論は、社会全体の費用対効果を重視し、結果的に個々人への公正な教育機会の確保につながらなくとも、より少ない費用でより効果の上がる手段を探求するものである。これに対して、教育を受ける権利の充足という個人的な利益に基づく議論は、指導力のある人材の育成という観点からは効率が悪くとも、一人ひとりに教育を受ける公正な機会を確保することに適した手段を探求するものである。

　したがって、高等教育の無償化という手段についても、それがどのような目的の達成のために採用されようとしているのかをよく見極めなければならない。表面上は、公正な教育機会の確保ということが言われていても、実は、

3）小林雅之「教育機会の均等」耳塚寛明編『教育格差の社会学』（有斐閣、2014年）53頁、59-65頁。

4）世取山洋介「公教育の無償性と憲法」世取山・福祉国家構想研究会編『公教育の無償性を実現する：教育財政法の再構築』（大月書店、2012年）455頁、462-467頁。

5）ミルトン・フリードマン著〔村井章子訳〕『資本主義と自由』（日経BP社、2008年）175頁。

エリート人材の育成という目的が裏に隠れているということもある。しかし、このようなことは、憲法26条を踏まえて、高等教育まで含めて個人の教育を受ける権利が十分に保障されるように公正な教育機会が確保されるべきであり、そうだからこそ高等教育の無償化という施策が支持されるのだとすれば許されるべきではない。

　それでは、高等教育の無償化という手段が、公正な教育機会の確保という目的に資するものになっているのかどうかをどのように見極めればよいのであろうか。そのためには、高等教育の無償化にだけではなく、それがどのような教育制度の中において具体化されようとしているのかにも着目する必要がある。

　ある論者によれば、高等教育への公正な機会が確保された教育制度かどうかは、アクセス可能性（accessibility）、利用可能性（availability）、水平性（horizontality）という三つの次元において判定されるべきであるという[6]。たとえ高等教育が無償化されたとしても、この三つの次元において適切な教育制度が整えられていなければ、公正な教育機会の確保に資するものにはならない可能性がある。以下、順番に見ていこう。

3.　授業料の無償化だけで十分か？

　一つ目はアクセス可能性の確保である。これは、個々人に高等教育への公正な機会が確保されるためには、人々にとって高等教育機関への進学の障壁となる諸要素は取り除かれねばならないということである。例えば、現在の日本では、大学の入学試験の際には、受験者の能力を判定する試験の得点のみを基準にすべきであり、受験者の人種、信条、性別、社会的身分など他の諸要素を考慮することは原則的に許されない。それらの諸要素は、アクセス可能性を妨げる障壁として取り除かれるべきであると考えられている。

　公正な教育機会の確保を目的に高等教育を無償化するという場合も、アクセス可能性の確保に着目した施策だと評価できる。上記のとおり、高等教育

---

6) Tristan McCowan, *Three Dimensions of Equity of Access to Higher Education,* 46 Compare: A Journal of Comparative and International Education 645, 658-661 (2016).

機関に進学する際の経済的な障壁を除去するものと考えることができるからである。もっとも、そうだとすると、ここで一つ立ち止まって考えてみなければならないことがある。高等教育の無償化が言われる場合には、一般的には授業料の無償化の主張であると思われるが、本当にそれでアクセス可能性の確保のために十分なのかということである。

　第一に、経済的な障壁として問題になるのは授業料に限られない。例えば、大学に4年間通うとしたら、その間に学習費や生活費もかかり、高校を卒業してすぐに働いていたら得られたと予測される所得も失うことになる。家庭の経済力によっては、十分に進学を断念する理由になるであろう。第二に、障壁は経済的なものだけに限られない。高校卒業までの間に、大学進学を希望しうる十分な学力が身に付かないということもある。そのような学力の格差も、家庭の経済力に影響を受けていると言われる[7]。学校外での学習にかける費用も、そもそも最初から大学に行くことを想定するかどうかも、家庭の経済力によって左右される場合が多いであろう。

　こうしたことを踏まえると、アクセス可能性を十分に確保するためには、給付型奨学金制度の充実や幼児期からの教育支援、さらには、親の雇用を安定させる政策や社会保障制度の拡充による一般的な所得格差の是正策なども合わせて考えなければならない[8]。高等教育を無償化するけれど、生活保護費については削減するということでは、既存の教育格差を温存するだけにもなりかねない。

4. 高等教育はエリートのためのものか?

　二つ目は利用可能性の確保である。これは、人々が利用できる高等教育機関の量がどのくらい確保されるべきなのかという問題である。例えば、大学の授業料を無償化する一方で、大学の数が増えすぎたので減らすという施策は、どのように評価されるべきであろうか。エリート人材の育成のための授業料の無償化ならば、優秀な人々に費用を集中投下した方が効率的なので大

7）耳塚寛明「学力格差の社会学」耳塚編・前掲注3）1頁、7-13頁。

8）参照、耳塚・前掲注7）14-16頁；小林・前掲注3）70-72頁。

学の数を絞り込むという判断も成り立ちうるであろう。

　しかし、高等教育への公正な機会の確保という観点からは問題がある。高等教育機関の数が極めて高い能力のある一部のエリートを受け入れたらいっぱいになってしまう程度ならば、そうした能力を示しえないその他の多くの人々にとっては、高等教育は最初から利用可能性のないものでしかない。

　これでは高等教育を受けうることが一人ひとりの個人の権利だとは言えないであろう。憲法26条においては、教育を受ける権利は、すべての個人が「その能力に応じて、ひとしく」享受するものとされている。この部分は、「すべての子どもが能力発達のしかたに応じてなるべく能力発達ができるような（能力発達上の必要に応じた）教育を保障される」と読まれるべきであり、「先天的な能力程度やテスト成績順位に応じた程度の教育がうけられればよい」というように理解されるべきものではない[9]。

　こう考えるのであれば、初等・中等教育段階のようにすべての人々の利用可能性を確保する程度の量が用意される必要はないとしても、高等教育を受けるのに必要な最低限の能力水準を充足し、かつ高等教育機関への進学を希望する人々を受け入れることができる程度には十分な量の高等教育機関が用意されるべきである[10]。

　高等教育はエリートのためだけのものではないはずである。高等教育が無償化されても、その利益を享受できる人々が狭く限定されてしまっては元も子もない。

5．受験競争は当然か？

　最後、三つ目は水平性の確保である。これは大学間の序列化を問題にするものである。日本においては、現時点では、多くの数の大学があり、利用可能性の確保はかなりの程度に進んできた。大学への進学を望み、一定水準の経済力と学力があれば、どこかの大学には入ることができる。それでも受験競争はなくならない。それは、なぜかと言えば、偏差値という基準によって、

---

　9 ）兼子仁『教育法〔新版〕』（有斐閣、1978年）231-232頁。
　10）McCowan, *supra* note 6 at 652.

事実上、大学が序列化されているからである。こうした中では、ランクの高い大学への進学は、地位財たる性質を有するものになっている。地位財とは、ある人が他者の機会との相関関係において獲得する機会のことである[11]。誰かがその財を得ると、その人自身を利する機会が増進される一方で、他の誰かを利する機会は減退させられることになる。ある人が、受験競争を勝ち抜いて、偏差値の高い大学に入れば、その分だけ高収入の企業に就職できる機会が増進される一方で、その大学に入れなかった他の人が高収入の企業に就職できる機会は減退させられることになる。現在の日本では、大学に入るのが重要なのではなく、どの大学に入るのかが重要になっている。

　こうした状況は、現在の日本においては当たり前のものとして受け入れられているかのようである。しかし、高等教育への公正な機会の確保という観点からすると疑ってみる必要がある。大学間の序列化は、高校卒業までの間にどれだけ高い学力を身に付けることができるかどうかによって、高い価値の高等教育を受けることができるかどうかを左右されることを意味するものである。そうすると、結局、受験競争を勝ち抜くためにどれだけ費用をかけることができるかという家庭の経済力の差異が、高等教育への機会に影響を与えることになる。裕福な家庭がどうしても有利である。もっとも、家庭の経済力を完全に同等にすることは不可能であるし、望ましいことでもない。では、どうしたら良いのか。

　ここで考慮されるべきなのが、大学間の水平性である[12]。すなわち、大学間の序列化それ自体を、できるだけ教育の質と大学の格付けの点で対等になるようにする必要があるのではないかということである。大学間の水平性を求めることは、各大学がその専門性や教育プログラムなどの点で多様であることを否定するものではない。一人ひとりの個人が希望する大学への進学の機会をそれがどの大学であろうとも公正に確保されるべきだというものである。高等教育への公正な機会の確保という目的を真剣に突き詰めるならば、当然視されるべきでないのは、授業料に限られない。受験競争もまた当然で

---

11) McCowan, *supra* note 6 at 649.
12) McCowan, *supra* note 6 at 659.

234

はない可能性がある。

今後の課題

　以上を踏まえれば、憲法を改正して教育の無償化を実現すべきであるという主張は、二重の意味でその真剣さに疑いが向けられるべきものである。第一に、教育の無償化は憲法を改正しなければいけない課題ではない。それにもかかわらず、憲法改正が主張されるところを見ると、教育の無償化ではなく、憲法改正それ自体が自己目的化していることが疑われる。第二に、教育の無償化という手段によって取り組もうとしている課題に対する真剣さをも疑われる。教育格差の是正という課題に取り組み、一人ひとりの個人に教育への公正な機会を実質的に確保しようとするのであれば、教育の無償化がどのような制度的な枠組みの中で実現されるべきなのかをよく考えるべきである。それらを置き去りにして、とにかく教育の無償化のための憲法改正を進めるというのでは何の解決にもならないということにもなりかねない。

　現時点で、憲法改正によって教育は良くなるのかと問われれば、「否」と答えざるをえない。むしろ重要なのは、現在の教育制度や施策が、一人ひとりの個人の学習権を充足するためのものとして、どのような意義と限界を有するのかを分析し、それらの改善に地道に取り組んでいくことである。

<h1 style="text-align:center">■ 本書の初出について ■</h1>

1　Part I とPart II の初出について

　本書のPart I とPart II の各章については、書き下ろしの部分と、既発表の拙稿を利用して本書用に書き改めた部分から構成されている。既発表の拙稿の利用の程度については、一部しか利用しなかったものや、複数の章にまたがって分割して利用したもの、章構成の土台にしながら書き下ろしの部分を追加し、あるいは構成を変更したものなどがある。また、ほとんどが書き下ろしの章もあれば、ほとんどが既発表の拙稿を利用した部分からなる章もあり、半々程度の割合の章もある。既発表の拙稿の全体構成をそのまま利用した章はない。それゆえ、各章ごとに詳しく初出を示すのは極めて煩雑になるため、ここでは次に既発表の拙稿の初出を列挙し、当該原稿を利用した章の該当箇所を（　　）で示すにとどめる。

「コメント：奥平憲法学と教師の教育の自由」憲法問題24号109頁（三省堂、2013年）（第4章3）。

「教師の教育の自由」法学セミナー712号18頁（日本評論社、2014年）（第10章3）。

「教育制度の憲法論：2006年教育基本法の下での教育制度改革に関する考察」佐々木弘通・宍戸常寿編『現代社会と憲法学』（弘文堂、2015年）53頁（第3章1、2、3、第5章2、第14章1）。

「教師の教育の自由の射程：旭川学力テスト事件最高裁判決再読」阪口正二郎・江島晶子・只野雅人・今野健一編『憲法の思想と発展：浦田一郎先生古稀記念』（信山社、2017年）333頁（第12章1、2、第13章、第14章3、4）。

「新自由主義・教育・法律学」法の科学51号39頁（日本評論社、2020年）（第5章3）。

「教育を受ける権利」加藤一彦・阪口正二郎・只野雅人編『フォーカス憲法』（北樹出版、2020年）169頁（第7章2、3）。

「教育法学における『原理の問題』：憲法学的視点からの批判への応答」日本教育法学会年報50号42頁（有斐閣、2021年）（第6章1、2、第12章3）。

「第5条第3項（義務教育の実施義務）」日本教育法学会編『コンメンタール教育基本法』（学陽書房、2021年）151頁（第6章3、第8章）。

「第16条第4項（財政措置義務）」日本教育法学会編『コンメンタール教育基本法』（学陽書房、2021年）454頁（第9章）。

「市民教育の憲法論」法律論叢94巻 2・3 合併号253頁〔廣澤明教授古希記念論文集〕（明
治大学法律研究所、2021年）（第 6 章 4 、第11章 5 ）。

2　PartⅢの初出について

本書PartⅢの各章については、次の既発表の拙稿を本書用に書き改めたものである。

第15章　「朝鮮高校と『不当な支配』の禁止：授業料無償化不指定裁判を考える」時の
法令2067号46頁（朝陽会、2019年）。

第16章　「教育勅語のどこが問題なのか？：道徳教育のあり方を考えるために」時の法
令2035号43頁（朝陽会、2017年）。

第17章　「教科書検定制度と政府見解」時の法令1978号53頁（朝陽会、2015年）。

第18章　「教育委員会制度と教育を受ける権利：改正地方教育行政法を考える」時の法
令1960号63頁（朝陽会、2014年）。

第19章　「学校での政治教育の仕組みは、どうあるべきか？：18歳選挙権をめぐる 1 つ
の論点」時の法令1994号47頁（朝陽会、2016年）。

第20章　「高校生の政治的活動：文科省の新通知の問題点」時の法令2007号44頁（朝陽
会、2016年）。

第21章　「学校教育措置と子ども・生徒の市民的自由」日本教育法学会編『教育法の現
代的争点』（法律文化社、2014年）336頁。

第22章　「学校再開後の子どもたちへの教育は、どのようなものであるべきなのか？：
新型コロナウイルス感染症と子どもの学習権」時の法令2109号56頁（朝陽会、
2020年）。

第23章　「大学の自治：改正学校教育法・国立大学法人法を考える」時の法令1966号52
頁（朝陽会、2014年）。

第24章　「教育の無償化は憲法改正によって実現されるべきものなのか？」阪口正二郎・
愛敬浩二・青井未帆編『憲法改正をよく考える：Taking Constitution Seriously』
（日本評論社、2018年）121頁。

■ 裁判例索引 ■

■ 法令索引 ■

■事項索引■

さ 行

ま　行

ら　行

■ 著者紹介

中川　律（なかがわ　りつ）

　　1980年生まれ

　　東京都日野市出身

　　明治大学大学院法学研究科公法学専攻博士後期課程退学後、宮崎大学
　　教育文化学部講師を経て、現在、埼玉大学教育学部准教授

　　憲法学・教育法学専攻

主要著作（教育法関連を中心に）

『コンメンタール教育基本法』（学陽書房、2021年）（共編著）

「市民教育の憲法論」法律論叢94巻2・3合併号253頁〔廣澤明教授古希
記念論文集〕（明治大学法律研究所、2021年）

「教育法学における『原理の問題』」日本教育法学会年報50号42頁（有
斐閣、2021年）

「国家の中立性概念の意味と意義：教育を題材に」憲法問題29号90頁
（三省堂、2018年）

「教師の教育の自由の射程：旭川学力テスト事件最高裁判決再読」阪
口正二郎・江島晶子・只野雅人・今野健一編『憲法の思想と発展：浦
田一郎先生古稀記念』（信山社、2017年）333頁

「教育制度の憲法論：2006年教育基本法の下での教育制度改革に関する
考察」佐々木弘通・宍戸常寿編『現代社会と憲法学』（弘文堂、2015年）
53頁

「教科書検定制度に関する考察」日本教育法学会年報44号51頁（有斐
閣、2015年）

「教師の教育の自由」法学セミナー712号18頁（日本評論社、2014年）

「合衆国の公教育における政府権限の限界：ロックナー判決期の親の
教育の自由判例／マイヤー判決とピアース判決に関する考察」憲法理
論研究会編『憲法学の最先端』（敬文堂、2009年）117頁

教育法

2023年4月10日　第1刷発行

著　者　　　　　　　　　　中川　律

発行者　　株式会社　三　省　堂
　　　　　代表者　　瀧本多加志

印刷者　　三省堂印刷株式会社

発行所　　株式会社　三　省　堂
〒102-8371　東京都千代田区麹町五丁目7番地2
電話　(03)3230-9411
https://www.sanseido.co.jp/

© R. Nakagawa　2023　　　　　　　　　　　　Printed in Japan

落丁本・乱丁本はお取替えいたします。　　　　　〈教育法・264pp.〉

ISBN978-4-385-32309-1

本書の内容に関するお問い合わせは、弊社ホームページの「お問い合わせ」
フォーム（https://www.sanseido.co.jp/support/）にて承ります。